Descending Eagle

en Español

(Las Muertes de Moctezuma, Cuitláhuac and Cuauhtémoc)

por David L. Farebrother

Translation by Claudia Rossi

U.S. Copyright © Txu 2-229-413

www.davidlfarebrother.com

IV

Contenido:

Ojo de Conejo Tres Itzcuintli

El sol naciente disparó rayos rojo sangriento en el cielo oriental mientras el corredor se acercaba a la larga y recta calzada que conducía a Tenochtitlán. Una columna de humo oscuro se elevó por encima del cono púrpura de Popocatépetl contra el resplandor del alba.

El mensajero corrió directamente a la triple puerta donde centinelas armados con macuahuitl de guerra montaban guardia. Los centinelas reconocieron el penacho de halcón bajo la luz de las antorchas y no desafiaron al corredor. Éste avanzo aceleradamente por la calzada que unía la tierra firme a la ciudad en la isla. Las torres y templos de Tenochtitlán se reflejaban con una luz rosada sobre las aguas azules del lago de Texcoco.

Ojo de Conejo había corrido una larga distancia desde la medianoche. Inicialmente, había estado en la estación en la casa del gremio en Tlahuapan, situado por lo alto del paso de las montañas entre Cholula y Chalco. Las estrellas de la constelación del jaguar alcanzaron su cenit y brillaban intensamente en el aire frío cuando un mensajero de la costa llegó con un amatl urgente. El mensajero entregó la misiva y pronunció las palabras, "El palacio de Moctezuma". A pesar de que había sido mensajero por varios años, Ojo de Conejo nunca antes había llevado un amatl imperial. Él siempre entregaba sus mensajes a la sede del gremio de mercaderes en el barrio de Tlatelolco. Ojo de Conejo suponía que el amatl habría de contener información de suma importancia relativa al Concilio de la Triple Alianza. Metió el mensaje en su morral y corrió a la oscuridad de la noche.

El camino continuó elevándose una distancia y luego comenzó a descender al valle de Anáhuac. Todo estaba tranquilo a esta hora y el corredor solamente vio a un otro mensajero caminando en dirección contraria. Ojo de Conejo mantuvo un paso constante hasta acercarse a la casa del gremio en Tlancaleca, a medio camino a la Gran Tenochtitlán. El corredor tomó un silbato de madera de su morral y sopló dos veces. Esto alertaría otro mensajero a recibir el amatl. Sin embargo, Ojo de Conejo descubrió que no había ningún mensajero esperando en la casa del gremio. Sopló su silbato de nuevo y miró dentro. Nadie se movía. Todos los mensajeros estaban ausentes, dispersos en otros lugares. Ojo de Conejo sabía que no podía perder más tiempo allí. Su amatl debe ser entregado de inmediato. Él mismo tendría que llevarlo al palacio imperial.

El mensajero reanudó el paso constante que lo había traído desde las montañas. Más allá de Tlancaleca, el camino se niveló al entrar a Anáhuac. Allí, el aire era mucho más cálido. De vez en cuando, Ojo de Conejo vio un fuego sagrado que ardía en los altos teocallis de pueblos agrícolas al borde de su camino. Comenzó a ver aún más incendios cuando se acercaba a la ciudad de Iztapalapa. El alba estaba rompiendo cuando Ojo de Conejo llegó a las puertas de la larga calzada que conducía a Tenochtitlán, la capital del Imperio azteca.

Mientras el mensajero continuaba corriendo por la superficie pedregosa de la calzada, comenzó a encontrar otros mensajeros que salían de la ciudad con mensajes destinados a los confines lejanos del imperio. Ojo de Conejo pasó cerca de un grupo de tlamacazquis, sacerdotes de los varios dioses de Tenochtitlán, que se embarcaban para realizar una peregrinación a las provincias. El corredor cedió generosamente el espacio a los sacerdotes. Era mejor no llamar la atención de los tlamacazquis.

El sol se había levantado sobre las montañas orientales cuando el corredor llegó a Xoloc, la fortaleza de la isla situada en el cruce de las calzadas de Coyoacán e Iztapalapa. Al pasar por Xoloc, el mensajero escuchó un sonido producido por una trompeta de caracol. La llamada fue retransmitida por otras trompetas hacia la gran ciudad de Tenochtitlán.

Mas adelante de Xoloc, la calzada se encontraba muy congestionada. Varios vendedores conducían largos trenes de tamemes llevando pesadas cargas hacia el mercado de Tlatelolco. El corredor rebasó a los comerciantes de esclavos que llevaban su mercancía en correas que les sujetaban el cuello, con las manos atadas por detrás. Los esclavos eran conducidos por los laterales de la calzada de una manera ordenada. Ojo de Conejo notó cientos de canoas en el lago cargadas con alimentos recién cosechados, todas remando hacia la ciudad en la isla y sus mercados.

La calzada era interrumpida en algunos puntos por puentes levadizos. Cerca de la ciudad, uno de los puentes se había levantado para permitir el paso de una barcaza cargada con víctimas que habían sido sacrificadas el día anterior en los altares de los teocallis de Tenochtitlán. Los cuerpos desnudos cubiertos con sangre coagulada amontonaban en la barcaza. Todos habían sido decapitados y tenían heridas en el pecho en el lugar donde sus corazones habían sido arrancados. La barcaza sería remolcada a una isla cerca de la orilla norte del lago de Texcoco llamada Isla de los Huesos. La mayoría de las islas en el lago eran verdes con vegetación, pero la Isla de los Huesos era estéril y rocosa. Aquí los cuerpos serían descargados de la barcaza y arrastrados a un enorme montón de huesos en el centro de la isla. Los buitres volaban en círculos en el cielo, listos para bajar y saciarse con las víctimas una vez que los barqueros hubiesen partido de la isla.

Al llegar al canal, Ojo de Conejo vaciló por un momento. Veía que tomaría tiempo para que el puente descendiera de nuevo. Sabía que el amatl que llevaba era urgente y que estaba cerca de llegar a su destino final. El mensajero se zambulló en el agua y nadó debajo de la barcaza. Los asistentes del puente al otro lado del canal le ayudaron a subir a la calzada. Reanudó su ritmo, goteando agua y sudor sobre el pavimento mientras corría.

El mensajero llegó a las afueras de Tenochtitlán, con sus muchas calles y canales. Los edificios cubrían la totalidad de la tierra firme disponible, mientras que las canoas llenaban todas las vías fluviales. Chinampas estaban ancladas en los bajíos.

Ojo de Conejo corrió hacia la plaza rodeada por grandes palacios que marcaba el centro del Imperio azteca. No muy lejos, el Coatepec Teocalli se alzaba por encima de las casas y bodegas. El Coatepec Teocalli era la más alta de todas las pirámides de Tenochtitlán.

El mensajero se acercó al portal del palacio de Moctezuma con cierta inquietud. Fue desafiado inmediatamente por guerreros jaguar con penachos de plumas cafés quienes le detuvieron con lanzas cruzadas. Ojo de Conejo sacó el amatl de su morral y lo mostró al comandante de la guardia, quien lo desplegó para leerlo. El guerrero dejó a Ojo de Conejo en la puerta y desapareció a través de una puerta oscura. Regresó unos momentos más tarde acompañado por cuatro guerreros águila provenientes de la casa imperial. Estos guerreros llevaban penachos aún más elaborados que llegaban hasta sus espaldas. Los guerreros águila dieron indicaciones a Ojo de Conejo para que éste les siguiera al interior del palacio.

Mientras lo escoltaban a través de un amplio patio, el mensajero observó a varios artesanos trabajando en una monumental representación pétrea de una fiera fantástica. En el otro lado del patio había también carpinteros que labraban una enorme viga de madera de cedro aromático.

Los guerreros águila llegaron a un par de enormes puertas adornadas con diseños extraños representando varios tipos de aves. Al atravesar el portal, Ojo de Conejo sintió la sensación de estar entrando en otro mundo, muy diferente a cualquier cosa antes experimentada.

El mensajero siguió a los guerreros águila a una amplia sala. Decenas de columnas en forma de calaveras amontonadas sostenían las vigas del techo. Las paredes estaban decoradas con tapices de plumas en colores brillantes mientras que los nichos albergaban figuras de madera y estatuas de piedra. El suelo estaba cubierto con gruesas alfombras de algodón tejidas en intrincados patrones multicolores. Una elaborada silla de ébano y oro descansaba en una plataforma elevada al otro lado de la habitación. A un lado de ella, ardía un fuego de carbón en un brasero de bronce que tenía la forma de una serpiente con colmillos expuestos. Las paredes enyesadas estaban cubiertas con glifos y dibujos que representaban las conquistas de Moctezuma y las hazañas de sus antepasados.

Los guerreros condujeron a Ojo de Conejo a un largo pasillo. El mensajero les siguió hasta llegar a otra pesada puerta de caoba adornada con oro martillado. Allí el grupo se detuvo. Un momento después, el portal se abrió y Ojo de Conejo pudo ver en su interior a un tlatoani alto que portaba un penacho de plumas de loro verde. Uno de los guerreros águila ofreció respetuosamente el amatl al tlatoani, quien indicó que el mensajero podía ser admitido a la cámara.

La habitación era oscura y sombría, por lo que Ojo de Conejo no podía distinguir los detalles de su interior. Un flautista en una alcoba cercana tocaba una melodía lenta y triste, mientras que varios tlamacazquis portando disfraces y mascaras cantaban oraciones a Huitzilopochtli, el dios azteca de la guerra. La sala estaba llena de humo fragante de incienso de copal que ardía en cuencos de bronce. En el centro de la cámara, un anciano muy delgado estaba arrodillado sobre un paño de algodón blanco bordeado con plumas. Estaba desnudo de la cintura para abajo. Ojo de Conejo miró más de cerca y se dio cuenta que el hombre tenía perforado el prepucio de su pene y estaba goteando sangre sobre la tela frente a él. El mensajero estudió el pectoral que estaba sobre el pecho del anciano. Tenía una cadena de oro puro que brillaba en la tenue luz. También tenía jade de color verde oscuro en forma de un águila que descansaba encima de un nopal, devorando una serpiente. Éste representaba un diseño sagrado reservado para los más altos funcionarios del Imperio azteca. El mensajero se dio cuenta que este hombre era Moctezuma, el Supremo Tlatoani de todos los aztecas. En ese mismo instante, al sentir un fuerte golpe en el hombro, Ojo de Conejo se tiró rápidamente al suelo. A la gente común, no les era permitido mirar al Supremo Tlatoani. Ojo de Conejo se postró boca abajo, extendiendo sus brazos por delante. El mensajero deseaba con vehemencia poder dejar de respirar y sudar para no ofender a ninguno de los presentes.

Unos momentos más tarde, los tlamacazquis concluyeron sus oraciones. El Emperador Moctezuma fue levantado por sus sirvientes. Los asistentes lo vistieron reverentemente con una túnica finamente tejida de un color rojo oscuro, atándole los pantalones con cordones decorados con pequeñas campanas de oro. El Emperador tenía una expresión vacía, ya que se encontraba débil por el ayuno. Los tlamacazquis recogieron la tela manchada de sangre y lo fijaron a una asta como si fuera una bandera, y luego salieron cantando un himno a su dios. Varios jefes cuya presencia ya no era requerida también se retiraron, inclinándose ante el Emperador. Moctezuma fue sentado en una silla de madera negra embellecida con incrustaciones de oro. Enseguida, un sirviente entró con una charola de comida y bebida para el Emperador.

El Supremo Tlatoani consumió su alimento. "Vamos a escuchar lo que está escrito en el amatl," dijo el Emperador, recuperando su compostura real.

El hombre alto del penacho de plumas de loro verde desplegó la misiva. "Moctezuma, Emperador de la Triple Alianza y Tlatoani Supremo de los aztecas," leyó, "nube-barcos agua-casas han llegado a Xicalango, once. Muchos téotl en el Mar del Este, más de quinientos. Tienen pelo como fuego y ojos como jade. Tienen pelo como maíz y ojos como agua. Tienen pelo como corteza de árbol y ojos como piedra. Tienen pieles de plata. Montan venados gigantes, dieciocho. Tienen perros-jaguar, quince. Son servidos por esclavas de las tierras mayas, más de veinte. Correa de Sandalia Garra de Ocelote, mercante pochtecatl de Xochimilco. Dos Cipactli del año Uno Carrizo."

"¿Qué significa todo esto, tlatoani Cuitláhuac?" preguntó Moctezuma al hombre alto con plumas de loro verde.

"Supremo Tlatoani, estoy preocupado," respondió Cuitláhuac, hermano del Emperador. "Nube-barcos y téotl han venido antes a las tierras mayas, pero los mayas siempre los han rechazado. Ahora los téotl vienen a nuestras tierras y han esclavizado a los mayas. Debemos tener más información y proceder con mucha precaución. Estos pueden ser téotl de una orden superior. Tal vez deseen aliarse con nosotros y enseñarnos sus maneras. O podrían estar enojados y traernos destrucción. Le recomiendo que mandamos regalos para avecinarlos hacia nosotros y enviar espías para observarlos de cerca."

"Han venido del Este y tienen la piel pálida," observó el Emperador. "Debemos consultar con los tlamacazquis de Huitzilopochtli y Quetzalcóatl, para interpretar los presagios." Moctezuma reflexionó por unos momentos y luego continuó, "Quiero saber más acerca del mercader pochtecatl Correa de Sandalia Garra de Ocelote. Citan a Lagartijo Veloz, maestro de la clase mercantil, ahora ya."

El asistente de Moctezuma golpeó el piso de la cámara con su bastón oficial. Los guerreros águila levantaron el corredor del suelo. Ojo de Conejo tuvo cuidado de mantener sus ojos hacia abajo mientras se acercaba a la puerta. En el umbral, Cuitláhuac, el hombre alto de plumas de loro verde, dio al corredor una tableta de arcilla grabada con un glifo del águila real. Un guerrero acompañó al mensajero a la puerta dorada, a través de los largos pasillos hasta la parte delantera del palacio. En el otro lado del patio, el guerrero del palacio instruyó a uno de los guardias jaguar que se encontraba en la puerta de embarque a escoltar al mensajero al cuartel de los corredores águila cerca de la orilla del lago.

Ojo de Conejo siguió al guardia a través de la amplia plaza imperial. Caminaron por una avenida ancha que atravesaba al frente del Coatepec Teocalli al momento que se le ofrecía un corazón palpitando a Tonatiuh, el dios del sol, para ayudarle en su viaje por la bóveda del cielo. Una cacofonía de tambores con resonancias raras y musicales se elevaba en un crescendo en cuanto la víctima del sacrificio era extendida sobre la piedra del altar.

El guardia y el mensajero continuaron hacia Tlatelolco. De pronto entraron la sección del mercado asignada a los vendedores de flores. Había grandes cantidades de flores de muchas formas y colores. El corredor observó flores rojo brillante, amarillas, anaranjadas y blancas. Una fragancia agradable y calmante se mezclaba con el fuerte aroma de hojas verdes recién cortadas. Siguieron caminando entre los puestos y luego entraron al área del mercado donde se vendieron hierbas y medicamentos. Los olores allí eran mucho más fuertes y no tan agradables. Bonches de ramas frondosas, raíces retorcidas y tiras de corteza de árbol colgaban de cuerdas. Canastas de plantas medicinales secas y hechas polvo ladeaban en los pasillos. Los vendedores gritaban los nombres de las plantas y las enfermedades que éstas curaban, mientras que Ojo de Conejo y el guardia avanzaban por los estrechos pasillos del mercado. Continuaron por una calle que bordeaba un amplio canal donde había barcazas de las cuales se descargaba madera proveniente de las montañas. Luego llegaron al mercado del carbón. El carbón se preparaba en hornos en varias áreas a la orilla del lago para ser llevado al mercado en canoas. Este mercado era importante, pero a la vez sucio. Sin embargo, era un lugar de mucho negocio porque todos los hogares de Tenochtitlán usaban carbón para cocinar. Tizne permeaba el aire y provocaba que Ojo de Conejo estornudara. Una capa de polvo negro recubrió sus pies. El guardia y el mensajero continuaron su paso junto al canal hasta llegar al cuartel de los corredores águila.

Ojo de Conejo colocó la tableta de arcilla con el glifo de águila real en la mano extendida del portero. El portero se inclinó y desapareció dentro del cuartel. Regresó poco tiempo después con dos asistentes quienes escoltaron al mensajero al interior del complejo. Se le quitaron el penacho de halcón. Otro asistente condujo al mensajero a los baños y le dio un fajo de fibras de maguey y un tazón pequeño de pasta amarilla para lavarse. Ojo de Conejo descansó un rato en el agua tibia y luego usó una toalla de algodón para secarse.

Poco tiempo después, otro asistente escoltó a Ojo de Conejo a una cocina en la parte posterior del cuartel. El mensajero estaba sentado en una mesa. Los esclavos de la cocina le trajeron tortillas y un tazón de tomates calientes con chiles y carne de perro. También le dieron un huevo de pavo, que rompió en el caldo. Otro esclavo le trajo una jarra de agua dulce de los manantiales de Chapultepec y un plato de guayabas y pitayas. Por último, Ojo de Conejo recibió un gran trozo de corazón de dulce maguey cocido. El corredor tenía hambre y comió todo lo que le pusieron enfrente, bebiendo también grandes cantidades de agua clara.

Ojo de Conejo empezó a sentirse muy somnoliento. Recordó aquel momento de su infancia en uno de los altépetl sujetos al Imperio azteca, muy al sur. Cuando era niño, ayudaba su padre a plantar maíz, frijoles y calabazas. Le gustaba correr por los caminos al pueblo cada vez que le presentaba la oportunidad. Tenía muchos hermanos y hermanas, la mayoría de ellos más jóvenes. Su madre cocinaba todo el día. Cada mañana, antes del amanecer, ella era la primera en despertar y encender el fuego. Su mamá acostumbraba a orar a los dioses mientras las llamas crecían en el pequeño horno de barro y ella molía el nixtamal para las tortillas.

Un día, cuando Ojo de Conejo y su padre estaban cosechando maíz, llegaron guerreros aztecas a la granja. El padre de Ojo de Conejo intuyó de inmediato que los guerreros habían venido a confiscar la cosecha como tributo para el Emperador. Cayó de rodillas, frente al suelo, con la esperanza de que los guerreros le dejaran lo suficiente para alimentar a su familia. El niño permaneció de pie, mirando con curiosidad a los hombres altos con sus plumas y macuahuitl. Su padre le jalaba la pierna para indicarle que él también debía arrodillarse. Ojo de Conejo comenzó a doblegarse, pero uno de los guerreros se apoderó de él y se lo llevó. El niño nunca volvió a ver su familia.

Ojo de Conejo fue llevado a Quanahuac en las montañas para ser entrenado a correr largas distancias. La gran altitud ayudaba al desarrollo de los mensajeros. El chico era obligado a correr por las colinas con los entrenadores. Si flaqueaba o se detenía, era golpeado sin piedad con palos hasta grabar en su mente que nunca podría dejar de correr. El dolor de correr era mucho menor que el dolor de los golpes que le propinaban los entrenadores.

Ojo de Conejo entrenó en Quanahuac por dos años. Al principio acompañaba a los mensajeros mayores en sus rutas. Luego llevo amatl a las casas cercanas del gremio. Al terminar su período de entrenamiento, Ojo de Conejo se reportó a Tenochtitlán para ser admitido como corredor halcón en una elegante ceremonia. Se le otorgaron las plumas de halcón, y se le asignó a una de las casas del gremio en Chalco. Desde entonces, corría las rutas mercantiles de Anáhuac todos los días.

Ojo de Conejo recordó la granja de su infancia mientras terminaba su comida en el cuartel de los corredores águila. Se preguntó si su padre todavía cultivaría maíz, frijoles y calabaza, y si su madre todavía se levantaría antes del amanecer para moler el nixtamal. Pensó en sus hermanos y hermanas, y en lo que habría sido de ellos. La cabeza de Ojo de Conejo comenzó a ladearse y sus parpados se volvieron pesados. Un asistente vino y condujo Ojo de Conejo a una alcoba con un petatl sobre el suelo. El mensajero se acostó e inmediatamente se quedó dormido.

Lagartijo Veloz, el maestro de la clase mercantil, fue llevado ante Moctezuma. La tradición azteca exigía orden y simetría en todas las cosas, sin embargo, la apariencia de Lagartijo Veloz no mostraba estas cualidades. Su penacho estaba fuera de centro, su tilmatli colgaba más en la parte posterior que en la parte delantera, su faja no estaba atada correctamente y una de las piernas de sus pantalones le llegaba a la rodilla, mientras que la otra le llegaba a media pantorrilla. Lagartijo Veloz era un hombre gordo. Llegó nervioso y sin aliento. Tenía la apariencia de haber estado durmiendo cuando recibió la llamada para atender al Emperador, o tal vez había estado distraído con una de las mujeres del barrio de Tlatelolco. Anteriormente había sido invitado al palacio imperial para participar en los famosos banquetes de Moctezuma o para escuchar a los músicos del Emperador y ver a sus bailadores, pero jamás había sido llamado a una sala de audiencia. Lagartijo Veloz cayó de rodillas y mantuvo los ojos firmemente fijos en un lugar en el suelo frente al pedestal donde descansaban los pies del Emperador.

"Lagartijo Veloz, te doy la bienvenida a mi palacio," dijo Moctezuma. "Hemos recibido un mensaje extraño de uno de los pochtecatl y me gustaría que nos ayudaras a descifrarlo."

Varios pensamientos inquietantes surgieron de la mente de Lagartijo Veloz. ¿Con qué motivo estaría un pochtecatl en comunicación con el palacio imperial? Todos los mensajes deben ser llevados al gremio de los comerciantes previamente. ¿Podría ser que un pochtecatl estuviera tratando de usurpar su posición? Eso sería una tontería.

"Mi señor, me siento honrado de que me pida ayuda y estoy a su servicio como siempre. ¿Puedo saber cuál pochtecatl le ha molestado?" preguntó Lagartijo Veloz.

"Correa de Sandalia Garra de Ocelote de Xochimilco nos ha enviado un amatl de Xicalango," respondió el Emperador.

Los pensamientos de Lagartijo Veloz se incendiaron de ira. Correa de Sandalia del clan Garra de Ocelote era un pochtecatl que siempre había logrado eludirlo. Correa de Sandalia se había situado en Xicalango con el fin de controlar el mercado de pescado seco en confabulación con su hermano, Palo de Caminar Garra de Ocelote. Correa de Sandalia siempre, cada día de mercado, enviaba con puntualidad veinte tamemes cargados con el mejor huachinango seco. El hermano de Correa de Sandalia recibía la mercancía en el mercado de Tlatelolco y atendía a los ricos nobles. Lagartijo Veloz era muy consciente de que los hermanos podían enviar fácilmente el doble de pescado, pero deliberadamente mantenían reducida la cantidad a oferta a un precio elevado. El tributo entregado al gremio sería mucho mayor si los hermanos Garra de Ocelote enviaran más pescado de menor calidad y vendieran a todas las clases sociales, no sólo a los nobles. Xicalango quedó muy lejos y Lagartijo Veloz, a pesar de varios intentos, no pudo romper su control sobre la venta de huachinango seco.

"Deseo saber más sobre Correa de Sandalia Garra de Ocelote. Háblame de él y de su familia," exigió Moctezuma.

Lagartijo Veloz estudió sus palabras cuidadosamente. Era muy posible que el Emperador ya lo supiera todo o casi todo sobre el clan Garra de Ocelote. Probablemente lo mejor sería decirle toda la verdad.

"El abuelo de Correa de Sandalia compró una chinampa en Xochimilco en la época de su ilustre antepasado Tizoc," relató Lagartijo Veloz. "La familia invirtió todos sus recursos en su primera chinampa. Cultivaron flores y las vendieron en Tlatelolco. El clan prosperó y compró otras chinampas. Los hijos eran todos muy trabajadores y algunos se convirtieron en mercaderes. Otros se quedaron en Xochimilco para atender las chinampas. Otros más se dedicaron a distribuir y vender flores en los mercados de Texcoco y Tlacopan. La familia ahora tiene varias casas grandes en Xochimilco. El clan Garra de Ocelote se había vuelto muy numeroso. Uno de los hijos, Correa de Sandalia, no estando contentó con quedarse en casa, solicitó título de pochtecatl. Se sometió a un largo aprendizaje e hizo varios viajes con los maestros de su gremio. Se distinguió en las tierras de Tututepec cuando sus jefes fueron capturados por un cacique rebelde. Correa de Sandalia logró escapar y se dirigió a la fortaleza azteca más cercana. Condujo a los guerreros de vuelta a Tututepec. Los maestros pochtecatl fueron encontrados y rescatados. El cacique rebelde fue sometido al sacrificio. Después de eso, se le permitió a Correa de Sandalia comerciar donde quisiera. Negoció en obsidiana por un tiempo, pero más tarde dio cuenta que había demasiada competencia. Luego comenzó a comprar y vender pescado seco hasta que estableció su concesión en Xicalango."

"Recuerdo un pochtecatl que me envió un jaguar albino y varios niños deformes para mi colección," dijo Moctezuma. "¿Podría ser éste el mismo Correa de Sandalia?"

Lagartijo Veloz no supo cómo responder. No recordaba los detalles específicos, sin embargo, Moctezuma parecía recordarlo todo. "Los pochtecatl tienen órdenes de enviar cualquier rareza o monstruosidad a nuestro Emperador," respondió el maestro de la clase mercantil.

Moctezuma resopló, no satisfecho con la respuesta. Ordenó a un escriba que leyera el amatl que Correa de Sandalia había enviado. Cuando terminó, Moctezuma exigió una aclaración de Lagartijo Veloz. El maestro de la clase mercantil estaba confundido. Sólo pudo concluir que Correa de Sandalia Garra de Ocelote había perdido la razón por haber estado aislado en Xicalango durante demasiado tiempo. "Lo siento, Supremo Tlatoani, no entiendo el significado de estas palabras," dijo Lagartijo Veloz. "He oído habladurías sobre casas que flotan en el Mar del Este, supuestamente habitadas por extraños demonios con armas temibles, pero creí que se trataba sólo de chismes del mercado y preferí no darles importancia. No sé a qué se refiere con esto de pelo de fuego y ojos de jade. Es algo que no me parece posible. ¿Y venados y perros gigantes? No entiendo. Permítame llamar a Correa de Sandalia Garra de Ocelote y llevarlo ante usted para que él le explique estas escandalosas afirmaciones."

"Correa de Sandalia Garra de Ocelote permanecerá en Xicalango para enviarme un amatl diario con toda la información pertinente a estos téotl," dijo el Emperador con severidad. "Asigna todos los corredores mejores a las rutas entre el Mar del Este y la capital. Las casas de gremio han caído en mal estado y algunos de tus mensajeros se han vuelto perezosos y poco confiables. Los auditores imperiales visitarán el almacén del gremio de los comerciantes mañana para inspeccionar los registros. El amo de los corredores será vendido como esclavo con su familia y encontrarás un nuevo amo que administre adecuadamente los importantes negocios del imperio."

El asistente de Moctezuma dio un golpe con su bastón oficial, terminando la reunión. Lagartijo Veloz se levantó con dificultad. Se inclinó y caminó hacia atrás en dirección a la puerta, fijando los ojos al suelo. Los guardias lo permitieron chocar con uno de los postes de la puerta antes de empujarlo hacia la abertura. Lagartijo Veloz fue escoltado a la calle donde sus propios asistentes lo estaban esperando. El maestro mercantil caminó de regreso a Tlatelolco de mal humor, tratando todo el tiempo de encontrar alguna manera de provocar la caída de los hermanos Garra de Ocelote sin despertar la ira del Emperador.

Ojo de Conejo estaba profundamente dormido en el cuartel de los corredores águila cuando sintió movimientos en la alcoba. Abrió los ojos y miró a su alrededor. Se sorprendió al ver parada allí una mujer vestida como devota de Xochiquetzal, la diosa del amor. El mensajero había escuchado sobre las devotas de Xochiquetzal, y de cómo los guerreros distinguidos eran a veces recompensados con sus favores. Ojo de Conejo se quedó mirando mientras la mujer lentamente y tentadoramente se quitó su ropa. Era una mujer alta con pelo largo y pechos grandes. La devota murmullaba una oración a su diosa, moviéndose suavemente de un lado a otro mientras se desnudaba. Se arrodilló junto al mensajero y bajó su cubilla. La devota desató el taparrabos de Ojo de Conejo y acarició su pene hasta que se puso duro y erecto. Se subió al mensajero y se acopló con él. Su canto y jadeo era cada vez más rápido y fuerte mientras se movía. Cuando llegó a su punto culminante, gritó el nombre de Xochiquetzal, su diosa, en voz alta. Quedo arriba unos momentos y luego se desmontó, recostándose al lado del mensajero. La devota sonrió a Ojo de Conejo y besó su frente y mejillas mientras frotaba sus hombros y pecho con las yemas de los dedos. Empezó a cantar. Era una canción que trataba de un jardín de flores. Cada tipo de flor tenía su propia sección del jardín. Un arroyo fluía a través de las flores. Estaba situado un estanque con lirios en medio de todo. Un rey colibrí gobernaba el jardín y mantenía la paz. El mensajero se durmió de nuevo mientras le resonaba la hermosa melodía en sus oídos. La devota de Xochiquetzal se levantó tranquilamente, se vistió y se marchó.

El mensajero despertó mucho más tarde. Las visiones brillantes y coloridas de sus sueños volaron y se desvanecieron como chispas de un incendio. Ojo de Conejo sacudió su cabeza y se frotó los ojos. Tardó un momento en recordar dónde estaba y cómo había llegado allí. El mensajero se puso de pie. Casi instantáneamente llegó un asistente que le presentó más fibras y jabón, indicándole que debía bañarse de nuevo. Cuando Ojo de Conejo terminó, el asistente le trajo un taparrabos limpio y un tilmatli rojo decorado con el emblema de un águila. El mensajero fue llevado a una gran cámara en la parte central del complejo. Las paredes estaban pintadas con escenas de batalla e imágenes de trenes de cautivos atados. Los postes que sostenían las vigas del techo tenían forma de serpientes enroscadas. Un anciano de alto rango estaba sentado en una plataforma elevada por el otro lado de la sala.

El mensajero acercó y se postró en el suelo. Después de un momento de silencio, Ojo de Conejo recibió la orden de levantarse. El mensajero tuvo entonces la oportunidad de observar al anciano. Por sus tatuajes, Ojo de Conejo reconoció que el hombre era un guerrero águila de oficio superior. A pesar de su edad, todavía poseía fuerza en sus brazos. Un gran tapón de jade colgaba de su labio inferior. El tabique de su nariz había sido perforado por un hueso de bronce pulido. Los lóbulos de sus orejas estaban extendidos por el peso de calaveras sonrientes de oro fino. Toda su piel estaba marcada con cicatrices infligidas por mil flechas y cientos de cuchillos. Obviamente, había estado en muchas batallas y había tomado muchos prisioneros. Probablemente, debido a su edad y su valor, había sido nombrado a un puesto importante en la capital del imperio. Sobre la plataforma había dos penachos, uno para los corredores halcón de la clase mercantil y otro para los corredores águila de los Mexicas, la clase militar.

El viejo guerrero se puso de pie. "Ojo de Conejo Tres Itzcuintli de los corredores halcón," dijo, "ahora eres Ojo de Conejo Cuatro Cali de los corredores águila. El penacho de halcón que usabas anteriormente será devuelto al gremio de los mercantes. De ahora en adelante, llevarás las plumas del águila y tus órdenes vendrán de aquellos que protegemos al imperio de sus enemigos y que subyugamos a todos los que nos oponen. Toma tu penacho de águila."

El mensajero obedeció. Cuando el penacho le fue colocado y bien fijado, el viejo guerrero continuó hablando. "El Emperador necesita información sobre las tierras que están al borde del Mar del Este. Un grupo de corredores águila está formando en el patio. Saldrás con ellos a Zempoala, en la provincia de Totonaca, de inmediato. ¡Vaya ya!"

Flor del Cielo

Todas las noches se preparaba en la cocina imperial una bebida especial de chocolatl para Flor del Cielo. Los granos de cacao y las semillas de vainilla se molían junto con un poco de corteza de un árbol que crecía en las montañas. El polvo se mezclaba con agua caliente y batida hasta formar una espuma. Flor del Cielo siempre esperaba con ansias disfrutar de esta delicia especial y la bebía con gran ceremonia en sus habitaciones antes de dormir. Esta noche, a diferencia de otras, se le añadió otro ingrediente. Arañas venenosas del desierto del norte habían sido transportadas a la cocina imperial en una pequeña caja de madera. Las arañas eran entonces trituradas y mezcladas con el cacao y la vainilla antes de que sus sirvientas ofrecieran el chocolatl a Flor del Cielo.

Cuando Flor del Cielo despertó la mañana siguiente, sintió sus extremidades débiles y entumecidas. Apenas podía elevarse para poder sentarse. Sus sirvientas entraron y la ayudaron a ponerse de pie. Llevaron Flor del Cielo a su inodoro y luego la bañaron. Las sirvientas limpiaron cuidadosamente cada grieta de su cuerpo y lavaron bien su largo cabello, peinándolo con un aceite fragante. Luego las sirvientas la condujeron a un banco cubierto de tejidos de algodón donde se sentó. Flor del Cielo todavía se sentía aletargada. Normalmente, sus sirvientas deberían haberla vestido, pero en esta ocasión todas se retiraron sin decirle nada, dejando a Flor del Cielo sola y desnuda. De repente, un tlamacazqui entró en su habitación sin aviso. El tlamacazqui estaba vestido con pieles de jaguar y portaba un collar de colmillos largos. Su cabello estaba enmarañado con sangre seca. Ningún hombre había entrado en las cámaras de Flor del Cielo jamás. Por lo tanto, ella no sabía qué hacer. El tlamacazqui se arrodilló frente a ella y forzadamente apartó sus piernas. La chica no pudo resistir. El tlamacazqui inspeccionó detalladamente sus genitales. Satisfecho de que Flor de Cielo era aún virgen, salió de la habitación sin decir una sola palabra.

Las sirvientas de Flor del Cielo volvieron a entrar en la cámara. Rodearon a la asustada niña, dándole abrazos y palmaditas tranquilizadoras. Le trajeron un tazón de pulque, asegurándole que le haría sentir mejor. Con su apoyo, Flor del Cielo bebió el pulque, aunque tenía un sabor amargo y una consistencia viscosa. Casi de inmediato comenzó a sentirse más cálida y ligera. Sin embargo, todavía tenía dificultad para mover sus piernas. Las sirvientas ayudaron a Flor del Cielo ponerse de pie y la vistieron con un taparrabos blanco y una faja roja. Le pusieron un vestido blanco muy finamente tejido de algodón y sobre esté, una túnica roja. Las sirvientas salieron una por una, y luego regresaron también vestidas de blanco. Flor del Cielo y sus sirvientas aparecieron como nubes brillantes contra un cielo azul.

Flor del Cielo escuchó el sonido de tambores y flautas en la puerta de sus recámaras y se preguntó lo que significaba. A toda prisa, las sirvientas le colocaron un magnífico penacho de plumas blancas y rojas, tan largo que arrastraba por el suelo detrás de ella. Hicieron algunos ajustes finales a su ropaje y la llevaron hacia la puerta. Flor del Cielo supo que más allá del portal había un amplio patio que había visto, pero que nunca le habían permitido explorar. La niña sabía vagamente que el patio era parte de un inmenso palacio donde el Emperador vivía con sus mujeres. Ella estaba familiarizada sólo con las habitaciones que ocupaba y un pequeño jardín con aves enjauladas que le cantaban.

La puerta se abrió. Los músicos que tocaban afuera en el patio le hicieron señas a Flor del Cielo para que les siguiera. Flor del Cielo estaba desconcertada, pero con el apoyo de sus sirvientas fue escoltada afuera. Las flautas tocaron una melodía llena de alegría y exuberancia. Los tambores acompañaban a un ritmo rápido con sus tonos musicales mientras chocaban los platillos de bronce.

Flor del Cielo dejó sus habitaciones por primera vez en muchos años. Las esposas del Emperador y todos sus asistentes la estaban esperando en el patio. Muchos sirvientes y esclavos de otros lugares dentro del palacio imperial también aparecieron en gran número. Todos habían llegado para alabar a Flor del Cielo y lanzar pétalos a sus pies mientras ella caminaba. Un grupo de guerreros águila abrió camino a través de la multitud hacia un gran portal. En cuanto abrieron las puertas, Flor del Cielo vio una enorme plaza bordeada por altos edificios recubiertos de yeso blanco, que reflejaban la deslumbrante luz del sol. Flor del Ciclo y sus sirvientas salieron por las puertas y avanzaron entre la multitud de espectadores animados, todos ansiosos por participar en la procesión sagrada del sacrificio de Flor del Cielo.

Más y más personas se unieron al grupo mientras Flor del Cielo y sus sirvientas continuaban a través de la plaza en dirección del Coatepec Teocalli. Unos momentos más tarde, la procesión pasó por el Muro de las Serpientes que encerraba el recinto sagrado. La multitud siguió Flor del Cielo y a su séquito hasta pasar por unas largas repisas repletas con filas de calaveras. Un poco después, Flor del Cielo se paró directamente al frente de la gran pirámide con sus escalones cubiertos de sangre. En ese momento, la música cambió de tempo y sus notas se volvieron bajas y sombrías. A veces se daba una pausa en la música de la plaza, seguida por la respuesta de las trompetas y el estruendo de un gran tambor que sonaba desde lo alto del teocalli.

Flor del Cielo estaba bastante mareada y desorientada. Quería sentarse, pero sus asistentes no se lo permitían. Le murmuraban palabras consoladoras mientras le desataban y quitaban su túnica roja. Flor del Cielo y las sirvientas entonces comenzaron la larga subida al hogar de los dioses en la cima de la pirámide. Caminaron muy lentamente, ya que Flor del Cielo se sentía muy débil. Los escalones eran altos y estrechos. Las sirvientas ayudaron a la chica subir paso a paso para evitar que cayese hacia atrás.

Al alcanzar el primer nivel de la pirámide, la procesión se detuvo y esperó mientras los músicos ascendieron para unirse a ellas. Cuando todos estaban presentes, las sirvientas dieron vuelta a Flor del Cielo para exhibirla a la gente en la plaza. La muchedumbre abajo vitoreó y gritó. Los asistentes le retiraron el vestido blanco de Flor del Cielo. La chica quedó desnuda, excepto por su taparrabos y penacho. Su cuerpo brillaba con sudor. Su respiración era profunda y desigual, sus ojos dilatados de miedo.

Una vez más el tambor grande sonó desde lo alto de la pirámide. Flor del Cielo reanudó su ascenso por los escalones empinados. Por fin, Flor del Cielo y sus asistentes llegaron a la plataforma ceremonial que se encontraba en la cumbre. Varios tlamacazquis en sus disfraces estaban allí, esperando la llegada de la víctima del sacrificio. Flor del Cielo dio la vuelta una vez más para ser mostrada a la ciudad y a su gente. Su faja roja estaba desabrochada y le quitaron el taparrabos. Ella estaba completamente desnuda, mirando hacia las aguas azules del lago de Texcoco. Una columna de humo se elevaba por encima del volcán en la lejana distancia.

Las sirvientas con sus vestidos blancos, junto con los músicos, se retiraron bajando por los escalones. Los tlamacazquis condujeron a Flor del Cielo a una gran mesa de piedra redonda en el centro de la plataforma. Le quitaron el penacho y le ofrecieron un tazón de pulque. La chica tenía mucha sed y bebió todo. Un momento después, perdió la conciencia. Los tlamacazquis la levantaron y la acomodaron boca abajo en la mesa. Otros cinco tlamacazquis con cuchillos ceremoniales de obsidiana emergieron del templo de Huitzilopochtli, una casita de madera que contenía la efigie del dios de la guerra de los aztecas. Los tlamacazquis se arrodillaron ante Flor del Cielo, quien estaba extendida sobre el altar. Los tlamacazquis oraron juntos por un momento y se pusieron de pie. Rodearon la mesa. Un sacerdote hizo una incisión desde la parte superior de la cabeza de Flor del Cielo, recorriendo toda su espina dorsal hasta abajo. Dos más hicieron incisiones desde sus hombros hasta las manos y los otros le cortaron la parte trasera de sus piernas. Los sacerdotes la levantaron con cuidado, le dieron vuelta y la acomodaron cara arriba. Los tlamacazquis metieron sus manos por debajo de la víctima y cada uno apoderó de un colgajo de piel. El sacerdote principal dio una señal y todos jalaron al mismo instante. Le quitaron la piel de Flor del Cielo con un jalón final para soltar los dedos. Los tambores golpearon en crescendo y las trompetas resonaron. Uno de los sacerdotes fijó la piel en el gancho de un bastón largo. Metió el base del palo en un receptáculo especial en la roca de la plataforma ceremonial. La piel y el cabello de Flor del Cielo ondeaban en la brisa como una bandera sangrienta que sobrevolaba Tenochtitlán.

Otro tlamacazqui vertió un té caliente de hojas estimulantes en la boca de Flor del Cielo. Flor del Cielo recuperó la conciencia, escupiendo y tosiendo, casi ahogada. Los tlamacazquis la pararon y frotaron una pasta azul de sal mineral y jugos ácidos en sus piernas y espalda para tensar los músculos expuestos. Amarraron cuerdas ceremoniales a sus muñecas. Reemplazaron el largo penacho de plumas rojas y blancas en su cabeza ensangrentada. Las flautas comenzaron a tocar de nuevo. Jalando artísticamente a las cuerdas y apuñalando sus piernas con lanzas afiladas, los tlamacazquis forzaron a Flor del Cielo a bailar a través de la plataforma, dejando huellas de sangre mientras se dirigía hacia otra piedra de sacrificio que estaba arqueada, no plana. Los tlamacazquis le quitaron el penacho a Flor del Cielo y desataron las cuerdas de sus muñecas. La arrojaron hacia atrás sobre la superficie pedregosa del altar de la muerte. Los tlamacazquis se apoderaron de sus brazos y piernas ensangrentados. Otro sacerdote mantuvo su cabeza abajo. El sumo tlamacazqui, en sus pieles de jaguar y collar de colmillos, ahora emergió del templo de madera. El sacerdote se acercó al sacrificio con un cuchillo de obsidiana sostenido en alto, cantando una oración. Sumergió el cuchillo en el pecho de Flor del Cielo, justo debajo de las costillas. El tlamacazqui metió su mano en la cavidad y sujetó el corazón de la niña. Esperó un instante y sacó el corazón. En un movimiento rápido, el sacerdote cortó las arterias y levantó el corazón por encima de su cabeza. Un chorro de sangre voló hacia el cielo y gotas rojas llovieron sobre las piedras de la plataforma. Un sacerdote joven extendió un plato de oro para recibir el corazón palpitante. Éste llevó la ofrenda al templo de madera para permitir que Huitzilopochtli consumiera los últimos latidos temblorosos del corazón de Flor del Cielo.

Los tlamacazquis reposicionaron el cuerpo de la víctima. Su cabeza se extendía sobre una canasta forrada de algodón. Un sacerdote enmascarado, armado con un gran macuahuitl, se acercó. Su macuahuitl estaba decorado con símbolos de la muerte y armado con trizas triangulares de obsidiana como si fueron dientes de tiburón. Con un solo golpe, el tlamacazqui cortó la cabeza de Flor del Cielo, que cayó en la canasta. Otro tlamacazqui joven recogió la sangre que drenaba del cuello de Flor del Cielo en un tazón de arcilla. Cuando la sangre dejó de fluir, otros tlamacazquis le cortaron los brazos y las piernas, acomodándolos en una canasta alargada. El torso de Flor del Cielo fue arrastrado hasta el borde de la plataforma y rodado por los escalones donde se apilaría con los cuerpos de otros sacrificios hasta el anochecer.

Un tlamacazqui joven llevaba respetuosamente por los escalones empinados la canasta que contenía la cabeza ensangrentada de Flor del Cielo. Se inclinó al fondo en las cuatro direcciones cardinales y caminó por una de las filas dobles de repisas con calaveras. El joven sacerdote pasó al frente de miles de calaveras, memoriales de sacrificios realizados durante muchos años. Algunos de los cráneos más antiguos habían comenzado a deteriorarse y estaban recubiertos de yeso con ojos vacíos y dientes sonrientes pintados. El joven sacerdote continuó caminando por calaveras que amarilleaban por su antigüedad y exposición a la intemperie al lugar donde había calaveras más nuevas, blanqueadas por el sol. Cuando se acercó al extremo del tzompantli, encontró calaveras que todavía llevaban pedazos de piel y cabello. El olor de carne podrida era fuerte y las nubes de moscas zumbaban alrededor. Los sesos putrefactos goteaban sobre las piedras del patio, produciendo charcos de baba. El sacerdote encontró un nicho vacío para la cabeza de Flor del Cielo. Cantó una breve oración y luego colocó la cabeza en una afilada clavija.

El cuenco de la sangre de Flor del Cielo fue llevado a una cocina en la parte posterior del recinto sagrado. La sangre se mezcló con semillas de huautli molidas para formar una pasta que fue moldeada en pequeñas figuras semejando una Flor del Cielo, para alimentar a los tlamacazquis en su cena. Las piernas y los brazos de Flor del Cielo fueron cocinados y la carne también se sirvió a los tlamacazquis. Después de rezar y comer, los tlamacazquis discutieron los presagios y enviaron su informe al Emperador.

En la ciudad de Atitlaquia, un día de viaje al noroeste de Tenochtitlán, se encontraba una academia para las hijas de la élite de la ciudad. Magistrados, comerciantes, escribas, administradores y otros funcionarios del gobierno enviaban sus hijas a estudiar a esta escuela. Las jóvenes eran instruidas en sus deberes para con la sociedad y sobre su lugar en la religión del estado. Se hacía hincapié en la obediencia y el servicio, y en la reverencia a los dioses en todos los aspectos de su vida cotidiana. Una de las niñas más jóvenes había sido identificada por sus instructores como una posible candidata para ser la próxima Flor del Cielo. Era una chica hermosa, delgada con ojos vivos, perfectamente simétrica, sin manchas ni marcas. Sus pechos apenas empezaban a proyectarse a través de su blusa. Al día siguiente del sacrificio de la Flor del Cielo en Tenochtitlán, los tlamacazquis y guerreros llegaron a la escuela y se apoderaron de la joven. La metieron en una jaula y se la llevaron. Por un plazo de varios días, la chica sería aterrorizada e intimidada por los tlamacazquis. Después sería liberada para estar al suave cuidado de las sirvientas de la Flor del Cielo, en preparación de un nuevo sacrificio que se llevaría a cabo cuando los dioses lo exigieran.

Cuitláhuac y Cuauhtémoc

Un flautista precedió la silla de manos de Cuitláhuac por la larga calzada que conducía a Iztapalapa, anunciando la venida de un alto funcionario de los aztecas. La gente común instintivamente corría por los bordes de la calzada al oír el himno imperial. Mientras Cuitláhuac pasaba, cada caminante se detenía en el puente y se inclinaba reverentemente hacia la figura oculta en la silla real. Cuitláhuac normalmente no tomaba nota de las actividades de las clases inferiores, pero este día estaba más pensativo de lo normal, preocupado por los acontecimientos recientes. Acababa de venir de las cámaras de su hermano mayor Moctezuma, Supremo Tlatoani de los aztecas y Emperador de la Triple Alianza. Los portentos eran preocupantes. Los ominosos eventos en los territorios orientales exigían atención inmediata, sin embargo, el Emperador se retrasaba en tomar medidas. Cuitláhuac se dio cuenta que su hermano se había vuelto complaciente en su vejez y que era fácilmente engañado por los tlamacazquis. En días anteriores, el gran guerrero-soberano Moctezuma habría respondido rápida y contundentemente ante cualquier amenaza que se percibiese contra el imperio.

Cuando su silla se acercó a la fortaleza en la isla de Xoloc, los tonos musicales de otro flautista que provenía de Coyoacán penetraron los pensamientos pesimistas de Cuitláhuac. Aparentemente, un miembro de la familia real de los aztecas iba rumbo a Tenochtitlán cerca del atardecer. Cuitláhuac ordenó a sus portadores que pararan y bajaran la silla mientras él esperaba la llegada del dignatario. El grupo de Coyoacán pronto apareció. Una sola pluma de quetzal se elevó por encima de los otros penachos moviéndose en el grupo. Cuando el portador de la pluma de quetzal llegó más cerca, Cuitláhuac reconoció a su sobrino Cuauhtémoc. Cuitláhuac llamó a su familiar y Cuauhtémoc se acercó con una amplia sonrisa. Se abrazaron mutuamente e intercambiaron saludos.

"¿Adónde vas, sobrino mío?" preguntó Cuitláhuac.

"Su hermano, el Emperador Moctezuma, me ha citado para atenderlo," respondió el joven Cuauhtémoc.

"Acabo de salir de la presencia del Emperador," dijo Cuitláhuac, el hombre mayor. "Ahora está con sus mujeres y no querrá ser molestado. Sé que él está esperando que vengas mañana temprano. Yo también debo atenderlo por la mañana. ¿Por qué no vienes conmigo a Iztapalapa esta noche? Iremos juntos al palacio de Moctezuma en cuanto levanta el sol."

"Me parece bien, querido tío Cuitláhuac," dijo el joven Cuauhtémoc. "Enviaré a mis sirvientes a casa y caminaré a su lado."

"Tal vez es mejor que vayamos en canoa," dijo Cuitláhuac. "Será mucho más rápido y tendremos una mejor oportunidad para hablar en privado."

Cuauhtémoc, su sobrino, indicó que estaba de acuerdo. Cuitláhuac envió uno de sus portadores para traer al comandante de los guardias de Xoloc. Un momento después, un guerrero águila llegó y cayó de rodillas.

"Necesitamos una canoa que nos lleve a Iztapalapa," afirmó Cuitláhuac, "y una escolta adecuada."

"Tenemos transporte a la espera," respondió el guerrero. "Permítanme mostrarles los muelles."

Cuitláhuac y Cuauhtémoc subieron a una larga canoa con remeros listos para embarcar. Unos momentos después, estaban cruzando las aguas hacia Iztapalapa. Dos canoas más pequeñas iban adelante para abrirles el paso.

"Me gustaría escuchar sobre tus campañas en las tierras tarascas," dijo Cuitláhuac mientras la isla de Xoloc retrocedía en la distancia.

"Ciertamente, querido tío," respondió Cuauhtémoc. "Nos encontramos con el enemigo en Zitácuaro. Los expulsamos de la ciudad y los perseguimos por los campos hasta llegar frente a su bastión en

Tzintzuntzan." El joven guerrero estaba muy contento de tener la oportunidad de relatar las hazañas del ejército azteca. Mientras las canoas continuaban remando por las aguas del lago de Texcoco, Cuauhtémoc comentaba sobre las defensas y estrategias de los tarascos, y sobre cómo éstas fueron superadas por el magnífico armamento y disciplina de los aztecas. Habló de los muchos prisioneros tomados para ser sacrificados y del tributo impuesto al rey tarasco.

Cuitláhuac escuchaba atentamente mientras las canoas se deslizaron a través de las tranquilas aguas del lago. El viejo guerrero percibió que su sobrino se había convertido en un experimentado jefe de guerra a pesar de su juventud. Los logros de Cuauhtémoc fueron muy comentados en la capital. Su ejército victorioso había llevado una gran cantidad de oro y plata, así como trenes de cautivos, a Tenochtitlán. El viejo Cuitláhuac no dudó de que Moctezuma tuviera la intención de reconocer al joven guerrero por su servicio al imperio.

Era ya de noche cuando las canoas llegaron a desembarcar cerca del palacio de Cuitláhuac en Iztapalapa. Los dos hombres caminaron por un sendero bordeado de altos cipreses hacia la entrada del palacio. Las antorchas habían sido encendidas en anticipación de la llegada del dueño del palacio. Los sirvientes salieron para quitar el penacho de plumas de loro verde de Cuitláhuac y el penacho de pluma de quetzal de Cuauhtémoc. Los dos jefes fueron escoltados a los baños. Después de bañarse, los sirvientes les ayudaron a vestirse y ataron sus fajas.

Limpios y frescos, los dos jefes se retiraron a una de las salas centrales del palacio de Cuitláhuac. Una gran estatua pétrea de Huitzilopochtli, el dios de la guerra de los aztecas, dominaba la habitación. Arcos con flechas, hondas de cuero, macuahuitl, escudos, cuchillos de obsidiana y hachas de batalla lucían sobre las paredes. Varias lanzas y atlatl recostaron en las esquinas.

"Esta es la lanza que llevé cuando sometimos a Zempoala, la capital de los totonacas," dijo Cuitláhuac, alzando una lanza con una aguda punta de obsidiana. "El cacique Cicomecóatl se me rindió en su propio palacio ese día."

El viejo Cuitláhuac continuó relatando las historias de las batallas en que las había participado, haciendo un recuento de sus combates mano a mano, victorias, los prisioneros que había tomado y el valor que mostraron sus enemigos. Los dos nobles hablaron de guerra y combates por algún tiempo hasta que percibieron el olor de comida proveniente de la cocina.

"Vamos a ver lo que los cocineros nos han preparado," dijo Cuitláhuac.

Cuitláhuac y Cuauhtémoc se dirigieron al comedor principal y se sentaron a la mesa. Inmediatamente, los esclavos de la cocina les trajeron apetitosos platos calientes. En ellos, había huachinango fresco del Mar del Este, almejas de las aguas occidentales, truchas de ríos montañeses, faisán, codornices, palomas y tortillas gruesas de maíz azul. Cuando los dos hombres quedaron satisfechos, los esclavos entraron y retiraron los platos. Un poco después, reaparecieron con tazas de chocolatl espumoso.

Cuauhtémoc quería preguntarle algo a su tío, pero no estaba muy seguro de cómo abordar el tema. Esperó hasta que terminaran de tomar el chocolatl. "Tío," dijo entonces, "he oído rumores sobre las idas y venidas de muchos mensajeros al palacio de Moctezuma."

Cuitláhuac cambió el tema de la plática. "Sobrino Cuauhtémoc, la luna está saliendo y hay una planta rara en mi jardín que sólo florece por la noche," dijo. "Cuando llega el amanecer, la flor muere. ¿Vamos al jardín a ver la hermosa flor? Podríamos allá fumar nuestro tabaco."

Los jardines de Cuitláhuac eran famosos en todo el imperio. Los anteriores tlatoanis de Iztapalapa habían plantado cedros y alisales que habían crecido frondosos a través de los años. Praderas verdes cubrían las ondulantes colinas. Un arroyo abastecía agua a las fuentes y piscinas que se intercalaban por todo el parque. En el día, muchos jardineros trabajaban regando, recortando y plantando nuevos especímenes, así que siempre había algo nuevo a la vista. Los jardines atraían miles de mariposas. También había aviarios en los que pájaros de todos colores cantaban ruidosamente. Sin embargo, por la noche todo permanecía callado y tranquilo.

Cuitláhuac condujo su joven familiar a un banco de piedra junto a una fuente que burbujeaba. Un sirviente los acompañó, llevando tubos de madera con cuencos de bronce, tabaco rallado y una pequeña caja de plata con brasas de fuego. El sirviente preparó sus pipas, hizo una reverencia y se retiró. Cuitláhuac y Cuauhtémoc se sentaron en el banco contemplando la flor blanca mientras los murciélagos volaban por encima. Las ranas cantaban en un estanque cercano. Los dos jefes fumaban tranquilamente por unos pocos momentos y luego Cuitláhuac se levantó y caminó alrededor de la fuente, examinando detalladamente el follaje iluminado por la luz de la luna.

Cuitláhuac volvió con su sobrino y habló en voz baja. "El Emperador tiene muchos ojos y oídos," dijo. "No quiero que mis palabras sean escuchadas y se reporte una versión distorsionada a mi hermano. Lo que has oído, Cuauhtémoc, es la verdad. Estos últimos días, varios mensajeros han llegado uno tras otro con amatl urgentes provenientes de la provincia de Totonac. Las noticias son inquietantes. Probablemente nos llamarán un día a luchar hasta la muerte para defender el imperio."

"¿Qué quiere decir con todo esto, tío?" preguntó Cuauhtémoc, moviéndose incómodamente.

"Te lo diré," continuó Cuitláhuac, "pero no permitas que el Emperador sepa que estás al tanto de esta información a menos que él mismo te diga algo al respecto."

"Seré digno de su confianza," Cuauhtémoc aseguró a su tío.

"Eres joven, mi sobrino, pero la sangre de los Mexicas fluye fuerte en tus venas. Será tu destino elevarte por encima del caos de destrucción y guiar a nuestro pueblo," dijo solemnemente el viejo guerrero.

La charla agitó a Cuauhtémoc. "Tío, ¿cómo puede usted decir esto? Si alguna vez dirigiré a nuestro pueblo, serán dentro de muchos, muchos años en el futuro. ¿Cómo puede usted o cualquier otra persona saber lo que el destino nos traerá? ¿Cuáles son las noticias de la provincia de Totonac que le mueven a pronunciar estas palabras?" preguntó.

"Conozco la historia de los Mexicas y la historia de nuestra familia," respondió Cuitláhuac. "Sé que cada vez que nuestra gente ha estado en peligro, hemos encontrado un líder fuerte para conducir nuestros estandartes a la victoria. Y sé que tú eres ese tipo de líder. Prepárate, mi joven sobrino, serás puesto a prueba mucho antes de lo que esperamos."

"Pero, tío," protestó Cuauhtémoc, "el Emperador Moctezuma nos ha guiado a muchas victorias gloriosas. Y no hay ninguna amenaza que usted mismo no pueda superar. Además, hay muchos otros nobles y altos tlacatecatl que serían llamados antes que yo para dirigir nuestros ejércitos. En cualquier caso, no tenemos enemigos con la fuerza suficiente para amenazar al imperio." Cuauhtémoc bajó su cabeza. Si no conociera bien a su tío, hubiera pensar que lo que escuchaba se trataba de una broma o bien de una trampa para ver si decía algo que pudiera interpretarse como una traición.

"Han pasado muchos años desde que Moctezuma estuvo en el campo de batalla con sus guerreros," explicó Cuitláhuac. "Él pasa gran parte de su tiempo con los tlamacazquis. Cree que su universo es ordenado y está bien regulado, y que continuará así indefinidamente. Sus sacerdotes son siempre halagadores y constantemente felicitan al Emperador por la perfección de su gobierno. Moctezuma se ha vuelto complaciente y está mal preparado para enfrentar la amenaza que ha venido del Este. Me parece que los tlamacazquis han malinterpretado los presagios y han dado falsas esperanzas al Emperador."

Cuauhtémoc trató de asimilar todo esto. Sentía ganas de estar ya luchando en la batalla para poder enfrentar a sus enemigos y desahogar sus frustraciones en ellos. "Cuéntame sobre estas amenazas que provienen del Este," dijo finalmente.

"No hace mucho tiempo, un mercader de peces envió un amatl desde Xicalango reportando la llegada de nube-barcos en el Mar del Este. Los barcos llevaban téotl con pieles plateadas," dijo Cuitláhuac. "Varios días más tarde, otro amatl llegó proveniente de capataces aztecas de la provincia de Totonaca. Parece que los téotl han dejado sus agua-casas para vivir en tierra firme. Hay al menos quinientos de ellos. También tienen muchos esclavos mayas y otros esclavos de tierras desconocidas. Pero lo más notable es que tienen bestias que son como venados enormes. Estos monstruos son mucho más grandes que cualquier criatura de nuestros bosques. Aun así, los téotl imponen su voluntad a las bestias y suben sobre sus espaldas. Luego obligan a los animales a correr en cualquier dirección que deseen con velocidad extrema. Los monstruos tienen pezuñas de piedra, más duras que la obsidiana."

Cuauhtémoc escuchó las palabras de su tío frunciendo profundamente el ceño.

"Estos extranjeros tienen armas muy superiores a las nuestras," continuó Cuitláhuac, "incluyendo grandes tubos de tepuzque que hacen ruidos como truenos. Cuando son tocados por el fuego, los tubos crean nubes de humo con un aroma desagradable. Una esfera es expulsada del tubo con gran fuerza. Los téotl destruyeron un árbol alto con uno de sus tepuzques. Todo el árbol cayó hecho astillas. Tienen otras armas que disparan flechas gruesas que llegan mucho más lejos de lo que pudieran alcanzar las flechas lanzadas por un arco de cualquier azteca. No tengo duda de que sus flechas gruesas podrían perforar completamente a nuestros guerreros. Cada téotl tiene una espada larga de algún tipo de metal. Es posible que también posean otras armas desconocidas. Además, estos extranjeros usan armaduras y cascos del mismo metal. La armadura parece cálida y pesada, pero los téotl la llevan como si fuera parte de su cuerpo."

Cuauhtémoc reflexionó sobre esta información. "¿Sabemos sus intenciones?" preguntó.

"Usan un lenguaje que no entendemos," respondió Cuitláhuac. "Uno de los téotl habla un dialecto maya. Una esclava de ellos tiene conocimiento del náhuatl. Así pueden comunicarse con nuestros capataces de una manera limitada. Dicen que haber sido enviados por su propio Tlatoani Supremo desde más allá del Mar del Este para rendir homenaje a nuestro Emperador. Nos han entregado como tributo gemas extrañas muy diferentes a cualquier cosa que yo haya visto. También enviaron una silla cubierta con tela más fina de la que pudieran producir nuestros propios tejedores, con colores más fuertes que los de nuestros fabricantes, y ropa de un corte extraño, así como una copa de plata con marcas inusuales y otros tesoros. Moctezuma está convencido que los téotl han venido a ayudarle a someter a nuestras provincias rebeldes. De mi parte, yo tengo muchas dudas. Me parece que los demonios irán a donde quieran y se llevarán todo lo que deseen."

"¿Tienen corazones y sangre como nosotros?" preguntó Cuauhtémoc. "Si es así, pueden ser matados como nosotros. Sólo hay quinientos de ellos y nosotros tenemos cien mil guerreros para impedir su paso."

"Sería mejor que mantengas tus pensamientos en secreto por ahora, sobrino Cuauhtémoc," dijo Cuitláhuac.

"¿Qué más sabe de ellos, tío?" preguntó Cuauhtémoc.

"Según los capataces aztecas, tienen un dios clavado en una cruz hecha de tablones de madera," dijo Cuitláhuac. "Su dios muestra una herida de sacrificio en su costado, no en el corazón. Los téotl se reúnen temprano todos los días en ceremonia para rendir homenaje de este dios. La esclava maya relató a nuestros capataces que los téotl comen la carne y beben la sangre de su dios como parte de la ceremonia."

"Esto no lo comprendo," dijo Cuauhtémoc. "Esperaba que estos téotl tuvieran un dios más belicoso. Seguramente, los seres que adoran un dios tan débil no pueden ser muy valientes."

"También tienen una diosa," continuó Cuitláhuac. "Una mujer joven, muy hermosa con una sonrisa serena. Siempre está acompañada por un niño desnudo cargado en brazos. La esclava maya contó a nuestros capataces que esta diosa tiene el poder de pisotear a todos nuestros dioses aztecas bajo sus pies."

Cuauhtémoc resopló en escarnio. "Esto lo veremos," dijo. "Tío, me ha dado usted mucha información a considerar. Si todavía hay brasas encendidas en la caja de plata, tal vez podamos fumar un poco más de tabaco."

"Coyolxauhqui ha subido por lo alto entre las estrellas mientras permanecemos aquí hablando," respondió Cuitláhuac. "Tenemos que levantarnos temprano mañana. Me retiraré ahora y te dejaré solo. Enviaré a una de mis mujeres a visitarte más tarde. Es hija del cacique de Oaxtepec. La he descuidado últimamente. Ella estará muy contenta con tus atenciones."

Doña Marina

El hermanito de Malintzin apenas estaba aprendiendo a caminar. Era una gran alegría para Malintzin pararlo sobre sus piernas inestables. Ella se puso de rodillas ante él con los brazos abiertos. El niñito daba unos pasos temblorosos hacia ella mostrando una gran sonrisa en el rostro hasta que se acercaba a ella y caía en sus brazos. Malintzin siempre le daba un fuerte abrazo y muchos besos. Le contaba cómo iba crecer para ser un hombre distinguido. A veces, mientras ella lo sostenía en sus brazos, le cantaba una canción, cualquier melodía que entrara en su cabeza. El niño la miraba con fascinación, sonriendo y arrullándose como una paloma. Su hermanito era la fuente de la poca felicidad que quedaba en su vida y Malintzin le adoraba. Ella alimentaba y bañaba al niño cuando su mama lo permitía, aunque tenían esclavas para realizar esas labores. Malintzin estaba muy atenta al niño, aún más que su madre.

Malintzin había sufrido una gran pérdida en su vida cuando su propio padre murió muchos años antes. Malintzin, su padre y su madre vivían en una bonita casa en Oaxtepec. Malintzin era su única hija. Su padre era un hombre amable y gentil. Sabía cómo cultivar todo tipo de plantas y producir hermosas flores. El tlatoani de Oaxtepec había enterado de sus habilidades y lo contrató para planear sus jardines. El padre de Malintzin supervisaba la plantación y el cuidado de todos los arbustos y árboles del parque. Compró nuevos especímenes de vendedores que importaban plantas vivas de tierras lejanas. Los jardines florecieron. Los habitantes de Oaxtepec visitaban el parque y descansaban bajo los árboles mientras las aves y mariposas volaban en el cielo azul. Los recuerdos más preciados de Malintzin eran los de los días soleados cuando su padre la llevaba al parque. La tomaba de la mano, mostrándole las plantas especiales a la niña, diciéndole sus nombres y su lugar de origen. Su padre murió repentinamente un día mientras trabajaba en los jardines. Malintzin nunca supo cómo o por qué.

Después de su muerte, Malintzin y su madre se fueron a vivir con unos parientes de ella. Malintzin eventualmente se acostumbró a su nuevo hogar, pero siempre sintió un vacío en el interior como si hubiera hecho algo malo y estuviera castigada, aunque no podía entender la razón. Unos años más tarde, su madre volvió a casarse. El padrastro de Malintzin era un hombre severo que rara vez sonreía. Provenía de una familia de propietarios que vendían pavos y perros en el mercado. Su padrastro no quería a Malintzin, ya que era un recordatorio constante del primer marido de su esposa. Malintzin pronto aprendió evitarlo siempre que le era posible. Su madre, ansiosa por complacer a su nuevo marido, también trataba a Malintzin con desprecio. La única persona cariñosa que le quedaba a Malintzin era su hermanito, aunque el padrastro desaprobaba de los lazos entre su hijastra y su hijo.

Un día llegaron a la casa los traficantes de esclavos. La madre de Malintzin aceptó algunas pepitas de oro de los esclavistas. Ella no le dijo nada a Malintzin, ni siquiera le obsequió una mirada. Malintzin fue atada, amordazada y llevada. Cuando los esclavistas llegaran a las afueras de la ciudad, tiraron la chica al suelo y la despojaron de sus ropas. Ataron sus manos detrás de su espalda con un lazo de cuero que lastimaba sus muñecas. Los esclavistas le pusieron una correa alrededor del cuello y la sujetaron a un palo junto con otras mujeres. Luego caminaron. A ella le parecía como si hubieron caminado por trecenas. Siempre atadas al palo. Siempre desnudas. Los esclavistas apenas les proporcionaban suficiente comida y agua para mantenerlas vivas. Los fuertes rayos del sol la quemaron y las espinas que crecían al lado del camino rasguñaron su piel. Caminaron a través de las montañas y luego hacia abajo a tierras calientes. De vez en cuando, los esclavistas se detenían cerca de un poblado. Una de las mujeres era entonces desatada y vestida para ser vendida. Malintzin sospechaba que como parte del trato que su madre había hecho con los esclavistas, iba a ser vendida lo más lejos posible. Había visto a muchas mujeres y niñas añadidas a los palos y a muchos otras vendidas hasta que finalmente ella quedó como la última.

Los esclavistas marchaban a lo largo de un sendero cerca del mar por unos días. El calor era insoportable. Los mosquitos atormentaban a Malintzin día y noche. Una tarde, fue desatada y bañada. Los esclavistas le permitieron alimentarse. Le dieron un vestido limpio de algodón blanco con una faja. Fijaron una flor roja de obelisco en su cabello. Condujeron a la muchacha a una ciudad extraña. Altas palmas bordeaban calles de arena blanca. Un teocalli truncado estaba situado frente a la plaza de la ciudad. Había un palacio grande de adobe rústico al otro lado de la plaza.

El cacique de la ciudad admitió a los esclavistas a su casa, donde estaba sentado a su cena. El cacique negoció un precio y los esclavistas recibieron su pago en semillas de cacao. Estos retiraron, dejando Malintzin sola con el cacique. Malintzin notó que era un anciano. Su piel arrugada estaba cubierta de tatuajes que semejaban telarañas. Llevaba un tapón nasal de madera negra, pulido y grabado. Le colgaban de los lóbulos de sus orejas bolas pesadas de jade. Le faltaban varios dientes. El cacique hablo a Malintzin en un idioma que ella no entendía. El anciano apuntó al suelo. La chica no comprendió el gesto. El cacique se levantó y le dio una bofetada violenta en la mejilla, obligándole a arrodillarse. Una vez más pronunció la misma orden. Esta fue la primera palabra que Malintzin aprendió en el dialecto chontal de los mayas.

Malintzin fue asignada para trabajar en la cocina. Ella había vivido una vida cómoda antes de ser vendida como esclava, pero era hábil para adaptarse a su nueva situación. Tenía un instinto de sobrevivencia y encontraba siempre maneras de complacer a sus amos. En ocasiones, era obligada acostarse con el cacique. Le disgustaba tremendamente tener el anciano desnudo sobre ella, pero prefería esto a ser golpeada y enviada a los campos para trabajar bajo el ardiente sol. El cacique exigía la sumisión de su pueblo, su familia y sus esclavos. Malintzin aprendió a someterse.

Le enseñaron a Malintzin cómo realizar todos los quehaceres de la casa. Inicialmente, le costó trabajo entender el dialecto chontal, pero hizo un esfuerzo para aprender. De pronto pudo comunicarse con los demás. Vio cómo las mujeres, a pesar de que todas estaban en la misma condición de esclava, trataban de dominar entre sí. Malintzin intuitivamente evitó las pequeñas disputas. Ninguna de las otras esclavas la percibieron como una amenaza. Le permitieron realizar sus tareas en relativa paz.

Un día, un corredor llegó al palacio para informar al cacique que se avistaban nube-barcos en el Este, primero en Cozumel, luego en Potonchan. El cacique reunió a sus guerreros. Habían expulsado a los invasores de los nube-barcos un año antes. Los extranjeros habían regresado de nuevo y el jefe de guerra resolvió darles otra lección. El cacique mandó espías a vigilar la costa. Recibió reportes de velas grandes en el mar pocos días después. En esta ocasión, había aún más nube-barcos. Aparentemente, las naves estaban buscando algo en tierra. El cacique sabía exactamente a dónde irían, a una amplia bahía cerca de Cintla. La bahía era suficientemente profunda y ancha para acomodar a los nube-barcos. Las aguas estaban rodeadas por todos lados por pantanos. Sólo había pocos lugares donde los invasores podrían llegar a tierra firme. El cacique colocó a sus guerreros entre los carrizos y manglares. Juró que los extranjeros encontrarían su muerte allí mismo.

Hernán Cortés estaba en la proa de la Santa María, estudiando el denso follaje alrededor de la bahía. Alaminos, su piloto, había visitado este lugar antes con la expedición de Grijalva.

"Señor, estuvimos aquí en esta misma bahía," dijo el piloto. "Lo recuerdo claramente. Hay mucha agua dulce más allá de la curva en el río. Enviamos hombres en lanchas para llenar nuestros barriles. Los indios cayeron sobre ellos inesperadamente. Nuestros marineros fueron asesinados cuando trataron a huir. Mientras tanto, aparecieron cientos de canoas en el agua de la bahía. Tuvimos que luchar furiosamente para evitar que los indios abordasen nuestras naves. Con gran dificultad, regresábamos a través de las olas y hacia el mar abierto donde los indios no se atrevieron a seguirnos. Tuvimos que dejar dos lanchas con varios marineros atrás. ¡Dios, ten piedad de sus almas!"

"Veo movimiento en los arbustos allá," dijo Cortés, apuntando. "Los salvajes nos están esperando. Enviaré soldados en lanchas como Grijalva, pero esta vez nuestros hombres estarán armados con arcabuces, preparados para acción."

Poco después, las lanchas se acercaron a la orilla. Los indios salieron de sus escondites con gritos estridentes, lanzando flechas al vuelo contra los invasores. Los españoles bajaron sus remos y levantaron sus arcabuces. Dispararon una volea. Los nativos, asustados con el poder de estas armas, se retiraron. Los españoles presionaron su ventaja. Los arcabuceros recargaron y dispararon otra vez. Los pocos indios que quedaron vivos huyeron a la selva invadidos por el pánico.

Los soldados saltaron de las lanchas para desembarcar. Al instante, se encontraron sumergidos hasta las rodillas en barro. Con gran esfuerzo, los soldados lograron subir la ribera a tierra firme. Quedaron parados, jadeando y sudando en el calor tropical. Después de recuperarse los soldados hicieron señales a los barcos para indicar que los enemigos habían huido.

Cortés ordenó la descarga de cinco caballos, que fueron bajados al agua. Sus jinetes, también nadando, sacaron a los caballos de las eslingas y los guiaron al desembarco. Las sillas y frenillos se transportaron en una lancha. El capitán-general también ordenó que se trasladaron a tierra tres cañones pequeños con sus balas y pólvora. Luego Cortés desembarcó con sus escuadrones acompañado por los capitanes Alvarado y Olid. Las tripulaciones que quedaron en las naves recibieron instrucciones de estar vigilantes en todo momento y disparar inmediatamente a cualquier canoa nativa que viniera al alcance de sus armas.

Rio arriba, en el pueblo de Cintla, Malintzin y las otras esclavas estaban muy ocupadas. El cacique tenía muchos invitados, incluyendo guerreros famosos y sus jefes, dos mil en total. Todos tenían que ser alimentados y atendidos. Las esclavas sólo podían descansar un poco durante la noche. Antes del amanecer, sus amos las despertaban y las ponían a trabajar. Malintzin cocinaba y servía. Después del almuerzo, el cacique y sus jefes de guerra salían de casa. En la plaza central sonaban tambores y trompetas. El cacique partió hacia el mar con todos sus guerreros. La casa del cacique quedó en silencio. Las esclavas se pusieron a limpiar. Las mujeres hablaban calladamente entre si mientras trabajaban. Malintzin se enteró sobre los extranjeros misteriosos que vivían en casas que flotaban en las aguas y que buscaron pleito con el cacique y sus hombres. El cacique los había vencido antes y ahora había jurado matarlos todos para que no quedará ninguno capaz de volver jamás.

Una vez que Cortés estuvo satisfecho con la disposición de sus fuerzas, ordenó a sus tropas avanzar al interior. Los soldados españoles pronto llegaron a la curva del río mencionado por el piloto Alaminos. El capitán-general dividió sus fuerzas, inseguro del terreno que se encontraba más adelante. La caballería, bajo el mando directo de Cortés, se desviaría hacia la derecha. Alvarado, con los cañones, avanzaría por el centro. Las órdenes de Olid eran las de seguir el río aguas arriba y cubrir el flanco izquierdo.

Cortés creía que algún pueblo podría estar situado cerca, probablemente por el río. Posiblemente sería un buen lugar para fundar una nueva colonia. Sin embargo, los españoles tendrían que suprimir toda la resistencia de los nativos y luego determinar si había algo de valor en la región.

Las patrullas avanzaron a sus asignaciones respectivas. Alvarado fue el primero en confrontar al enemigo. El cacique y sus guerreros habían avanzado por un camino arenoso hacia la bahía, confiados en la superioridad de su número y en su fuerte disposición. Las vanguardias de ambas fuerzas se enfrentaron y comenzaron a intercambiar golpes. Alvarado puso los cañones al frente y disparó a la multitud de guerreros. La matanza y el derramamiento de sangre causó profundo miedo en los indios, quienes huyeron en la dirección del pueblo.

Al mismo tiempo, Cortés había avanzado hacia a la derecha. Paró de repente cuando el estruendo de los cañones llegó a sus oídos. Trataba de seguir el ruido, pero encontró una ciénega, intransitable para los caballos. Buscó un camino seco con apremio. Más y más al sur los jinetes continuaron, hasta encontrar un camino en tierra firme que circundaba la ciénega. Por entonces, los sonidos de la batalla se habían desvanecido en la distancia. Cortés y sus hombres finalmente hallaron un camino que conducía hacia el norte y a la bahía. Los españoles espolearon sus caballos a toda prisa.

Olid en el flanco izquierdo había escuchado también a los cañones y marchó rápidamente acudiendo al apoyo de Pedro de Alvarado. Juntos, Alvarado y Olid persiguieron a los indígenas a su pueblo.

Los nativos temerosos corrieron a la aldea de Cintla invadidos por el pánico. El cacique gritó órdenes estridentes, exhortando a sus combatientes a repeler a los invasores. Los guerreros pintados se reunieron alrededor de su jefe y presionaron de nuevo contra los extranjeros.

Los soldados de Alvarado y de Olid cortaron y apuñalaron con sus espadas, dejando muchos indios muertos o heridos, pero aun así estaban a punto de ser vencidos por números superiores. En este mismo momento, Cortés y sus caballos aparecieron en la retaguardia del enemigo. Los nativos no estaban preparados para esta aparición de monstruos gigantes pisoteándoles en el suelo. La mayoría de los guerreros aventaron sus armas al suelo y se arrodillaron en sumisión. Cortés identificó el líder de los indios por su alto penacho. El capitán-general apuntó su lanza al pecho del cacique. El cacique, reconociendo su derrota, dejó caer su macuahuitl y se arrodilló ante el increíble poder de los invasores extranjeros.

Las esclavas en el palacio del cacique oyeron la conmoción en la plaza. Malintzin corrió a una puerta para investigar. Había ruidos como truenos o explosiones de un gran incendio. Muchos guerreros huyeron en desorden, evidentemente espantados por algo terrible. Malintzin escuchó gritos en un lenguaje raro. La escena era todo un caos mientras los guerreros avanzaron blandiendo macuahuitl y otros guerreros se tambaleaban hacia atrás con heridas sangrantes. Los tlamacazquis en lo alto del teocalli batieron sus tambores y las trompetas sonaron. De repente, unos monstruos temibles se aparecieron al otro lado de la plaza. Las piernas de los monstruos avanzaban con una rapidez increíble. Los guerreros cayeron delante de los animales como milpas en la cosecha. Los monstruos rodearon al cacique con una determinación asombrosa. Malintzin estaba segura de que el cacique lucharía hasta la muerte. Sin embargo, el cacique vaciló y cayó de rodillas. Malintzin supo en ese instante que todo su mundo había cambiado y que ella cambiaría a la vez.

Los combates cesaron en cuanto el cacique se rindió. Cortés envió algunos de sus hombres arriba del teocalli para silenciar a los tlamacazquis, quienes todavía golpeaban sus tambores. Alvarado y Olid estacionaron sus soldados alrededor de la plaza para evitar que los guerreros escapasen. La victoria de los españoles fue completa.

Cortés inspeccionó la escena. Con cincuenta hombres había conquistado una fuerza de más de mil combatientes. Había capturado una pequeña ciudad. El capitán-general consideró que probablemente había muchas ciudades como ésta, y otras ciudades más grandes aún, en estas nuevas tierras. El éxito de su colonia estaba ya asegurado.

Cortés contemplaba el cacique arrodillado ante él. El capitán-general estaba consciente de que los alimentos en las bodegas de los barcos en el puerto eran muy reducidos. Estos indios deberían tener abundantes suministros, razonó Cortés. Hizo señas a uno de sus oficiales. "Capitán Olid," dijo Cortés, "necesitamos un intérprete. Traiga aquí al Licenciado Aguilar de inmediato."

Olid envió a un corredor al puerto con el mensaje. En poco tiempo Aguilar llegó al pueblo.

"Dígale a este cacique que de ahora en adelante él será sujeto de Carlos de España y que nosotros somos sus representantes, enviados aquí para gobernar en su nombre," dijo Cortés a Aguilar. "Si el cacique desea conservar sus tierras y su título, se requiere que jura obediencia a nuestro soberano. El Rey exige que nos proporcione alimentos y un tributo adecuado. El cacique nos entregará todo lo de valor en esta ciudad inmediatamente o se arriesgará a despertar nuestra ira. Si cumple con esto, le extenderemos la protección de la corona a él y a sus aliados, y le otorgaremos derechos comerciales exclusivos para esta provincia."

Aguilar tradujo. El cacique entendía que sus opciones eran muy limitadas. Emitió órdenes de poner toda la comida en el pueblo a los pies de los extranjeros. Pronto todos los esclavos de la ciudad, incluyendo Malintzin, llevaron tortillas de maíz, jaulas con pavos y perros, cestas de calabaza, tomates y chiles, sacos de frijoles secos y todos los demás comestibles a la plaza. El cacique instruyó al maestro de su hogar a que entregase granos de cacao, conchas, plumas y joyas de su tesorería personal a los conquistadores.

Cortés inspeccionó el tributo. El capitán-general escogió un collar de oro puro. "Pregúntale al cacique de dónde viene este articulo y dónde podemos obtener otros así," dijo a Aguilar.

Después de un intercambio de palabras con el cacique, Aguilar le dijo a Cortés, "Hay una ciudad muy lejos al oeste donde hay mucho oro. La ciudad está gobernada por un gran emperador que lleva oro en su cuerpo y se sienta en una silla de oro macizo."

Cortés evaluó esta información. Sonaba más bien a una de las fábulas que los indígenas compartían alrededor de sus fogatas. El capitán-general emitió órdenes para llevar toda la comida y el tributo a bordo de los barcos que estaban ancladas en la bahía.

"Necesitaremos mujeres para preparar la comida," dijo Cortés. "Instruya al cacique que nos provea con sirvientas."

El cacique designó veinte esclavas para ser entregadas a los extranjeros. Malintzin era una de las veinte. Cortés dividió a las mujeres entre sus oficiales y Malintzin fue otorgada a Alonzo Puertocarrero, hijo de un noble español.

La joven india fue llevada a uno de los nube-barcos. Ella maravilló con la cantidad de madera tallada, rollos de tela y cuerdas retorcidas en la cubierta de la nave. Los olores de brea y sal eran fuertes. Había también muchos otros aromas raros en el aire. Uno de los extranjeros mostró a Malintzin donde podía sentarse entre jaulas que contenían cerdos y pollos. Dos de los monstruos con pezuñas de obsidiana estaban en la cubierta también, atados con cuerdas y confinados dentro de tablones. Malintzin temía que los monstruos se soltaran y la pisotearan con sus patas pétreas. Sin embargo, luego notó que los extranjeros les hablaban y les acariciaban. Los monstruos respondieron con miradas de calma que emanaban de sus grandes ojos. De todas las cosas increíbles que Malintzin había visto ese día, esta era la cosa que más la había impresionado. Estaba sorprendida por la dependencia completa de los enormes animales ante sus amos del otro mundo.

Una campana de bronce sonó, reverberando por un largo momento. Los téotl gritaron unos a otros con palabras desconocidas. Sacaron un enorme gancho de hierro del agua con una cadena que traqueteaba. Un bote de remos remolcó el nube-barco fuera de la bahía. Después de pasar por las olas a la entrada del puerto, el bote pequeño fue levantado y estibado en la cubierta. Malintzin observó como los extranjeros subían postes en medio del barco aún más altos que los árboles y desplegaban enormes lonas de tela. Las velas se llenaron de viento y llevaron el nube-barco rápidamente sobre las olas.

Sucedió que el Licenciado Aguilar era pasajero en ese mismo nube-barco. Durante el segundo día en el mar, Aguilar se acercó para sentarse con Malintzin. La joven india se sorprendió al descubrir que el extranjero hablaba un dialecto similar al chontal de Cintla.

"¿Adónde me llevan?" preguntó la muchacha.

"No estoy seguro," respondió Aguilar. "Buscamos nuevas tierras para colonizar. Sólo nuestro líder sabe el destino final." Le dijo a Malintzin que permaneciera en la cubierta, asegurándole que nada pasaría.

Al día siguiente, Aguilar regresó de nuevo a hablar con ella. Tenía una especie de amatl en la mano, un amatl de muchas páginas llenas de pequeños glifos. El papel era mucho más fino que cualquier otro visto antes por ella.

"Este es mi breviario," explicó Aguilar. "Tiene una oración especial para todos los días del año. ¿Te gustaría escuchar la oración que corresponde al día de hoy?"

Aguilar leyó, traduciendo como pudo las palabras a chontal. Al final de la oración, se detuvo por un momento en silencio y luego hizo la señal de la cruz sobre su pecho.

"¿Por qué cosa rezas?" preguntó la muchacha india.

"Salvación," respondió Aguilar, "para que pueda unirme con Dios en el cielo cuando muera."

"¿A cuál dios rezas?" preguntó Malintzin.

"Sólo hay un Dios," dijo Aguilar. "Un Dios verdadero más poderoso que cualquier otro." Le dijo a la chica india que Dios la había elegido para servirle, pero antes debía renunciar a todos los dioses paganos. Aguilar explicó que este Dios nuevo era bueno y justo, y que amaba a su pueblo, a diferencia de los dioses de los paganos que exigían sangre humana.

Aguilar se despidió para atender sus deberes en otra parte del nube-barco. El aire silbaba en las velas. Malintzin poco a poco se acostumbró al movimiento mecedor de la gran nave.

A la mañana siguiente y durante varias mañanas después, Aguilar se acercó a hablar con la joven india en la cubierta del barco. Aguilar le leía de su breviario y le explicaba las oraciones diarias.

Un día, Aguilar le dijo a Malintzin que ya estaba preparada para recibir el bautismo y la llevó bajo cubierta donde un sacerdote, el padre Juan Díaz, les esperaba en una pequeña capilla. El sacerdote hizo a Malintzin algunas preguntas que Aguilar tradujo al chontal. Satisfecho con sus respuestas, el padre Díaz purificó a la muchacha con agua bendita de un frasquito de vidrio. El sacerdote pronunció unas palabras en latín e hizo la señal de la cruz sobre la frente de la indita. Aguilar le explicó las acciones del sacerdote. Comentó que Malintzin era ya cristiana y le tocaba obrar por Cristo.

"Tu nombre cristiano será Marina," dijo Aguilar.

Los barcos navegaban al oeste por varios días. La costa comenzó a curvearse hacia el norte. Desde la cubierta del barco, lo único que se veía era una línea ininterrumpida de altas dunas de arena. Los vientos cambiaron de dirección e impidieron el avance de los barcos.

Alaminos, el piloto de Cortés, aseguró al comandante que los vientos iban a seguir en contra entre más navegaron hacia el norte. En cuanto pareció inútil tratar de avanzar en esa dirección, Alaminos avistó una península que se proyectaba de la tierra. Guio a la Santa María a una bahía tranquila. Las otras naves de la flota la siguieron.

El puerto no era ideal y carecía de oportunidades obvias para comercio. Sin embargo, Cortés declaró que este sería el sitio para fundar la nueva colonia. Emitió órdenes a los soldados a desembarcar. Sólo unos pocos marineros permanecerían a bordo para custodiar los barcos.

Un arroyo pequeño con agua clara desembocaba en la bahía. Había también suficiente hierba para los caballos. Los soldados construyeron chozas provisionales de ramas de árbol y hojas de palma. Cortés envió a Pedro de Alvarado y a sus hermanos a explorar tierra adentro, con la esperanza de localizar cultivos con alimento para el ejército. Los hermanos Alvarado regresaron dos días después.

"Casi no hay indios por aquí, señor," dijo Pedro de Alvarado. "Encontramos un grupo de cabañas en medio de unos cultivos no muy lejos. Cruzamos unos caminos rudimentarios. Creo que habrá ciudades en algún lugar más hacia el interior, pero no alcanzamos a encontrarlas."

"¿Hay agua cerca de las cabañas?" preguntó Cortés.

"Sí," respondió el capitán pelirrojo. "Hay un pequeño río con agua pura. Hay bastante pastura para los caballos, también."

Cortés cabalgó al lugar la mañana siguiente. Constató que no había cupo en el pequeño poblado para todo el ejército. El capitán-general mandó a traer ciertas personas para que le acompañasen en el pueblito. Alonzo Puertocarrero era parte del grupo. Puertocarrero llevó su esclava, la que había sido bautizada con el nombre de Marina, consigo. Fueron acomodados en las habitaciones de los indígenas y los nativos locales les entregaron comida suficiente.

Unos días más tarde, una delegación de indios extraños llegó a la aldea. Estos indios se portaron de manera un poco arrogante. Todos llevaban penachos de plumas amarillas y azules. Quemaron incienso en cuencos de bronce y soplaron el humo hacia Cortés. El más alto de ellos dirigió unas palabras al capitán-general en un idioma desconocido.

Cortés envió su paje Orteguilla a buscar al Licenciado Aguilar para traducir. Aguilar llegó, pero tampoco no podía entender las palabras de los visitantes. Los indios se impacientaron y comenzaron a gritarle. La joven Marina observó el intercambio desde la puerta de una cabaña cercana. Como esclava, no tenía permiso hablar con nadie a menos que su amo se lo ordenase. Ella vaciló por un momento, preocupada por recibir un posible castigo. Por fin, la chica decidió arriesgarse. Se acercó y se paró delante de Aguilar con cabeza inclinada. "Yo sé lo que están diciendo los embajadores," le dijo en chontal. "Son representantes del Emperador Moctezuma, soberano de estas tierras."

El jefe delegado continuó hablando en náhuatl. Marina traducía al chontal y Aguilar repetía las palabras en castellano para Cortés. El jefe de los indios explicó que el Emperador Moctezuma había extendido su permiso a los extranjeros para quedarse en el poblado por lo pronto. Como muestra de respeto, el Supremo Tlatoani les había enviado regalos. El Emperador lamentó que los regalos no eran tan dignos como sus huéspedes lo merecían. Mandaba decir que le gustaría saludar a los extranjeros en persona, pero que eso no le sería posible debido a la inmensa distancia entre la capital de su imperio y los pueblos costeros. Esperaba que la corta estancia de los extranjeros en su territorio fuera agradable. El jefe terminó su discurso diciendo que los visitantes podrían enviar un mensaje al Emperador indicándole si les faltaba algo antes de partir.

El delegado hizo una señal a los tamemes que estaban parados a un lado. Uno por uno, los porteadores bajaron sus mochilas y dejaran regalos a los pies de Cortés. Había pernos de tela y tapices de plumas con colores brillantes. Los indios ofrecieron al capitán-general cajas de madera que contenían curiosas piedras verdes. También había gemas semipreciosas en formas de animales raros. Los últimos regalos de Moctezuma fueron un par de discos masivos, uno de oro y el otro de plata, representando el sol y la luna. Los glifos y las líneas grabados en los discos sin duda tenían algún significado especial, pero eran incomprensibles para los españoles.

El capitán-general consideró el tributo con fingida indiferencia. "Díganle al Emperador Moctezuma que estamos agradecidos por sus regalos y hospitalidad," dijo Cortés por medio de sus intérpretes. "Nuestro propio Emperador, Carlos V, le envía saludos y desea abrazarlo como hermano. Llevamos un mensaje de paz del rey que nos ha encargado llevar al Emperador suyo en persona. Aceptamos sus obsequios con humildad y le enviamos regalos en turno, aunque no son comparables con la magnificencia de sus presentes para nosotros." Cortés le dijo a Orteguilla que trajera un cofre de su habitación. El capitán-general abrió el cofre y sacó bolsitas con cuentas de vidrio multicolores, unos espejos pequeños, unas tijeras y un cáliz plateado. También entregó a los delegados una gorra elegante de terciopelo rojo con borlas doradas. Y por último les ofreció su propia silla tapizada con colchones.

Después del intercambio, Cortés invitó los embajadores a sentarse y compartir una cena con él. Todas las esclavas se pusieron a preparar la comida para los visitantes. Marina estaba a punto de ir con ellas, pero Cortés le indicó a Aguilar que quería que la joven india se quedara para traducir.

El capitán-general preguntó con tacto a los delegados dónde estaba la capital de Moctezuma y cuál era la extensión de sus dominios. Los indios respondieron en términos imprecisos, no dispuestos a revelar detalles de las defensas del Emperador.

Mientras los visitantes estaban ocupados con la comida, Cortés se retiró para hablar con Pedro de Alvarado. "Capitán Alvarado," dijo, "quiero preparar un entretenimiento para nuestros visitantes. Escoja a los dos mejores cañoneros y traiga nuestra arma más grande. Apunten el cañón al árbol más alto que encuentren. Después de eso, busque a sus hermanos y monten sus caballos. Manténgase escondidos detrás de aquellos arbustos. Cuando oigan la descarga del cañón, galopen a toda velocidad al lugar donde estaré con estos indios."

Alvarado saludo y se retiró para localizar sus dos hermanos.

Cuando la cena con los embajadores concluyó, Cortés se puso de pie y les invitó para demostrarles uno de los artículos mágicos de los españoles. Condujo los indios a un sitio a las afueras del poblado. Un cañón de bronce estaba ubicado en posición con dos cañoneros atentos a un lado.

Cortés mostró el cañón a los dignitarios y luego dio una señal a los artilleros. Uno de ellos tocó la espoleta con su mecha. Los indios contemplaban las chispas con curiosidad. De repente el cañón disparó con una tremenda explosión, provocando una nube de humo. Al mismo instante, el tronco de un árbol que estaba un poco más lejos se partió a la mitad. La parte superior cayó al suelo en una cascada de hojas y pedazos de madera. Cortés estaba muy satisfecho al ver las expresiones de consternación en los rostros de los delegados. Alvarado y sus hermanos llegaron montados en sus caballos poco después. Los indios instintivamente retrocedieron, dando un brinco para atrás cuando los caballos frenaron justo delante de ellos, levantando mucho polvo. Cortés, convencido de que los nativos eran ya plenamente conscientes de la superioridad de su poder, presentó Alvarado a los visitantes. El capitán pelirrojo desmontó, haciendo una reverencia a los indios en el estilo del corte real de España. Alvarado estaba disfrutando mucho este juego con los salvajes.

Cuando todo se calmó, había un intercambiar de últimas palabras y los embajadores se retiraron. Después de que se habían ido, Cortés les pidió a Aguilar y a Marina que permanecieran con él por unos momentos.

"¿Es esta la muchacha india que fue bautizada a bordo del San Pedro?" preguntó el capitán-general, considerándola intensamente.

"Sí. Ella es," respondió Aguilar.

"¿Cómo se llama?" preguntó Cortés.

"Marina es su nombre cristiano," respondió Aguilar.

Cortés quería saber cómo Marina era capaz de hablar el lenguaje de los enviados. Marina relató su historia a través de Aguilar y respondió a las preguntas de Cortés sobre el Imperio azteca lo mejor que pudo. Al fin de la plática, Cortés le agradeció su ayuda. Le dijo que su contribución sería vital al éxito de su misión y que ella debería estar constantemente preparada para traducir de nuevo en cuanto surgiera la necesidad. Cortés la despidió a atender a su amo, Puertocarrero.

El día siguiente, Cortés envió a Alvarado y a sus hermanos a explorar las tierras que se encontraban más al interior. Los tres caballeros cabalgaron por el territorio desconocido hasta que encontraron un pueblito cerca de unas altas colinas. Los nativos huyeron de terror a ver los demonios cubiertos de metal con sus enormes bestias. Una búsqueda de la aldea reveló la existencia de varios graneros repletos de maíz seco. Alvarado y sus hermanos regresaron de inmediato para informar a Cortés.

El capitán-general despachó órdenes para reubicar todo el ejército al pueblo en las colinas. Los soldados que estaban en la costa llegaron el día siguiente y fortificaron un perímetro alrededor de la zona. Con una base segura, Cortés mandó a Pedro de Alvarado y a sus hermanos a recorrer las tierras circundantes con el objeto de encontrar un sitio adecuado para establecer un nuevo presidio. El capitán pelirrojo regresó unos días más tarde, diciendo que había localizado una loma cerca de un río que serviría bien para construir una fortaleza.

Cortés mandó unos escuadrones de soldados al sitio donde pronto levantaron una empalizada en la loma. Los campos cercanos fueron medidos para el cultivo. Cortés puso el nombre de Villa Rica al lugar.

El capitán-general estaba ansioso por incorporar legalmente su nueva colonia, ya que esto le daría un medio para separar sus iniciativas de la autoridad del gobernador de Cuba, permitiéndole operar de manera independiente. Cortés entonces podría retener cualquier ganancia de la empresa para sí mismo. Una vez que las instalaciones de la colonia de Villa Rica habían progresado lo suficiente, Cortés convocó una reunión de todos sus soldados. Entre ellos, elaboraron un documento estableciendo la fundación de la nueva colonia. Eligieron a Cortés como su primer gobernador. El siguiente paso sería obtener la autorización de la corona española. Para ello, sería necesario enviar una delegación a Sevilla a presentar la petición.

Cortés encargó a Francisco Montejo y a Alonzo Puertocarrero llevar el documento a España. Puertocarrero era hijo de un noble español, que tenía la capacidad de dirigirse ante la corte real con palabras adecuadas para asegurar la complacencia del monarca. Cortés envió muchos regalos al Rey Carlos V, incluyendo el sol de oro y la luna de plata. El barco más rápido de la flota, la Santa María, fue puesto a disposición de Montejo y Puertocarrero. Partieron de la bahía de Vera Cruz con instrucciones específicas de navegar directamente por las islas de las Indias sin detenerse en ningún puerto hasta llegar a España.

Tan pronto como Puertocarrero y Montejo partieron, Cortés mandó traer a la jovencita india, quien de pronto se convirtió en su compañera constante. Los soldados del ejército le mostraron en toda ocasión el mayor respeto y deferencia. Siendo la consorte de Cortés, fue conocida como Doña Marina.

Tlaxcala

Tonatiuh brillaba en el cielo sobre Tenochtitlán mientras un corredor águila atravesaba la larga calzada de Iztapalapa. El mensajero pasó por la isla de Xoloc y cruzó todos los puentes levadizos sin detener el ritmo de sus pasos. Se dirigió directamente al palacio del Emperador. El corredor águila fue admitido de inmediato a la sala de audiencias donde Moctezuma estaba reunido con sus asesores. El mensajero presentó respetuosamente su amatl al hermano del Emperador, Cuitláhuac, quien leyó la misiva en voz alta.

"Moctezuma, Emperador de la Triple Alianza, Tlatoani Supremo de los aztecas," dijo Cuitláhuac, "un nube-barco desaparecido sobre el Mar del Este. Todos los demás nube-barcos quemados, hundidos en el agua. Dos téotl ahorcados. Téotl azotados, varios. Téotl en su fortaleza, más de cien. Téotl en Zempoala, más de cuatrocientos. Quauhpopca, tlacatecatl de la guarnición jaguar de Tzinpantzinco. Cuatro Ehecatl del año Uno Carrizo."

Hubo un silencio prolongado por unos momentos. "¿Un nube-barco se ha ido, otros hundidos? ¿Por qué? ¿Quiénes son los responsables?" preguntó el Emperador con incredulidad.

"Supongo que los téotl han enviado un nube-barco para comunicarse con su soberano supremo más allá del Mar del Este, tal vez para solicitar suministros adicionales y reemplazos de combatientes," dijo Cuitláhuac después de una cuidadosa consideración. "Que los extranjeros hayan destruido sus otros barcos es probablemente una indicación de que los téotl que ya están aquí en nuestros territorios intentan quedarse y no requieren transporte a su tierra natal."

"¿Y los téotl muertos por soga? ¿Qué opina de eso, hermano mío?" preguntó Moctezuma.

"Emperador venerado, tal vez fueron sacrificados para asegurar una misión exitosa o posiblemente castigados por algún delito. Tal vez intentaron usurpar la autoridad de su amo y fueran colgados para disuadir a sus compañeros de la desobediencia," respondió Cuitláhuac, reflejando en privado que las ejecuciones podrían ser una indicación de debilidad entre los téotl.

"¿Se quedarán en Totonaca por la costa?" preguntó Moctezuma. "Pienso que sería mejor que los téotl no se acerquen a Tenochtitlán."

"Es difícil decir con certeza lo que estos seres raros harán," dijo Cuitláhuac. "Me gustaría tener una mejor comprensión de sus motivos."

"Voy a enviar una delegación de nuestros capataces para advertirles que es muy peligroso para ellos viajar hacia el interior," dijo Moctezuma pensativamente. "Enviaré más regalos de gran valor para su Emperador más allá del Mar del Este con la condición de que los téotl salgan de nuestras tierras de inmediato."

"¿Enviaremos refuerzos a Quauhpopca en Tzinpantzinco?" preguntó Cuitláhuac.

"No quiero provocar a los téotl ni causarles preocupaciones," dijo Moctezuma. "Su líder parece muy astuto e impredecible. Autorizaré mil guerreros con órdenes de marchar hasta Cholula, pero no más allá. Estarán en posición de continuar rápidamente hacia Tzinpantzinco si Quauhpopca requiere más guerreros."

"Mil guerreros deberían ser suficientes para derrotar a los extranjeros," observó Cuitláhuac.

"Prefiero mantener esta información en secreto," declaró Moctezuma. "Los caciques de las tribus más alejadas de la capital posiblemente pueden tomar la oportunidad para rebelarse o retener su tributo en la confusión."

"Como usted mande, Supremo Tlatoani," respondió Cuitláhuac, dudando que los hechos permanecieran ocultos por mucho tiempo.

Moctezuma despidió el concilio de asesores y se retiró a sus habitaciones sin tomar ninguna medida para contener a los invasores en la costa. Aparentemente, el Emperador todavía estaba convencido que los téotl no representaban ninguna amenaza a su gobierno.

Cuitláhuac, hermano del Emperador, regresó a su propio palacio, manteniendo privadamente sus dudas. Mientras viajaba en su silla a Iztapalapa, Cuitláhuac reflexionó sobre las noticias de Quauhpopca y las implicaciones que presentaban el inexplicable comportamiento de los téotl. Los extranjeros habían permanecido en las cercanías de su puerto durante dos trecenas. Los invasores despacharon a sus exploradores para recorrer la tierra más adentro. Eventualmente, hicieron contacto con Cicomecóatl, cacique de Zempoala, capital de los totonacas. Zempoala había sido subyugada recientemente por el Imperio azteca. Los totonacas eran oponentes dignos y los Mexicas tardaron muchos años en sujetarlos. Los aztecas imponían un fuerte tributo a toda la provincia como recompensa a los problemas que habían causado a Moctezuma y su predecesor Ahuítzotl. Los totonacas estaban inquietos por el peso de las condiciones impuestas por los aztecas y estaban prontos para alinearse con los téotl con el fin de escapar de su opresión.

El líder de los téotl muy astutamente dio cuenta del descontento de los totonacas y se aprovechó de la situación. Trasladó a muchos de sus soldados a la ciudad de Zempoala, donde fueron recibidos como invitados de honor por el cacique gordo Cicomecóatl. Los pobladores de Zempoala ofrecieron a los extranjeros comida y refugio. Los téotl expulsaron a todos los capataces aztecas. Cicomecóatl dejó de pagar el tributo que correspondía al Emperador Moctezuma.

El tlacatecatl de la guarnición azteca en Tzinpantzinco, Quauhpopca, envió peticiones a Tenochtitlán en seguida, pidiendo permiso para atacar al cacique gordo y a sus nuevos amigos, pero Moctezuma todavía permanecía convencido que los téotl habían llegado para servir sus intereses.

Una trecena más tarde, llegó otro amatl al palacio de Moctezuma. Los espías de Quauhpopca en Zempoala le reportaron todas las actividades de los téotl y habían observado una situación preocupante.

"Los téotl están haciendo la guerra en contra de nuestros dioses," le dijo Moctezuma a su hermano después de haber leído la misiva. "Han quitado al ídolo de Tezcatlipoca de su teocalli en Zempoala."

"Esto es una desgracia!" exclamó Cuitláhuac. "¿Cuánto tiempo más soportarán nuestros dioses estos insultos?"

"Probablemente hay una explicación," continuó Moctezuma. "Consultaré con los tlamacazquis."

"Tal vez es hora de informar los tlatoanis de la Triple Alianza de las hazañas de los demonios," dijo Cuitláhuac. "Necesitaremos su apoyo si nos involucramos en una confrontación contra los invasores."

Moctezuma consideró las palabras de su hermano. "Sí, debemos poner fin a los rumores antes de que haya algún tipo de disturbio," dijo el Emperador. "Convocaré al Concilio Supremo para que los tlamacazquis expliquen los presagios."

Dos días más tarde, los tlatoanis de las ciudades principales de la Triple Alianza se dirigieron a Tenochtitlán, para reunirse en el Salón de los Ancestros en el palacio de Moctezuma. Las alfombras con los emblemas de los diversos distritos estaban acomodadas sobre el piso. Cacamatzin de Texcoco y Tetlepanquetzal de Tlacopan, miembros mayores de la alianza, tomaron sus lugares directamente delante la plataforma donde Moctezuma se sentó en su trono de ébano y oro con su hermano Cuitláhuac a su lado. El sobrino del Emperador, Cuauhtémoc, elevado recientemente a una posición al mando de los ejércitos occidentales, estaba a su lado. En el recinto estuvieron representadas también las ciudades de Chalco, Oaxtepec, Xochimilco y Coyoacán. El famoso guerrero Chihuacóatl, gran tlacatecatl de los Mexicas, entró un poco después y se sentó a un lado de la plataforma.

El tlamacazqui principal de Huitzilopochtli había bajado del Coatepec Teocalli en sus pieles de jaguar salpicadas con sangre, luciendo un collar de colmillos. Iba acompañado de varios otros tlamacazquis de los principales dioses del pueblo azteca. Tlamacazquis menores arrojaron granos de incienso de copal sobre brasas que ardían en cuencos de bronce, mientras los tlamacazquis mayores cantaban oraciones a los dioses y a su divino Emperador Moctezuma. Una columna de fragante humo se elevó hacia el techo.

En cuanto las oraciones concluyeron, Cuitláhuac ayudó su hermano Moctezuma a ponerse de pie y lo apoyó mientras se dirigía a la asamblea. "Nobles de la Triple Alianza," dijo el viejo Emperador, "probablemente ustedes han oído rumores sobre la llegada de extranjeros a nuestras costas orientales. Les he convocado para discutir los presagios."

El Emperador hizo un gesto a un escriba que desplegó un amatl y leyó en voz alta. En el mensaje, Quauhpopca de la guarnición jaguar de Tzinpantzinco describía cómo los téotl en Zempoala habían destruido la imagen del dios que gobernó el destino de los totonacas, expulsando también a los tlamacazquis de todos los teocallis de la ciudad.

Al concluir, el sacerdote de Huitzilopochtli se puso a frente y preguntó, "¿No se levantó el pueblo de Zempoala para rechazar a los invasores por esta grave ofensa a su deidad?"

"La gente común tiene miedo de los extranjeros," explicó Cuitláhuac, hermano del Emperador. "Después de que los téotl destruyeron la efigie de Tezcatlipoca y tiraron las piedras del altar a un lado, forzaron a la gente de la ciudad limpiar el hogar del dios en la parte superior de la pirámide. Los téotl enviaron obreros a aplicar yeso blanco sobre toda la superficie, cubriendo los rastros de la sangre de los sacrificios."

Cuitláhuac continuó relatando que los téotl habían construido un nuevo altar en lo alto del teocalli dedicado a su diosa, una mujer serena con un niño en sus brazos. Esta acción casi provocó un motín, pero los extranjeros trajeron al cacique Cicomecóatl ante el pueblo para decirles que, si no abandonaban la adoración de sus antiguos dioses y alababan a la nueva diosa, los extranjeros jurarían destruir su ciudad y dejarían al pueblo para ser esclavizado por los aztecas. El cobarde cacique no hizo nada para evitar la indignación. Los téotl prevalecieron y su diosa permaneció en lo alto de la pirámide.

Después de un largo debate entre los tlatoanis de la Triple Alianza y los tlamacazquis, se concluyó que a los totonacas les faltaba firmeza en su fe, y por lo tanto habían sido conquistados, primero por los aztecas y luego por los téotl. No merecían la protección de los dioses y sufrirían las consecuencias. El concilio fue suspendido y el Emperador se retiró a sus habitaciones sin formular ninguna nueva directiva con respecto a los extranjeros que permanecían en la costa.

Quauhpopca, tlacatecatl de la guarnición jaguar de Tzinpantzinco, continuó enviando amatl casi todos los días reportando las actividades de los extranjeros pálidos. Moctezuma y sus asesores se enteraron de que los téotl habían construido una fortaleza en tierras despoblados cerca de la costa. Al Emperador, le pareció que los téotl estaban satisfechos ocupando la zona entre su puerto y la ciudad de Zempoala. Consideró que la amenaza a su capital había pasado, aunque continuó el problema de la falta de tributo de la provincia totonaca.

Unos días después, otro amatl de Quauhpopca arribó a Tenochtitlán. "Los téotl se preparan para la guerra," dijo. "Bestias conducidas a Zempoala. Alimentos empacados. Armas distribuidas. Guerreros cuatrocientos. Monstruos quince. Guerreros totonacas más de mil. Tamemes más de mil. Destino desconocido. Quauhpopca, tlacatecatl de Tzinpantzinco. Trece Cali del año Uno Carrizo."

Moctezuma de inmediato reunió al Concilio Supremo. "Hemos recibido noticias inquietantes," dijo el Emperador cuando los tlamacazquis concluyeron sus oraciones y ofrendas. "Parece que los téotl marchan hacia las montañas con sus armas y monstruos, aunque no sabemos sus verdaderas intenciones."

"¿Qué dicen nuestros dioses?" preguntó Cacamatzin, tlatoani de Texcoco. "¿Cuáles son los presagios?"

El sacerdote principal de Huitzilopochtli se puso de pie y respondió. "Los augurios son favorables," dijo el tlamacazqui. "Los extranjeros y sus esclavos no son más que criaturas pequeñas e insignificantes en comparación a la majestuosidad y la grandeza de nuestro Emperador. Se darán cuenta de que no tienen otra opción más que inclinarse ante el soberano Emperador y los dioses de los aztecas."

"¿Y el comercio y los ingresos que nos corresponden?" preguntó Moctezuma. "¿Cuándo reanudaremos el recibir tributo de nuestras provincias orientales?"

"¿Por qué no enviamos una delegación de nuestros capataces al cacique Cicomecóatl con el propósito de convencerle de que es de su mejor interés enviar la cantidad adeudada antes de que aumentamos su contribución?" dijo Tetlepanquetzal, tlatoani de Tlacopan.

"Debemos despachar un contingente de guerreros águila para acompañar a nuestros capataces cuando vuelvan a Zempoala," agregó Cacamatzin. "Tal vez es hora de movilizar a los Mexicas."

"Necesitamos más información antes de antagonizar inadvertidamente estos téotl," respondió Moctezuma. "Quiero saber a dónde se dirigen antes de tomar cualquier acción. Grand tlacatecatl Cihuacoatl, ¿puede aconsejarnos del estado del ejército? ¿Cuántos guerreros estarán disponibles si decidimos enfrentarnos con los téotl?"

Cihuacoatl se levantó. "Supremo Tlatoani," dijo el viejo guerrero, "con el reciente regreso de nuestro victorioso ejército occidental, ahora podemos poner a más de cien mil guerreros en el campo de batalla dentro de una trecena, la mayoría de ellos veteranos de combate. Ninguna fuerza en el mundo podría resistirnos."

"Está bien," dijo Moctezuma. "Le daré instrucciones antes de desplegar a los Mexicas. Por lo pronto, mantenga a nuestros guerreros preparados, pero no tomen ninguna acción sin la debida autorización."

El viejo guerrero asintió y tomó asiento.

"¿Tienen alguna otra preocupación?" preguntó Moctezuma. Cuando nadie dio un paso al frente, el Emperador disolvió la asamblea y se retiró a sus habitaciones dejando a sus jefes y asesores en el Salón de los Ancestros para que evaluaran la situación.

"Tenemos que enfrentar a los extranjeros," dijo Cacamatzin en cuanto el Emperador se hubo retirado, "y aniquilarlos de una vez por todas con fuerza contundente."

"Mucho me gustaría eso, mi pariente," dijo Cuitláhuac, "pero no podemos hacer nada sin la aprobación del Emperador."

"Daremos una apariencia de debilidad ante los ojos de nuestros enemigos si no tomamos medidas adecuadas," añadió Tetlepanquetzal, tlatoani de Tlacopan. "Algunas de las provincias rebeldes en el perímetro del imperio podrían aprovecharse de esta oportunidad para afirmar su independencia. Todo el trabajo de nuestros ejércitos en los últimos años desintegraría en poco tiempo."

"Mientras el Emperador no esté convencido del peligro que representan los extranjeros, seguiremos siendo vulnerables," dijo Cuitláhuac. "Hay poco que podamos hacer hasta que mi hermano decrete a lo contrario."

Al final, el concilio se disolvió sin tomar una decisión adicional a la de esperar para saber por dónde iban los téotl y determinar lo que allá sucediera.

Durante este tiempo, toda la gente del imperio, incluso los esclavos en los campos, se enteraron de la presencia de los extraños seres que ocupaban las provincias de la costa. Los eventos fueron comentados en todas las ciudades de la Triple Alianza y en todos los otros territorios y aldeas de Anáhuac. Se discutía mucho, sin embargo, hubo muy poco consenso. Muchos habitantes de los altépetl esperaban en secreto que los téotl de alguna manera les liberan la opresión de los crueles aztecas, pero nadie se atrevería expresar en voz alta sus pensamientos.

Los líderes de la nación azteca continuaron recibiendo informes diarios sobre las actividades de los invasores. Nadie esperaba que los téotl se movieran tan velozmente. Anteriormente, sus movimientos habían representado marchas cortas y maniobras de pequeños contingentes. Ahora toda su fuerza, con el apoyo de sus aliados de totonaca, se movía hacia el interior con gran determinación. En dos días, el ejército téotl llegó a Xalapa. Los extranjeros exigieron comida de los habitantes y los xalapeños cumplieron. Además, cortaban hierba en los campos para alimentar a los monstruos.

Los téotl pasaron una noche en Xalapa y luego partieron con el amanecer. En dos días, la columna apareció en Naulinco. Una vez más, fueron alimentados por sus habitantes. Después de eso, los amatl que llegaban a Tenochtitlán comunicaron que el ejército téotl había dejado las principales rutas comerciales y marchaba hacia zonas que circundaban las tierras pertenecientes al Imperio azteca. Moctezuma y sus asesores estaban perplejos pero contentos cuando entendieron que los téotl viajaban en una dirección que los llevaría al desolado desierto del norte.

Después de eso, no hubo noticias de los téotl por un período de varios días. Por fin, llegó un amatl de un mercader azteca en Tzompantepec reportando que los invasores se habían vuelto hacia el sur de nuevo y parecían estar marchando en dirección a Tlaxcala.

Tlaxcala era un enemigo implacable del Imperio azteca. La guerra entre Tlaxcala y los aztecas había sido continua por más de cien años. Aunque adoraban los mismos dioses y hablaban idiomas similares, las dos naciones se odiaban mutuamente con una profunda animosidad. Los aztecas prosperaron en el valle de Anáhuac, mientras los tlaxcaltecas sobrevivieron con dificultades en las montañas ubicadas al este. Los tlaxcaltecas eran fuertes y resistentes, acostumbrados al trabajo duro y al frío de las montañas. El Imperio azteca se había extendido en todas direcciones, rodeando a los tlaxcaltecas en sus tierras altas. Fueron aislados de todas las demás tribus. Aun así, se negaron a ceder, ni a rendir homenaje al Emperador Moctezuma. Los tlaxcaltecas construyeron una muralla de piedra delineando la frontera de su territorio y la defendieron ferozmente. En ocasiones, los ejércitos aztecas incursionaban a Tlaxcala, sin embargo, eran invariablemente expulsados sufriendo grandes pérdidas.

En las batallas, los guerreros aztecas generalmente trataban de dominar a sus oponentes para llevarlos vivos para después ser sacrificados a Huitzilopochtli. Los prisioneros tlaxcaltecas eran especialmente apreciados por su valentía. Un guerrero azteca que capturaba a un prisionero tlaxcalteca era reconocido con altos honores militares. Los guerreros tlaxcaltecas, por otro lado, peleaban solo para dar muerte a sus enemigos. La guerra entre los aztecas y los tlaxcaltecas fue siempre brutal y sangrienta.

La raza de los tlaxcaltecas era especialmente soberbia. Desconfiaban de todo el mundo. No se sentirían intimidados por los téotl ni por sus aliados totonacas. Moctezuma y su hermano Cuitláhuac discutieron la situación. Los dos consideraron todos los posibles resultados de una confrontación entre los tlaxcaltecas y los téotl. Concluían que los téotl probablemente serían aniquilados y los tlaxcaltecas debilitarían con el conflicto. Ambos líderes coincidieron en que esto representaría el mejor resultado posible para los aztecas.

Moctezuma envió varios espías a Tlaxcala y dejó mensajeros estacionados alrededor de las fronteras para ser informado inmediatamente de cualquier novedad. Los asistentes personales del Emperador recibieron instrucciones de traerle noticias sobre la situación en Tlaxcala sin demora. Cualquier ceremonia o entretenimiento debería interrumpirse para dar a conocer noticias urgentes. El Emperador y sus asesores siguieron el avance de los téotl hasta los límites de Tlaxcala. Supieron que los invasores llegaron a la muralla que rodeaba el territorio de Tlaxcala, que se detuvieron un rato y más tarde se adentraron.

Transcurrieron varios días sin que recibiesen noticias de Tlaxcala hasta un espía arribó al palacio imperial por la tarde. Moctezuma fue notificado. El Emperador salió de sus habitaciones e ingresó a la sala de audiencias. Se sentó en su trono de oro y madera negra. Sus sirvientes ataban el penacho de plumas de quetzal en su cabeza. El informante fue escoltado a la sala por guerreros águila. El espía se postró ante el Supremo Tlatoani.

"¿Tienes noticias para mí?" preguntó Moctezuma.

"Sí, señor," declaró el espía. "Por mucho tiempo he vivido en Tlaxcala, aunque siempre he estado al servicio de los aztecas. Hace varios días que una gran fuerza de téotl con sus bestias acompañados por muchos guerreros totonacas entraron al territorio de Tlaxcala. Xicoténcatl Menor, hijo del tlatoani ciego, está reuniendo sus fuerzas. Más de diez mil guerreros se han reportado ante sus banderas y cada día llegan más. Xicoténcatl jura que ninguno de los invasores saldrá de Tlaxcala con vida. Permitirá a los extraños penetrar hasta el interior del territorio tlaxcalteca, donde no podrán escapar ni recibir socorro. Entonces caerá sobre ellos con todas sus fuerzas. Está quitando toda la comida disponible en el trayecto de los extranjeros, para que sufran de hambre y debilidad antes de lanzarlos a su trampa. Yo mismo visité el campamento de Xicoténcatl para enterarme de estas cosas. Salí del campamento a escondidas y me fui a Cholula. Sus corredores águila me condujeron hasta aquí para entregarle este mensaje."

"Son buenas noticias," dijo Moctezuma. "Serás recompensado. Regresa a Tlaxcala e infórmame cuando los téotl hayan sido destruidos." Moctezuma ordenó que sus sirvientes dieran al espía una bolsa de cuero con granos de cacao y pepitas de oro. El espía se inclinó y se retiró de la sala.

La noche siguiente otro informante fue llevado ante Moctezuma. "Xicoténcatl ha matado uno de los monstruos de los téotl," informó. "Los guerreros de Tlaxcala rodearon un jinete que se había alejado de sus compañeros. Los tlaxcaltecas derribaron al invasor con lanzas y flechas. Mataron a la bestia y se apoderaron de su cuerpo antes que los téotl pudieran recuperar los restos. Xicoténcatl ha montado las cabezas del téotl y su bestia en lanzas y las ha exhibido a su pueblo como portento de victoria."

"¿Cuántos guerreros tiene Xicoténcatl?" preguntó Moctezuma.

"Más de veinte mil," respondió el espía. "Ha concentrado todas sus fuerzas en las alturas cerca del valle donde los téotl tienen que pasar si tratan de acercarse a la ciudad capital de Tlaxcala. Los guerreros de Xicoténcatl se han reunido alrededor del valle con órdenes de atacar cuando vean el avance de su estandarte. Tal vez haya ya comenzado la batalla."

Moctezuma premió al espía y lo despidió. Mandó a sus asistentes a citar a los asesores principales. Cuitláhuac de Iztapalapa, Cacamatzin de Texcoco, y Tetlepanquetzal de Tlacopan se dirigieron a la capital en seguida.

"Estamos esperando la notificación de la victoria final de los tlaxcaltecas," explicó el Emperador. "Los invasores téotl están rodeados y han sido superados en número. Nuestros espías nos informarán los resultados de la batalla en poco tiempo."

El Emperador y sus consejeros esperaron en el palacio imperial una trecena entera, anticipando el anuncio de la derrota de los téotl en cualquier momento. Finalmente, un corredor águila llegó. Se arrojó a los pies de Moctezuma. No llevaba amatl. Sólo tenía un mensaje de viva voz para comunicar. "Los téotl avanzan hacia Cholula junto con los ejércitos combinados de los tlaxcaltecas y los totonacas," dijo el mensajero nerviosamente. "Han desbordado nuestras fuerzas en la frontera. Cholula queda sin defensores."

Moctezuma palideció. Se puso de pie, asombrado. "¡No es cierto!" exclamó. "¡Que este portador de mal agüero sea llevado a los tlamacazquis para ser sacrificado! ¡Instruyan a los corredores águila que me informen sobre la verdadera situación!" El Emperador se desplumó en su silla imperial. Ordenó a sus sirvientes que lo condujeran a sus habitaciones.

Antes de partir, habló a Cuitláhuac diciéndole con voz angustiosa, "Le ruego, hermano mío, que resuelve esta situación. Infórmeme en cuanto los téotl y los tlaxcaltecas hayan sido ultimados." Moctezuma tambaleó de la sala sostenido en los brazos de sus sirvientes.

Cuitláhuac entonces convocó a los tlacatecatl de los ejércitos aztecas en su palacio de Iztapalapa para formular un plan con el fin de confrontar esta nueva amenaza. Los comandantes decidieron entre sí que sería mejor que el combate se desarrollara en el centro de la ciudad de Cholula. Allí los invasores serían incapaces de maniobrar y la ventaja de sus bestias se reduciría. Además, en ese sitio el impacto de sus poderosas armas de tepuzque probablemente sería neutralizado. Se podrían levantar barricadas rápidamente en las estrechas calles de Cholula para evitar que los téotl se movieran libremente por la ciudad. De esta forma, los guerreros aztecas podrían entonces apedrear a los extranjeros desde los techos.

"Hay que mantener los tlaxcaltecas y los totonacas fuera de la ciudad hasta que los téotl sean todos muertos o capturados," insistió Cuitláhuac. "Una vez que eliminemos los extranjeros, nuestras fuerzas pueden caer sobre sus aliados para aplastarlos uno por uno."

Al concluir la conversación, Cuitláhuac envió un mensajero al tlatoani de Cholula con órdenes de comenzar la evacuación inmediata de mujeres y niños de la ciudad, para refugiarse en los campos. Los líderes cívicos también recibieron instrucciones de obedecer las órdenes de los jefes militares. Por fin Quauhpopca, tlacatecatl de la guarnición jaguar de Tzinpantzinco, recibió el permiso de atacar a los totonacas en Zempoala y a la fortaleza de los demonios en la costa.

El Arcabucero

El arcabucero despertó de repente, sorprendido por el peso de una mano en su hombro. Abrió los ojos y vio a Pedro de Alvarado agachándose sobre él. Lo primero que se le ocurrió fue que el ejército estaba bajo ataque y que él tenía que reportarse a su estación de batalla de inmediato. El arcabucero tomó su casco con una mano y su arma con la otra. El capitán Alvarado se rio. Alvarado tenía ojos azules que le brillaban como si tuviera conocimiento de algún chiste especial. Era pelirrojo, y tenía una barba poblada, roja también. Las líneas de su boca mostraban una sonrisa, pero el arcabucero y todos los demás soldados del ejército estaban muy conscientes de lo rápido en que esa sonrisa podía transformarse en furia mortal.

"Tranquilo, sargento Cabrera," dijo Alvarado. "Cortés quiere hablar con usted."

Al arcabucero, le parecía como si fuera el fin de la segunda vigilia o tal vez el principio de la tercera. Sabía que Cortés era un hombre aparentemente infatigable. Cabrera lo había visto personalmente inspeccionando los centinelas y revisando las defensas a todas las horas de la noche durante la marcha de Zempoala. El capitán-general Cortés era siempre el primero en levantarse por la mañana y el último en retirarse por la noche.

El arcabucero fue admitido a la habitación de Cortés. La lámpara sobre la mesa ardía con lumbre baja, proyectando sombras en las paredes de piedra. El arcabucero podía distinguir algunos tapices de plumas con extraños diseños en la habitación que antes había pertenecido a algún funcionario de Cholula. Atrás de Cortés estaba de pie Cristóbal de Olid, uno de sus oficiales más confiables. Él y Cortés tenían varios años como socios y aliados en Cuba antes de partir a esta aventura. Olid tenía una reputación como espadachín consumado de valentía excepcional. Tenía el cabello negro y la barba cerrada. Sus ojos eran de color gris acero. A su lado estaba sentado otro oficial, Gonzalo Sandoval, quien se había comportado admirablemente en los recientes combates en Tlaxcala y como resultado había sido promovido al rango de capitán. Sandoval tenía el cabello rubio y una barba rala, siendo el más joven de los oficiales de Cortés. El paje Orteguilla estaba acurrucado en una esquina de la habitación.

El arcabucero se puso a atención y saludó a su comandante.

"Cabrera," dijo Cortés, levantándose, "estamos en una situación muy difícil aquí en Cholula. Los paganos han dejado de traernos alimentos. Además, tienen intenciones de atraparnos en medio de esta ciudad bárbara. Probablemente tendremos que luchar para salir. Preste usted mucha atención a lo que le voy a decir. He informado al cacique de este pueblo que mañana volveremos a Zempoala y que necesitamos una cohorte de sus guerreros y nobles para escoltarnos a las fronteras de su dominio. Los indios se reunirán en la gran plaza que está en el centro de la ciudad antes del mediodía. Estoy bastante seguro de que todos ellos prefieren apuñalarnos por la espalda o matarnos mientras dormimos a ayudarnos en nuestra misión. Tenemos pruebas que están haciendo preparativos para rebelarse contra nosotros en la primera oportunidad que se les presente. He decidido hacer un ejemplo de estos traidores para que todos los nativos de este país nos tengan en mayor estima y teman nuestro nombre. Tal vez entonces obtengamos la recepción que merecemos como emisarios de su Majestad Carlos V y discípulos de Cristo Redentor." Cortés se puso delante del arcabucero, mirándolo directamente a los ojos. "Su deber es cubrir las puertas a la entrada de la plaza con todo su equipo. Lleven suficiente balas y pólvora. Mantengan sus mechas encendidas. Voy a dirigirme a los choltecas montado en mi caballo. Mis oficiales estarán conmigo, también montados. Toda la infantería y los ballesteros estarán estacionados alrededor de los perímetros de la plaza. Cuando levante mi mano derecha así y la baje a mi lado, será la señal para que los arcabuceros abran fuego.

No permiten que uno solo de estos paganos escape. Mantengan el fuego hasta que ninguno de ellos quede de pie. ¿Entiende sus órdenes?"

"¡Sí señor, capitán-general!" respondió el arcabucero.

"Habrá guardias a su lado en caso de que los indios intenten atacarles," continuó Cortés. "Tengan cuidado de no fusilar a ninguno de nuestros propios hombres, ya que estaremos luchando en un espacio reducido. Le he dado una orden muy importante. El éxito de nuestras acciones dependerá de lo bien que lleven a cabo su deber. Todos seremos recompensados cuando lleguemos a la ciudad dorada de Tenochtitlán. ¡Que Dios esté con ustedes!"

El arcabucero saludó y regresó a su alojamiento. Varios otros arcabuceros estaban tendidos en el suelo, durmiendo con su armadura puesta y sus armas a su lado, listos para entrar en acción en cualquier momento.

Cabrera se recostó con la intención de dormir un poco más, pero el sueño no le llegaba. Los recuerdos de la reciente lucha en Tlaxcala se entrometieron en sus pensamientos. Podía imaginar la muralla rocosa que rodeaba las tierras tlaxcaltecas y como observaba mientras un grupo de soldados con picos y palancas abrían una brecha en la pared. Todo el ejército pasó adentro, entrando en el territorio de Tlaxcala. Cabrera recordó vívidamente las escaramuzas iniciales con los nativos. Los españoles descubrieron rápidamente la necesidad de mantenerse en estricta formación. Cualquier soldado que se separaba del ejército principal pronto se encontraría rodeado y sería capturado por guerreros tlaxcaltecas, para ser arrastrado a un destino macabro. Dos exploradores españoles fueron emboscados durante su primer día en el territorio de Tlaxcala. Los indios se lanzaron sobre sus caballos, agarrándoles la cola, la melena, las patas y la cabeza. Sólo uno de los exploradores logró escapar. Huyó con rapidez al ejército español para reportar el ataque. El otro explorador fue capturado, sin duda tomado para ser sacrificado en una de las pirámides diabólicas de los indios. Cortés cerró la formación de marcha y desplegó a los ballesteros y arcabuceros al borde de la columna. Emitió órdenes de mantener sus armas a mano y estar en todo momento preparados para la acción. Cabrera y los demás marcharon tensamente junto al resto del ejército a través de las verdes praderas y bosques de Tlaxcala.

Al día siguiente, los españoles marcharon por un amplio valle hasta el mediodía cuando se enfrentaron con una enorme fuerza de indios. A Cabrera y a sus compañeros, les parecían como un mar de nativos beligerantes en su camino. Eran tantos que el ancho del valle no podía contenerlos a todos. Guerreros tlaxcaltecas con sus plumas y pintura cubrieron las laderas también. Cortés inmediatamente ordenó detener la marcha. El clarín tocaba, comandando la formación de batalla. Los soldados de la infantería alinearon de prisa en un sólido contingente, hombro a hombro, con espadas desenvainadas y escudos al frente. Cortés dio instrucciones para que se arrodillasen a intervalos, permitiendo a los arcabuceros y ballesteros descargar sus armas. Cortés mismo se preparó para encabezar un ataque de caballería a las filas enemigas. A los jinetes les dio órdenes estrictas de mantenerse en movimiento constante, y de apuntar sus lanzas a las caras de sus enemigos, nunca permitiendo los indios la oportunidad de agarrar cualquier parte de sus cuerpos, su equipo o sus caballos. El llamado de la corneta era la señal para efectuar una carga de caballería. Otra llamada de corneta indicaría a los soldados de la caballería que se reintegrasen al cuerpo principal del ejército.

Cabrera recordó vívidamente el staccato de los tambores de guerra de los indios y el ruido discordante de sus trompetas de caracol. Los arcabuceros cargaron sus armas con pólvora y balas de plomo mientras esperaron nerviosamente la orden de disparar contra los amenazantes guerreros.

De repente, los nativos corrieron hacia la línea de combate española. Los tlaxcaltecas se detuvieron a corta distancia y desataron una granizada de flechas y piedras. Mientras los soldados españoles mantenían sus cabezas hacia abajo y sus escudos hacia arriba, las piedras y flechas rebotaban inofensivamente, aunque era muy inquietante escuchar tantos proyectiles sacudiendo su armadura. En cuanto los indios hubieron gastado todas sus flechas y piedras, corrieron de nuevo contra las filas de la infantería. Los españoles quedaron inmóviles detrás de su muro de escudos. Los guerreros tlaxcaltecas emitieron horribles gritos guturales, semejando animales salvajes. Intentaron intimidar a los españoles con sus contorsiones y gesticulaciones. Sin embargo, los soldados mantuvieron su disciplina. Los indios trataron de apoderarse de los soldados para arrastrarlos aparte. Sin embargo, cualquier guerrero que se acercaba a la línea era acuchillado y apuñalado instantáneamente con acero de Toledo. Algunos de los nativos trataban de empalar a los soldados en la primera fila con lanzas largas. Golpes de espada fácilmente cortaron las astas de las lanzas, dejando los soldados ilesos. La línea española se mantuvo firme a pesar de la gran ventaja numérica de los nativos.

Por fin, Cabrera escuchó la orden de disparar. Los arcabuceros dieron un paso adelante y dispararon sus armas a quemarropa. Era imposible fallar al blanco, ya que innumerables indios abarrotaban la línea española. Después de que los arcabuceros habían disparado, los artilleros giraron sus cañones al frente y descargaron sus armas con el trueno de un relámpago cercano. Cada bala de cañón mató a veinte o más de indígenas. Cuerpos desintegraron y partes volaron en todas direcciones. Los tlaxcaltecas empezaron a retroceder. La corneta sonó y Cortés con la caballería salieron contra la masa de indios. Con sus lanzas, mataron y mutilaron a muchos de ellos. Otros eran pisoteados bajo los pies de los caballos. La corneta sopló de nuevo. Los jinetes dieron vuelta y regresaron a la línea de batalla, atropellando más guerreros tlaxcaltecas en su camino. Dondequiera que galopaban, los soldados de la caballería dejaban el campo de batalla repleto de indios moribundos.

Cuando regresaron todos los jinetes sanos y salvos, Cortés dio órdenes a los cañoneros de disparar al fondo de las filas enemigas, multiplicando la matazón. Cortés se dio cuenta que la batalla se desarrollaba a su favor y ordenó otra carga de caballería. La corneta sopló y de nuevo la caballería avanzó, esta vez aún más lejos. Entonces, los indios huyeron llenos de pánico, alejándose de las bestias con sus pezuñas de piedra. Los soldados de la caballería dejaron el campo de batalla libre de enemigos y regresaron a la línea española.

El ejército volvió a su formación y marchó varias horas hasta que los soldados en la vanguardia encontraron un caserío. El capitán-general envió unos escuadrones de soldados a recorrer el pequeño poblado y los campos circundantes. Los exploradores regresaron un poco después con la noticia de que toda la zona parecía estar abandonada. No detectaron ningún enemigo en los alrededores. Los soldados establecieron un perímetro y designaron centinelas.

Cabrera y sus arcabuceros encontraron un cobertizo donde pasarían la noche. Estaba construido con paredes de adobe, suelo de tierra y techo de carrizo. Uno de los arcabuceros descubrió un par de patos escondidos en una jaula. Fueron matados y desplumados, y cocinados sobre una pequeña fogata. La noche pasó sin incidentes.

El ejército partió del pueblito por la mañana siguiente y continuó marchando por el valle hasta el atardecer. La luz del día había comenzado a desvanecerse cuando los soldados que marchaban en la vanguardia de la columna encontraron otro poblado. Una vez más, toda su población había huido antes de la llegada de los extranjeros. Los españoles confirmaron que el área estaba libre de enemigos y establecieron su campamento. Recogieron unos cuantos perros y pavos sueltos, y algo de maíz y jitomates que los indios no habían cosechado antes de huir. No era mucho, pero era lo suficiente para saciar el hambre de los soldados. El ejército acampó por la noche y de nuevo los centinelas no reportaron actividad enemiga.

Cabrera recordó la gran batalla que esperaba al ejército el día siguiente. La columna militar emergió del valle y entró a una amplia meseta rodeada por altas montañas. Los tlaxcaltecas habían reunido aún más guerreros. La multitud era innumerable con sus banderas y tambores que se extendían al horizonte. Cabrera y sus compañeros jamás esperaban encontrar tantos guerreros en estas tierras salvajes. Los arcabuceros se preparaban para la batalla.

Cortés ordenó establecer una línea defensiva a lo largo de los perímetros de la columna. Como lo hicieron en su encuentro anterior, los tlaxcaltecas se acercaron, lanzando una nube de flechas y piedras contra la armadura de los soldados. Poco después, los indios corrieron a la línea de batalla para pelear mano a mano. El torrente de guerreros tlaxcaltecas empujó contra los españoles hasta parecer que la línea se rompería barriéndolos a todos. Los soldados de la infantería lucharon hasta que sus brazos se cansaron de tanto tasajear y apuñalar. Pero ahora los nativos se tropezaban sobre los cuerpos de sus camaradas caídos. Montones de indios muertos se apilaban frente a la línea española, convirtiéndose en una masa defensiva. En este crítico momento, la caballería bajo la dirección de Cortés salió de la formación española. En lugar de maniobrar profundamente en las filas del enemigo, los jinetes galopaban en forma paralela a la línea de batalla. Los tlaxcaltecas se encontraron atrapados entre las filosas espadas de la infantería y las pesadas pezuñas de los caballos. Los indios abandonaron la lucha y corrieron a lo lejos. Los arcabuceros dispararon a las espaldas de los tlaxcaltecas que huían.

La caballería regresó a la formación española. Cortés concluyó que los tlaxcaltecas no tenían defensa alguna contra los caballos. Era obvio para el capitán-general que la caballería era su mayor ventaja y la utilizó para su máximo beneficio. La caballería cargó y recargó hasta que toda la meseta fue liberada del enemigo. Después de dar descanso a los caballos, la columna española volvió a formarse para seguir nuevamente su marcha.

El ejército procedió sin incidentes a las afueras de la ciudad de Tlaxcala. El sargento Cabrera de los arcabuceros se sorprendió al contemplar la gran ciudad con sus torres y pirámides construidas en las alturas, protegidas por todos lados por un grueso muro de piedra. La ciudad sería extremadamente difícil de penetrar, reflexionaba el arcabucero.

Cortés ordenó un paro a la marcha para establecer su campamento en una pradera abierta delante de la ciudad. Envió exploradores a recorrer el área con órdenes estrictas de no atacar, sino de regresar al campamento con informes sobre formaciones enemigas. Los exploradores no detectaron ninguna oposición, pero lograron encontrar un granero y obligaron a unos indios a llevar el maíz seco al campamento de los españoles. Después de comer sus raciones, Cabrera y sus compañeros se acostaron para descansar.

El capitán-general Cortés preveía que los tlaxcaltecas intentarían a atacar la posición española durante la noche. Emitió órdenes a sus soldados de llevar puesta su armadura en todo momento y de tener sus armas a la mano. Los arcabuceros debían mantener sus armas cargadas y estar siempre preparados para la acción. El mismo Cortés inspeccionó el posicionamiento de los cañones y dirigió el objetivo de los artilleros para cubrir todos los accesos al campamento.

Un poco antes de la medianoche, los centinelas detectaron movimiento en los campos. Un mensajero corrió al campamento para alertar al capitán-general. Cortés salió de su tienda en su armadura, abrochando su casco. Instruyó al clarín a tocar el llamado a acción. Los españoles formaron su línea de batalla a toda prisa. Cuando Cortés estuvo satisfecho de haber asegurado su posición defensiva, ordenó a la artillería disparar a voluntad. El trueno de los cañones resonaba sobre los campos y bosques. Se escuchó hasta las retorcidas calles de la ciudad de Tlaxcala. Los guerreros indios no esperaban encontrar a los téotl preparados para la batalla y sólo presionaban su ataque a medias. Después de una breve lucha, los tlaxcaltecas se retiraron en la oscuridad.

Temprano a la mañana siguiente, una delegación de funcionarios y tlamacazquis de la ciudad arribó al campamento para rendirse y suplicar una tregua. El cacique de Tlaxcala fue llevado en su silla de manos ante Cortés. Sus ojos estaban nublados y parecía estar ciego. El cacique se levantó de su silla y se inclinó humildemente ante el líder invencible de los téotl. Habló unas palabras en el dialecto tlaxcalteca. Cortés mandó traer Aguilar y a Doña Marina para que tradujesen, junto con Ximécatl, hijo del cacique de los totonacas. Hubo una larga discusión. Al final de las conversaciones, Cortés anunció a sus soldados que las hostilidades habían cesado y que todos permanecerían en la ciudad de Tlaxcala durante algunos días.

Cabrera y los otros arcabuceros se alojaron en la casa de uno de los líderes de Tlaxcala. Los soldados recibieron suficiente comida y durmieron en cómodas habitaciones. El ejército pasó varias semanas en la ciudad de Tlaxcala. Durante ese tiempo, Cortés de alguna manera convenció a los líderes tlaxcaltecas a unir sus fuerzas con las suyas para entablar la guerra contra los aztecas.

Estos fueron los recuerdos que corrieron por la mente de Cabrera mientras permanecía acostado en su armadura en una casa oscura en Cholula. Sus pensamientos se volvieron a la granja que había dejado en Cuba. Cultivar cosechas implicaba duro trabajo sin rendirle mucho de valor, pero al menos la muerte y la guerra no le acechaban en cada rincón. Aquí en esta tierra extraña, cada día había que enfrentar y superar peligros desconocidos. El arcabucero se preguntó cuándo conseguiría su pago en oro para poder regresar a Cuba. Reflexionó que, ya que la flota había sido quemada y hundida, probablemente pasaría mucho tiempo antes de que cualquiera de los soldados pudiera regresar a Cuba, o mucho menos volverse a España.

Por fin, la luz del día entró por las ventanas de la casita en Cholula. Cabrera despertó a sus compañeros. Los arcabuceros inspeccionaron sus armas, y llenaron sus bolsas con pólvora y plomo. Se dirigieron a la gran plaza en el centro de la ciudad. Normalmente esta plaza era el sitio de un gran mercado. Sin embargo, cuando Cabrera y sus compañeros llegaron, la encontraron desocupada. Tal vez los comerciantes indios habían sido intimidados por la presencia de los soldados españoles. O tal vez habían sido advertidos sobre la emboscada planeada por los aztecas. Los arcabuceros tomaron sus estaciones alrededor de la plaza.

Los guerreros y nobles de Cholula comenzaron a presentarse antes del mediodía, como había indicado Cortés. Poco después, el capitán-general y sus oficiales aparecieron a caballo en la puerta occidental y tomaron una posición frente a una pared alta. Doña Marina y Aguilar entraron a la plaza a pie, acompañados por unos soldados de infantería con las espadas desenvainadas.

Cortés se levantó en los estribos de su caballo para dirigirse a los cholultecas allí. Les dijo que todos eran vasallos de Carlos, Rey de España, y como tal estaban obligados a proveer para sus tropas. Explicó que el Rey Cristiano prohibía los sacrificios humanos a los dioses paganos y el consumo de carne humana. El Rey insistía en que los cholultecas dejaran de adorar ídolos y aceptaran la fe verdadera. Cortés dijo a los indios que el Rey era compasivo y estaría dispuesto a perdonarles si le juraban lealtad y le enviaban un tributo de oro adecuado. De lo contrario, los españoles les infligirían un terrible castigo en represalia por sus transgresiones.

Mientras Doña Marina tradujo estas palabras al náhuatl, la lengua de los nativos, los cholultecas que estaban presentes en la plaza se inquietaron y comenzaron a murmurar. Sargento Cabrera de los arcabuceros se dio cuenta de que Cortés estaba jugando con ellos, tal como un gato atormenta a un ratón. Justo cuando los nativos estaban a punto de actuar con sus armas, el capitán-general levantó su brazo derecho y lo dejó caer.

Esa era la señal que Cabrera esperaba. El arcabucero y sus compañeros dispararon sus armas a través de la plaza. Decenas de indios cayeron al suelo con heridas mortales. Ninguno de los nativos tuvo la oportunidad de defenderse. Los cañones estallaron. Las balas cortaban largas franjas en las filas de los indios. En su desesperación algunos guerreros intentaron brincar las paredes que rodeaban la plaza, pero todos fueron derribados. Cuando ninguno permaneció de pie, los soldados de infantería buscaron entre las pilas de cuerpos retorcidos y ultimaron a los sobrevivientes. Toda la plaza se convertía en un gran charco de sangre con entrañas y pedazos de carne esparcidos.

Pedro de Alvarado desmontó de su caballo para entrar en la matanza. Experimentó gran placer al encontrar un indio herido y darle unos cortes no letales para ver el miedo y el terror en sus ojos antes de infligir el golpe fatal. El capitán-general Cortés observó todo impasiblemente desde su caballo.

Mientras tanto, los auxiliares tlaxcaltecas que se encontraban esperando cerca de las puertas de Cholula oyeron el trueno de los cañones. El odio entre Tlaxcala y Cholula era muy profundo. Muchos tlaxcaltecas habían sido sacrificados en los teocallis de Cholula durante un periodo de muchos años. Los tlaxcaltecas entraron en la ciudad de sus enemigos sin enfrentar ninguna resistencia. Mataron a muchos cholultecas y saquearon todas las casas, apoderándose de todo lo que era de valor. Los tlaxcaltecas prendieron fuego a las casas y luego invadieron otra parte de la ciudad, provocando una extensa devastación.

En las afueras de Cholula había una enorme pirámide, mucho más grande que cualquiera que los españoles hubieran visto anteriormente. Se elevaba por encima del resto de la ciudad y albergaba un templo de madera en su parte superior. Cortés envió un escuadrón de soldados para apoderarse de la plataforma ceremonial en la cumbre para usarla como puesto de observación. Los soldados subieron los escalones del teocalli y atacaron a los tlamacazquis que se encontraban allí. Muchos otros españoles entraron furiosamente en la batalla contra los dioses paganos. Los tlamacazquis intentaron defender a sus ídolos, pero todos quedaron hechos pedazos en unos pocos momentos. Los españoles arrancaron los ídolos de sus bases y los aventaron por los escalones de la pirámide con mucho gritadero. Después, prendieron fuego al templo de madera como señal de victoria a los otros españoles.

Cortés había dado órdenes permanentes de soltar a las victimas retenidas como sacrificios para los dioses paganos. Los soldados encontraron varias jaulas de madera en las cercanías de este y otros teocallis de la ciudad. Las jaulas fueron destruidas y los cautivos liberados. Los pobres prisioneros aturdidos vagaban sin rumbo, ignorantes de su destino.

El ejército español permaneció una quincena en Cholula mientras Cortés y sus capitanes se preparaban para la expedición a Tenochtitlán, capital de los aztecas. Algunas delegaciones provenientes de las ciudades circundantes arribaron para someterse a los españoles y solicitar el favor de los nuevos amos de Cholula. Cortés exigió a los caciques locales que reabastecieran su ejército con alimentos. También, les impuso un tributo de oro y plata como homenaje al Rey de España.

Cortés despidió a Ximécatl, hijo del cacique gordo de Zempoala, y le envió a su casa. El hijo del cacique gordo se retiró con todos los auxiliares totonacas el día siguiente. Sin embargo, el capitan-general no permitió que Xicoténcatl de Tlaxcala regresara a su tierra. Cortés se había formado una impresión muy favorable sobre los auxiliares tlaxcaltecas. Eran más robustos y estaban acostumbrados al frío. Además, les motivaba con un profundo odio a los aztecas y a sus aliados. Cortés le encargó a Xicoténcatl Menor reclutar seis mil guerreros tlaxcaltecas adicionales para acompañar al ejército español en el camino a Tenochtitlán.

Cortés también requirió que algunos de los líderes sobrevivientes de Cholula lo acompañaran como rehenes, asegurando así que no se les diera ninguna oportunidad de provocar problemas durante la ausencia de los conquistadores españoles.

Cabrera y los otros arcabuceros esperaron en un acantonamiento en el centro de Cholula mientras todos los preparativos progresaban. El clima se volvió frío y las nubes de lluvia descendieron sobre la ciudad, empapando las calles empedradas con chorros de agua.

Finalmente, Cabrera y su grupo recibieron órdenes para iniciar la marcha a Tenochtitlán. Los arcabuceros recogieron sus armas y se dirigieron a la gran plaza de Cholula. La infantería entró un poco después, acompañada por Cortés y sus capitanes, que montaban sus caballos junto con el resto de la caballería. Los artilleros jalaron sus cañones en sus carritos y la marcha comenzó con el llamado de la corneta y redobles del tambor. La columna militar salió por las puertas de la ciudad, marchando por un camino mercantil hacia la capital de la nación azteca.

En la marcha del segundo día, el ejército llegó a una encrucijada. El camino había sido empinado durante todo el día hasta que los soldados se encontraron en una región de colinas verdes cubiertas con bosques de pino. Más allá de las colinas, se alzaba una alta cordillera blanca con nieve. Un volcán se presentó a la vista hacia el sur. Cabrera nunca había visto un volcán en erupción antes, tampoco sus compañeros. Una nube de humo proyectó por encima del cono morado. A los soldados les pareció que la nube era cada vez más ancha y más alta, y que la cantidad de vapor y humo que emanaba desde el cráter aumentaba en volumen con cada minuto. Relámpagos brincaron y giraron dentro de la nube creado por la erupción.

Cortés ordenó una parada a la marcha para investigar los caminos de la encrucijada. El más amplio de los dos parecía seguir directamente hacia una apertura en las montañas más adelante. El otro camino conducía por terreno irregular en dirección al volcán. Había árboles que habían sido talados para obstruir el camino angosto.

El capitán-general desmontó para considerar sus opciones. Xicoténcatl Menor vino a investigar la razón por la que se habían detenido. El hijo del cacique ciego comenzó a gesticular animadamente, aunque Cortés no podía comprender sus palabras. Mandó a traer a Aguilar y Doña Marina para que interpretasen. Uno de los rehenes de Cholula también se colocó al frente. Todo el grupo hablaba por algún tiempo mientras el resto del ejército descansaba. El rehén cholulteca insistía que la ruta ancha era el camino más directo a Tenochtitlán. Xicoténcatl de Tlaxcala afirmaba que Cortés sería víctima de una emboscada si continuaba en esa dirección.

Cortés montó su caballo y cabalgó con cinco de sus mejores jinetes por el ancho camino mientras el ejército esperaba pacientemente en la encrucijada. Cortés y los jinetes regresaron poco tiempo después. Evidentemente, el capitán-general sospechaba que algún peligro le esperaba más adelante. Emitió órdenes al ejército para que avanzaron por el camino estrecho. Con sus hachas, los auxiliares tlaxcaltecas cortaron los troncos y arrastraron con sogas los árboles caídos para liberar el camino.

La marcha reanudó. El camino estrecho se volvió muy empinado y torcido. Más tarde, el ejército llegó a un pequeño pueblo, deteniéndose allí por la noche. Los soldados recogieron leña en un bosque cercano. Los tamemes de Tlaxcala habían traído suficiente comida para abastecer a todo el ejército. Las mujeres mayas atendían las fogatas y preparaban la cena. Cabrera y los arcabuceros calentaban sus manos sobre las llamas mientras esperaban sus raciones.

El capitán-general Cortés inspeccionó el campamento. Pasó mucho tiempo estudiando los siete cañones. No iba ser posible arrastrarlos con sus carritos de rueda si el camino se volvía más escarpado y rocoso, lo cual parecía probable. El capitán-general ordenó desmontar los cañones. Entre los tamemes de Tlaxcala, Cortés encontró siete hombres fuertes que llevarían los cañones a sus espaldas. Asignó dos ayudantes a cada uno de los siete tamemes. Otros fueron designados para transportar los carritos. Satisfecho con los preparativos, Cortés se retiró a su tienda.

La marcha del día siguiente fue aún más difícil. El camino estrecho convirtió en un sendero muy rudimentario. El ejército avanzaba lentamente hacia arriba por las montañas. En una ladera con vistas al paisaje, Cabrera vio hacia atrás y notó la larga fila de soldados y seguidores que se extendía lejos en la distancia.

Con cada paso, los españoles se acercaban más y más al volcán. Todos los ojos del ejército estaban fijos en la montaña, que parecía estar al punto de explotar y lanzarles fuego en cualquier momento. Todos los ojos estaban fijos en esto, excepto los de Cortés. En su intento de encontrar su camino a Tenochtitlán, el capitán-general ignoraba la erupción.

Más tarde, el ejército llegó a una bifurcación en el camino. Un sendero conducía al sur, más allá del volcán. El otro se dirigió cuesta arriba hacia un paso alto entre el volcán y otro pico alargado al norte. Cortés eligió el camino cuesta arriba. Después de una agotadora subida a lo largo del estrecho sendero, el ejército llegó a un prado en medio de las montañas. Cortés emitió órdenes de detenerse por la noche.

Cabrera y sus compañeros se acostaron sobre el pasto y se taparon con sus mantas. Cuando el sol se metió, el aire de la montaña se volvió bastante frío. En la mañana todo el prado estaba cubierto con escarcha blanca. Los soldados, los tlaxcaltecas, e incluso los caballos temblaban de frío. El clarín sonaba y el ejército comenzó a marchar de nuevo. El camino que seguían se deterioró para convertirse en un sendero primitivo con muchos retrocesos y ascensos rocosos. La subida era difícil tanto para los caballos como para la infantería. Era casi imposible para los cargadores que llevaban los cañones en sus espaldas. Varios otros indios les apoyaban mientras otros empujaban por detrás para ayudarles a llevar los cañones a la cima del paso. Por fin, llegaron a la cumbre y comenzaron a descender.

Tan pronto el ejército comenzó su descenso, las nubes se cerraron. Poco después, copos de nieve llenaron el aire y cayeron sobre las ramas de los árboles. La nevada se intensificó hasta que cubrió todo el terreno con una capa blanca. Cabrera y sus compañeros siguieron las huellas en la nieve, con la esperanza de que los líderes en la vanguardia supieran a dónde se dirigían.

El sendero descendió a un valle. Las laderas estaban repletas de enormes pinos y cipreses, cuyas ramas se doblaban con el peso de la nieve. Más tarde, la nevada disminuyó y luego cesó por completo. Los soldados siguieron caminando hasta encontrar un pequeño pueblo situado en una amplia meseta. Los habitantes del pueblo quedaran incrédulos al ver un ejército de téotl y sus bestias saliendo del bosque nevado, acompañados por miles y miles de guerreros y tamemes tlaxcaltecas. Los nativos se acercaron con gritos y exclamaciones.

Cortés ordenó detener la marcha. Todos los soldados bajaron sus cargas, casi desmayándose del cansancio. Los jinetes desmontaron de sus caballos. Los nativos trajeron comida y bebida, ofreciéndosela a Cortés y sus oficiales. Le llamaron a Cortés 'Malintzin', pues éste se encontraba siempre junto a la ahora Doña Marina. "Malintzin, Malintzin," dijeron, una y otra vez. Muchos se acercaron tímidamente tocándolo y poniendo sus manos en su armadura para asegurarse de que era real y no una ilusión. Los españoles pasaron la noche en el pueblito, rodeado por blancas montañas nevadas.

A la mañana, el ejército reanudó su marcha. Los nativos enseñaron los españoles a un buen camino que conducía hacia Tenochtitlán. Poco tiempo después, el camino salió del bosque y cruzó por una ladera abierta. Desde aquí, los soldados pudieron ver hacia abajo todo el valle de México, extendiéndose de horizonte a horizonte. En el centro del valle había un gran lago de azul brillante. Una increíble ciudad con torres blancas y altas pirámides flotaba sobre las aguas. La ciudad estaba unida a la tierra por largas calzadas. Muchas otras grandes ciudades con altos teocallis estaban situadas alrededor del lago. Cabrera y sus compañeros estaban asombrados ante lo que avistaban sus ojos, ya que ni siquiera en Europa con sus antiguas capitales existía algo semejante.

Mientras el arcabucero y sus compañeros se quedaron parados, maravillándose ante el espectáculo, Pedro de Alvarado se acercó. "¡En marcha, muévanse!" les gritó el capitán pelirrojo.

Cortés en Tenochtitlán

Una multitud de canoas cubría las aguas azules de lago de Texcoco por ambos lados de la larga calzada. Los nativos remaban provenientes de las varias ciudades situadas a la orilla del enorme lago. Todos acudían a presenciar la gran entrada a Tenochtitlán de Malintzin y los téotl con sus animales maravillosos. La gente se había enterado por rumores sobre el Emperador Moctezuma, quien iba en camino para recibir sus visitantes. Varios años habían trascurrido desde que el recluso Emperador se había aventurado a las afueras de los confines de la capital. Moctezuma muy rara vez salía de su palacio, y entonces lo hacía solamente para participar en ceremonias religiosas en el recinto sagrado del Coatepec Teocalli.

Los ciudadanos de Anáhuac nunca habían visto algo comparable a este espectáculo. Todos estaban ansiosos por ver al misterioso y siempre oculto Emperador junto con los téotl que viajaban hasta allí desde muy lejos. Todo el mundo sabía cómo estos seres extraños llegaron a la costa en casas flotantes que parecían nubes en el mar. Los téotl habían resultado invictos en muchas batallas y ahora estaban entrando a la capital en una procesión gloriosa después de un largo y peligroso viaje a través de las montañas.

Era una mañana fresca. El sol brillante se reflejaba en los cascos y armaduras de los soldados españoles. Malintzin iba adelante montado en su caballo fino. En seguida, venía la caballería con las banderas de España revoloteando en la brisa que soplaba a través del lago. Los artilleros jalaron sus tepuzques, los tubos de bronce que lanzaban truenos, humo y muerte. Éstos fueron seguidos por las filas de la infantería. Luego venían los rehenes de Cholula, las esclavas mayas y los tamemes con todo el equipaje del ejército. Al final de la columna marchaban los auxiliares de Tlaxcala, quienes solamente sabían de Tenochtitlán por medio de relatos de prisioneros capturados, y ahora ingresaron audazmente a la ciudad de horrores bajo la protección del invencible Malintzin.

Los soldados y sus caballos continuaron por la calzada hasta que la vanguardia de la procesión llegaba a la fortaleza insular de Xoloc. Una delegación de jefes de los aztecas estaba esperando allí para recibir a sus misteriosos visitantes. Cortés desmontó de su caballo sin saber a cuál de los caciques debía saludar primero. Doña Marina se adelantó para traducir. Los nobles fueron presentados a Cortés uno por uno. El tlatoani de Iztapalapa, Cuitláhuac, informó al capitán-general que su hermano Moctezuma llegaría pronto con intenciones de saludarlo personalmente.

Comenzó entonces una bienvenida ceremonial con incienso y música de flautas. Tambores sonaron y platillos chocaban. Los bailadores emplumados se movían al ritmo de la etérea música. Tlamacazquis en disfraces amenazadores oraban a sus dioses en una elaborada pantomima. Los jefes de los indios observaban todo con expresiones serias.

La columna española se había detenido, dejando la mayor parte del ejército peligrosamente expuesta en la estrecha calzada. Pedro de Alvarado desmontó y se reunió con Cortés y Doña Marina en la isla.

"¿Cuál es la demora, capitán-general?" preguntó Alvarado. "¿Qué estamos esperando aquí?"

"El cacique de oro, el tal Moctezuma, viene a saludarnos," respondió Cortés. "No creo que haya ningún problema, pero mantenga a las tropas en alerta mientras yo trato con el Emperador."

"Allá viene," dijo Doña Marina, apuntando. "Allá, por medio camino."

Un grupo de nativos que se distinguía en la lejana distancia llevaba una especie de aparato en sus hombros. Ya en la cercanía, los españoles distinguieron a Moctezuma sentado en una silla dorada llevada por varios tamemes. Un dosel de plumas verdes iridiscentes protegía al Emperador de los rayos del sol. Un murmullo extraño surgió de la flotilla de canoas que rodeaban la isla.

Los portadores llevaron la silla de manos ante Cortés, donde se detuvieron. Bajaron la silla y todos se tendieron sobre el pavimiento. Varios de los nobles acudieron al lado de Moctezuma para levantarlo, apoyándolo así mientras éste caminaba para saludar al líder de los téotl. El capitán-general pudo entonces apreciar que el Emperador era un hombre anciano, delgado y encorvado. Llevaba un penacho alto de plumas de quetzal sobre su cabeza. Un pectoral de jade verde montado en placas de oro puro y pesado pendía sobre su pecho. Sus brazos y piernas estaban adornados con brazaletes y grebas doradas. Cortés hizo una reverencia de acuerdo con la tradición de la corte real de España. A su señal, todos los oficiales españoles también se inclinaron. Moctezuma reconoció con seriedad la reverencia de los téotl con un movimiento de la cabeza. El Emperador ordenó que sus asistentes trajeran regalos para presentarlos a sus invitados. Para entonces, los aztecas ya se habían dado cuenta que los visitantes extranjeros valoraban mucho más el oro y la plata que el jade y las plumas. A pesar de que el jade era la cosa más valiosa en el mundo azteca, los extraños téotl no entendían ni su valor ni tampoco sus propiedades. Los obsequios de Moctezuma a Cortés incluyeron por lo tanto muchas representaciones de aves y animales en oro y plata. El Emperador vio que los téotl estaban favorablemente impresionados y que lo reconocían como un hombre de gran riqueza y generosidad. El Supremo Tlatoani instruyó a uno de sus nobles para que se quitara su collar de escorpiones de oro puro y lo colocase alrededor del cuello de Malintzin.

Cortés en cambio le regaló a Moctezuma las mejores cuentas de vidrio que había traído de Cuba. Los aztecas no estaban familiarizados con el vidrio y su fabricación. Para ellos, las cuentas de colores parecían gemas preciosas extraídas de tierras desconocidas más allá del Mar del Este. Moctezuma recibió el regalo con gracia. El Emperador agradeció a Malintzin e invitó los téotl a acompañarlo a su capital, para alojarse en el palacio de su difunto padre, Axayácatl.

Los nobles ayudaron a Moctezuma a subir a su silla. Los porteadores la levantaron al unísono y comenzaron el viaje de regreso a Tenochtitlán. Los jefes, guerreros, soldados, caballería, rehenes y esclavas siguieron la gran silla de Moctezuma por la larga calzada. Las canoas de espectadores remaban para mantener el paso. Era un espectáculo inigualable, que jamás volvería a ser visto.

El palacio de Axayácatl estaba situado cerca de la gran pirámide del Coatepec Teocalli. Como correspondía a la estatura del gran guerrero-emperador, su palacio era inmenso e incluía muchas cámaras y patios. Poseía una amplia cocina y un gran salón, además de jardines privados y salas de audiencia. Los téotl y sus seguidores ocuparon las habitaciones y corredores, convirtiendo todo el complejo en un cuartel para su ejército. Los caballos fueron resguardados en uno de los jardines.

Casi de inmediato, varios tamemes aparecieron en las puertas del palacio llevando paquetes de comida. Las mujeres mayas prendieron los hornos de la cocina y comenzaron a preparar una apetitosa cena. Los soldados comieron sus platillos calientes muy a gusto. Los capitanes del ejército habían designado algunas habitaciones para su uso como dormitorios y los fatigados soldados se recostaron en el suelo para recuperarse de la ardua marcha a través de las gélidas montañas.

Los españoles sólo tenían unos pocos días de haber arribado a Tenochtitlán cuando un jinete montado en un sudoroso caballo apareció frente al palacio de Axayácatl. Pedro de Alvarado salió de las puertas para recibir el jinete.

"¡Cabo Aguirre!" exclamó el capitán pelirrojo, "¿Ha venido desde Villa Rica? ¿Qué hace por aquí?"

"Tengo que hablar urgentemente con el capitán-general," respondió el jinete casi desmayándose de cansancio.

Alvarado lo condujo inmediatamente a los aposentos de Cortés. "Hemos sido atacados en Villa Rica," explicó el cabo Aguirre. "Escalante y otros ocho han sido asesinados. También han matado a uno de nuestros caballos."

Cortés se puso rígido, la ira en sus rasgos palpable. "Dígame, soldado, ¿cómo sucedió esto?" preguntó el capitán-general con una voz llena de angustia.

"Hace nueve días, Escalante con una patrulla montada salió de nuestro presidio rumbo al puerto de Vera Cruz," respondió Aguirre. "Iban a traer unos artículos de la playa, pero algunos indios salvajes les atacaron en el camino. Mataron a varios de nuestros hombres en una emboscada. Escalante de alguna manera escapó. Resultó apuñalado por lanzas y perforado por flechas, aunque logró a guiar a su caballo al presidio. Al día siguiente, murió a causa de sus heridas. Enviamos un escuadrón para rescatar a nuestros vigías en la costa, pero no encontramos ni un solo sobreviviente. Todos los otros pioneros y colonos se han refugiado dentro del presidio. Si los indios atacan nuevamente, lo más probable es que no podamos resistir por mucho tiempo. El teniente Ordaz decidió enviar a un mensajero para pedir ayuda. Me encargó para llevar el mensaje, capitán-general. Cabalgué solo durante muchos días, tratando de evitar a estos indios traicioneros. Me fui a Tlaxcala donde los tlaxcaltecas me escoltaron sobre las montañas y me dirigieron al valle. Temía por mi vida, pero los nativos me recibieron como un antiguo amigo y me mostraron el camino a este lugar."

"¿Quién atacó a Escalante?" preguntó Cortés. "No fue Cicomecóatl y los totonacas, ¿verdad?"

"No, señor," respondió el jinete. "Antes de morir, Escalante nos dijo que podía distinguir por sus plumas y tatuajes que sus atacantes eran aztecas."

Cortés consideró la información. "Ha comportado usted muy bien en viajar tan lejos superando todos los peligros del camino," dijo el capitán-general. "Ningún enemigo puede luchar con éxito contra soldados como usted. Descanse ahora. Enviaremos enseguida ayuda a sus compañeros en Villa Rica."

Cortés convocó a sus capitanes a una reunión. Alvarado, Sandoval y Olid congregaron en la habitación del capitán-general. Los oficiales pasaron varias horas en conferencia. Cuando salieron de los aposentos de Cortés, cada uno de los soldados de la guarnición pudo ver por la expresión de determinación en sus rostros que la situación de los españoles como invitados privilegiados en la capital de los aztecas había cambiado considerablemente. Los capitanes recorrieron los perímetros y aumentaron el número de centinelas en guardia. Los cañones fueron reposicionados para cubrir la puerta del palacio, que daba vista a la gran plaza. Los soldados de infantería recibieron instrucciones de permanecer en su armadura y de estar preparados para batalla a todas horas, día y noche. Los capitanes no explicaron a nadie la razón por la actividad repentina.

El capitán-general Cortés inspeccionó las defensas e hizo algunas recomendaciones sobre el estado de las fortificaciones. Un grupo de habitaciones en la parte central del palacio fue desocupado y Cortés designó guardias para controlar el acceso.

Cuando Cortés estuvo satisfecho con los preparativos, seleccionó algunos de sus oficiales para llevar a cabo una misión especial. Cortés encabezó al grupo a través de la gran plaza hacia el palacio de Moctezuma. Alvarado, Sandoval y Olid marchaban con sus espadas desenvainadas. Los dos hermanos de Alvarado llevaban arcabuces. Doña Marina y Aguilar caminaron entre ellos. La joven indígena y el náufrago español acompañaban al grupo para interpretar. Cuatro ballesteros con sus armas alistadas cubrían la retaguardia de la formación.

"Hemos sido citados por el Emperador," dijo Marina a los guerreros jaguar en la entrada del palacio de Moctezuma. "Déjenos pasar."

Los guardias jaguar, intimidados por los intrépidos españoles, les permitieron entrar al palacio. Cortés y su grupo pasaron por un largo corredor hasta llegar a una sala de audiencia, donde Moctezuma estaba sentado en su trono de oro y ébano. Dos mercaderes pochtecatl estaban de rodillas ante el Emperador.

"Marina, dígale a Moctezuma que despida a toda esa gente," ordenó Cortés.

Marina habló en náhuatl y los mercaderes salieron de la habitación, inclinándose ante su Emperador.

"Los esclavos también," comandó el capitán-general.

Moctezuma despidió sus asistentes y se encontró solo con los feroces téotl.

"Infórmele al Emperador que deberá trasladar su residencia al palacio de Axayácatl ahora mismo," dijo Cortés a Marina. "Explíquele que es para su propio bienestar, para que así podamos proporcionarle protección adecuada. Está en peligro mientras permanezca en este lugar."

Marina traducía. Moctezuma estaba horrorizado cuando comprendió lo que se le exigía. Los téotl no le dieron oportunidad de notificar a sus guardias águila. El viejo Emperador se dio cuenta de que los téotl estaban preparados a matarlo si no cumplía con sus deseos, incluso si eso involucraría también sus propias muertes. Mansamente se puso de pie. Rodeado por una guardia de soldados españoles, sin fanfarrias ni ceremonia, el Supremo Tlatoani fue escoltado fuera de su propio palacio, a través de la amplia plaza al palacio de Axayácatl, su padre, donde se convirtió en prisionero de los téotl.

Moctezuma fue conducido a las habitaciones centrales que habían sido desocupadas. Los soldados españoles vigilaban las puertas para asegurarse de que el rehén no se alejara. Las mujeres mayas atendían al Emperador, ofreciéndole comida y bebida.

En seguida, Cortés mandó traer a Jerónimo Aguilar. "Licenciado, quiero que usted vuelva a la cámara de audiencia de Moctezuma," dijo el capitán-general. "Una patrulla de soldados le acompañará. Encuentre a los sirvientes personales del Emperador y tráigalos aquí."

Cuando Aguilar entró a la sala de audiencias del palacio de Moctezuma, encontró a un grupo de funcionarios aztecas desconcertados, tratando de comprender las implicaciones de los recientes acontecimientos. Aguilar les explicó en náhuatl que Moctezuma había cambiado la sede de su gobierno al palacio de su padre Axayácatl. Aguilar ofreció acompañar a los jefes junto con los sirvientes del Emperador a los nuevos aposentos del Supremo Tlatoani.

Los nobles fueron admitidos a las habitaciones de Moctezuma por guardias españoles. La audiencia se realizó en un entorno considerablemente menos lujoso que las habitaciones de su propio palacio. Cuitláhuac de Iztapalapa notó la falta de guerreros águila asignados para la protección personal del Supremo Tlatoani. Cuando le preguntó al respecto, Moctezuma respondió con una explicación breve afirmando que había cambiado su lugar de residencia voluntariamente. El Emperador instruyó a los jefes allí reunidos a que cumpliesen con las instrucciones de los téotl y traerles alimento y cualquier cosa que necesitaran, incluso forraje para las bestias.

Moctezuma se puso de pie. El dolor y la preocupación eran patentes en las líneas de su rostro. "Traigan inmediatamente a Tenochtitlán, atados como prisioneros, a Quauhpopca y a los tlatoques de la guarnición de Tzinpantzinco," dijo. "Avísenme en cuanto esto se haya llevado a cabo." Se despidió de los jefes aztecas, quienes fueron escoltados a la plaza central por soldados españoles.

Cinco días después, Quauhpopca y sus subcomandantes fueron llevados ante Moctezuma. Cortés y sus oficiales estuvieron presentes en su juicio. Moctezuma le dijo a Quauhpopca que, para su desgracia, había desobedecido las órdenes del Emperador. Marina tradujo las palabras al castellano para Cortés. El padre Olmedo, en su atuendo clerical, observó los procedimientos con severa atención. Cortés se puso de pie y leyó un documento de pergamino detallando los cargos contra Quauhpopca y los demás. Incluyeron traición, el asesinato de soldados y colonos españoles, y la rebelión contra Su Majestad Carlos. Quauhpopca y los tlatoques eran condenados a ser quemados a muerte y la sentencia se llevaría a cabo enseguida.

Los soldados españoles habían preparado dieciséis postes en medio de la gran plaza ubicada entre los palacios de Moctezuma y Axayácatl. Un montículo de leña se había apilado cerca. Los soldados llevaron a los prisioneros del palacio en cadenas y los ataron a los postes. Colocaron madera alrededor de cada prisionero a nivel de su pecho. El padre Olmedo se paró frente de los condenados y les preguntó si estaban dispuestos a convertirse a la fe católica y a aceptar a Cristo como su Salvador antes de morirse. Los tlatoques ignoraron al sacerdote. No pronunciaron ni una sola palabra. Una multitud de habitantes de la ciudad se había reunido en la plaza para presenciar el ritual inusual de sacrificio de los téotl. Las piras fueron encendidos uno por uno. Las llamas envolvieron a los guerreros jaguar. Sus gritos resonaron por toda la plaza. Quauhpopca fue el último en ser quemado. Después, las llamas se apagaron, los gritos cesaron y un humo cargado con el olor a carne quemada envolvió la avenida. Cortés dictó órdenes de dejar los cuerpos carbonizados encadenados a sus postes por siete días como advertencia a cualquiera que tuviera intenciones de rebelarse contra los españoles.

Los soldados se retiraron a su fortificación, esperando en cualquier momento algún tipo de represalia. Sin embargo, nada sucedió. Después de unos días, Cortés envió al joven capitán Sandoval a tomar el mando del presidio en Villa Rica. Cinco soldados montados cabalgaron con él a la costa. Sandoval tenía órdenes de proteger el presidio y las bodegas en la playa conteniendo los artículos que habían sido traídos a tierra antes de que la flota se quemó. Además, tenía ordenes de expulsar a todos los capataces aztecas de Zempoala, y de enviar comunicaciones frecuentes a Cortés en Tenochtitlán, especialmente en el caso de que alguna vela se apareciera en el mar.

Tras la ejecución de Quauhpopca, la calma prevaleció en Tenochtitlán. Aparentemente, el liderazgo azteca había sido lo suficientemente intimidado para eliminar cualquier amenaza a la ocupación española de la capital. Cortés analizó su situación. Sus tropas estaban bien abastecidas y armadas, y tenían la moral en alto. Cortés decidió mantener por entonces al ejército en la ciudad.

Mientras los españoles esperaban ociosos en Tenochtitlán, algunos soldados que tenían experiencia como metalúrgicos construyeron una forja con fuelle en uno de los patios del palacio de Axayácatl. Los herreros fundieron todos las estatuillas y adornos de oro y plata que habían recibido como regalos de Moctezuma, convirtiéndoles en lingotes. Los lingotes permanecieron guardados en un almacén junto a los aposentos de Cortés.

Cortés pasó mucho tiempo tratando de localizar las minas de los aztecas. El control de las minas sería clave para su nueva colonia y tenía que lograrlo antes de que Velázquez, el gobernador de Cuba, se diera cuenta de la abundancia de depósitos de minerales preciosos en las nuevas tierras. Cortés despachó grupos de exploradores a encontrar las minas de oro y plata.

La mayoría de los exploradores regresaron después de unas semanas, cansados y agotados, sin haber encontrado oro alguno. Un grupo de exploradores estuvo ausente casi tres meses. Cuando regresaron, trajeron talegas de cuero llenas de polvo de oro. Habían localizado un río en las montañas hacia el suroeste. Los indios de la región les indicaron donde se podía encontrar oro en la arena de un río. Los españoles construyeron un canelón y vaciaron cubetas de arena en el chorro. Casi al instante, escamas de oro comenzaron a acumularse entre los rifles. Los exploradores se quedaron allí hasta que habían acumulado una buena cantidad de oro y luego regresaron a Tenochtitlán, constantemente alertas por ladrones. Sucedió que los nativos estaban tan bien regulados bajo el dominio azteca que ninguno se atrevió a molestar a los téotl con su metal brillante. Otro grupo de exploradores descubrió más oro en una zona desértica al noroeste. Los indígenas allí recogían laboriosamente pequeñas pepitas y granos de oro entre pedazos de tierra pulverizada. Los exploradores explicaron a Cortés que había grandes cantidades de partículas de oro que aún quedaba, demasiado pequeñas para extraerlas a mano. Se necesitarían hombres y mulas con maderas y vagones para hacer lucrativa la empresa. El mineral podría entonces ser escarbado y transportado bastante lejos a un arroyo, para allí lavar el oro.

Mientras los exploradores estaban dispersos en su búsqueda de riquezas, Cortés ejercitó diariamente a los soldados que permanecían en Tenochtitlán. El capitán-general no permitiría que los hombres de la guarnición volvieran indolentes mientras descansaban en sus cuarteles durante el invierno. Observaba atentamente desde un balcón en el palacio de Axayácatl mientras la infantería y la caballería practicaban sus evoluciones en la amplia plaza ubicada entre las residencias imperiales. Cortés insistía continuamente en la necesidad de mantener la disciplina y permanecer en buena condición física en todo momento.

Cortés y sus capitanes, Alvarado y Olid, dedicaron mucho tiempo investigando la ciudad de Tenochtitlán, recorriéndola a pie. Nadie interfirió con sus excursiones mientras caminaban libremente, ingresando a cualquier edificio que desearan. Durante el transcurso de varias semanas, visitaron la mayoría de los distritos residenciales, comerciales y religiosos de Tenochtitlán. Se dieron cuenta de que todos los sectores eran fácilmente accesibles por tierra o por agua. La ciudad poseía canales perfectamente rectos que cruzaban todos los barrios de la ciudad a intervalos regulares. Las canoas y barcazas navegaban los canales de manera ordenada mientras los indígenas remaban a los mercados de la capital. Había puentes aquí y allá que permitían el tráfico peatonal sobre las vías fluviales.

Cortés reconoció que los aztecas tendrían una ventaja estratégica si el combate surgiese en la ciudad. Los nativos serían capaces de reubicar a sus guerreros rápidamente de un lugar a otro. El capitán-general trató de descubrir una contramedida para neutralizar esta ventaja. Recordó de un hombre, Martín López por nombre, quien se había inscrito a la expedición en Cuba. López había mencionado que había trabajado en un astillero en España antes de venir al Nuevo Mundo. Cortés encontró a López en su alojamiento en el palacio de Axayácatl. Los dos discutieron la posibilidad de construir algún tipo de nave para permitir a los españoles controlar las aguas que circundaban la ciudad.

Unos días más tarde, López regresó a Cortés con planes para construir un bergantín diseñado específicamente para navegar en el lago Texcoco. El bergantín tendría una vela para uso en vientos favorables y remos para maniobrar en aguas tranquilas. Un cañón sería montado en la proa. Habría suficiente espacio a bordo para ballesteros y arcabuceros. Tal barco podría fácilmente superar a las canoas de guerra más grandes de los indios. Cortés aprobó el concepto y dio instrucciones a López para comenzar la construcción del bergantín inmediatamente, e informarle de cualquier cosa que le hiciera falta.

López localizó un espacio abierto junto a un canal que utilizaría como astillero. Luego visitó a los vendedores de madera en el mercado de Tlatelolco y adquirió algunas vigas, tablas y palos largos. También envió un mensaje a Sandoval en Villa Rica que le enviase sogas, vela y algo de herrería a Tenochtitlán junto con azuelas, mazos y hachas. López alistó algunos auxiliares tlaxcaltecas para ayudarle con el trabajo de carpintería. Dentro de un mes, López y sus ayudantes habían ya construido un bergantín servible y lo lanzaron en el canal.

Cuando Cortés y López estuvieron satisfechos con el comportamiento del bergantín, en un día con suficiente viento, invitaron a Moctezuma a dar un paseo en el lago. El Emperador abordó la nave y se sentó en un banco sobre la proa. El barco despegó y soldados españoles remaron a las aguas abiertas del lago de Texcoco. Varios mercaderes aztecas que atendían sus negocios en la zona vislumbraron la inusual embarcación y le siguieran en sus canoas, con la esperanza de ver al Emperador con Malintzin, jefe de los téotl. Una vez en las aguas abiertas del lago, López ordenó extender la vela y retirar los remos. La vela se llenó de aire y el bergantín respondió como un caballo espoleado. La proa cortó el agua, lanzando rocío y espuma por los lados. El bergantín dejo en pocos momentos al grupo de canoas muy atrás. López manipulaba el timón. Dirigió al barco por un largo recorrido a través del lago, dando vueltas por algunas islas y luego regresando a la ciudad. El Emperador estaba muy impresionado con las habilidades de los téotl, quienes podían forzar incluso al viento para que obrase a su conveniencia.

Cuando Cortés y su ejército iniciaron su estancia en el palacio de Axayácatl después de su gran entrada en Tenochtitlán, Cortés surgió al padre Olmedo que seleccionara una habitación para ser utilizada como capilla. El padre Olmedo y un par de soldados españoles transformaron uno de los salones en un espacio religioso. Construyeron un altar, colocaron un crucifijo en la pared e instalaron una imagen de la Virgen María en un nicho. Cada mañana, el padre Olmedo celebraba misa en la nueva capilla. Cortés asistió todos los días. También se confesaba con el padre Olmedo con frecuencia y recibió absolución por sus pecados.

Cortés y sus oficiales contemplaron a los ídolos de los indios con repugnancia y desprecio. Creían firmemente que todos los paganos debían convertirse al cristianismo inmediatamente. El padre Olmedo era más pragmático, creyendo que sería preferible obtener a algunos conversos sinceros entre los indígenas sin intentar convertirlos a todos a punto de espada. A veces requería un poco de persuasión para detener a Cortés de actos precipitados que posiblemente desafiarían permanentemente a los nativos.

En realidad, el padre Olmedo hallaba muchos conversos. La mayor parte de las mujeres nativas que habían sido presentadas a los españoles aceptaban libremente el cristianismo, dedicándose al estudio de su nueva fe. Doña Marina había sido una aprendiz ejemplar. Era sincera en abandonar los falsos ídolos de los paganos y profesar la fe cristiana. Marina influyó a muchas de las otras mujeres mayas a aceptar el cristianismo, y explicó los principios de la iglesia como ella los comprendía a todas aquellas que le escuchaban. Varias de las mujeres mayas fueron bautizadas y recibieron nombres cristianos. El padre Olmedo también tuvo mucho éxito entre los auxiliares tlaxcaltecas, que captaron fácilmente el concepto de un nuevo Dios infinitamente más poderoso que los antiguos dioses.

Cortés y el padre Olmedo hablaron ampliamente con Moctezuma sobre la necesidad de abandonar a sus falsos dioses y de abrazar la fe verdadera. Insistieron particularmente en que los aztecas se desistieran del sacrificio humano y el canibalismo. Moctezuma escuchó atentamente, pero siempre respondió que sería imposible romper el vínculo del pueblo azteca con sus dioses porque fueron estos mismos dioses que elevaron a los aztecas de pobres vagabundos al pináculo del poder y el prestigio. Por fin, Cortés y el padre Olmedo convencieron a Moctezuma a otorgarles permiso de construir un pequeño altar dedicado a la Virgen María en la cumbre del Coatepec Teocalli para expiar las transgresiones que se producían allí todos los días. A la mañana siguiente, los téotl instalaron la imagen de su serena diosa entre los templos del dios de la guerra Huitzilopochtli y Tláloc, dios de la lluvia.

Mientras los españoles se hospedaban en el palacio de Axayácatl, Cortés continuó reuniendo aún más oro y plata. Una inmensa cantidad de lingotes llenaron el almacén en sus aposentos. El capitán-general reservó una quinta parte del tesoro para el Rey de España y otra quinta parte para sí mismo. También apartó algo del oro para cubrir los gastos de la expedición, aunque Cortés en realidad había invertido muy poco de sus propios fondos en la empresa. La mayor parte del dinero venía de la tesorería de Velázquez, gobernador de Cuba. La cantidad que Cortés reclamó para los gastos fue exagerada y aumentaba con frecuencia. Sus oficiales también recibieron recompensas generosas para asegurar su apoyo continuo. Quedaba muy poco oro para ser dividido entre los hombres que habían soportado todo el trabajo y que habían enfrentado el peligro requerido para obtener el oro. Los soldados ordinarios comenzaron a quejarse hasta que los reclamos llegaron a oídos del capitán-general. El astuto Cortés concibió un plan para obtener aún más oro para sus soldados. En su próxima reunión, Cortés instruyó a Moctezuma que exigiese un tributo adicional de los tlatoanis de la Triple Alianza o, si no cumplían, sufrirían las consecuencias.

Uno de ellos, Cacamatzin de Texcoco, se negó a responder al citatorio del Emperador. Cortés insistió en que se presentara en la capital con un adecuado tributo de oro. Una vez más, Cacamatzin rehusó venir a Tenochtitlán.

Cortés esperó hasta la siguiente sesión del Concilio Supremo de la Triple Alianza en el Salón de los Ancestros, al cual Cacamatzin seguramente asistiría. Cuando el tlatoani de Texcoco se preparaba para abandonar la capital a la conclusión del concilio, los soldados españoles lo raptaron y lo llevaron al palacio de Axayácatl, donde lo encarcelaron en una celda en la parte trasera del complejo.

Cortés y sus soldados permanecieron en Tenochtitlán durante bastante tiempo, pasando el invierno en la comodidad del palacio de Axayácatl. Los días agradables de la primavera pasaron. El calor del verano empezaba a sentirse en la capital. Un día, Cortés visitó al Emperador azteca, como a menudo lo hacía, para presentarle sus respetos y asegurarse de siempre estar bien informado sobre cualquier acontecimiento importante en la ciudad. Durante el transcurso de la visita, Moctezuma mencionó a Malintzin que debería estar muy feliz, ya que tenía un medio para regresar a su hogar a través del Mar del Este. Cortés se sorprendió al escuchar esas palabras e insistió que el Emperador se aclarara. Moctezuma llamó a un escriba, quien mostró un amatl a Cortés. Cortés pasó el amatl a Doña Marina para descifrar los glifos crípticos. Doña Marina leyó la misiva. "Dieciocho nube-barcos han llegado al puerto de Vera Cruz. Muchos soldados y caballos. Muchos esclavos," dijo.

Los músculos de la frente de Cortés se tensaron. Una vena en su sien comenzó a palpitarse. El capitán-general se detuvo por un momento y luego exclamó con una carcajada, "¡Por fin! Las naves que encargué han llegado. Nos retiraremos a la costa muy pronto." Moctezuma se puso contento. Cuando la audiencia concluyó, Cortés retiró a su habitación y convocó a Alvarado y Olid.

"Velázquez ha enviado dieciocho naves en nuestra contra," Cortés dijo a sus oficiales.

"¿Será cierto que estas naves son de Velázquez?" preguntó Alvarado.

"¿Quién más?" respondió Cortés. "Me preocupa que Sandoval en Villa Rica no nos haya enviado ningún comunicado al respecto. Tal vez estos recién llegados le han atacado sin darse cuenta y lo han tomado prisionero. Estoy bien seguro de su lealtad a nuestra causa."

"Sandoval no permitiría ser sorprendido," comentó Olid. "Es demasiado listo para eso."

"Suponiendo que las naves hayan sido enviadas por Velázquez, lo más seguro es que sean hostiles a nuestros propósitos aquí y que intentarán a robarnos de nuestros tesoros," dijo Cortés. "¡Dieciocho barcos! Habrán más de mil hombres en armas con ellos. La situación requerirá una respuesta audaz de nuestra parte."

"No sé cómo es posible que Moctezuma haya recibido notificación de estos sucesos antes que nosotros," comentó Cristóbal de Olid. "Él depende de corredores que andan a pie, mientras nosotros tenemos mensajeros a caballo."

"Tal vez el Emperador está equivocado," agregó Alvarado.

"Creo que Moctezuma sabe más de lo que nos está informando," confió Cortés. "Debemos enviar un jinete para investigar."

"Me encargaré de eso," dijo Olid. "Un mensajero partirá dentro de la hora." Olid se excusó para buscar al cabo Aguirre, quien conocía mejor el camino a la costa.

Olid dio instrucciones a Aguirre para que recorriese el área alrededor de Villa Rica, e investigara especialmente la situación de Sandoval y de la guarnición del presidio. "Regresa con la información lo más rápido posible," dijo Olid al cabo Aguirre.

Dos días más tarde, cuando se acercaba a la ciudad de Tlaxcala, Aguirre se encontró con otro jinete español que venía de la costa. Los dos se detuvieron para saludarse e intercambiar información.

"¿Qué noticias hay de Villa Rica?" preguntó Aguirre.

"Pánfilo Narváez ha llegado al puerto con casi veinte barcos," dijo el jinete de la costa. "Ha traído consigo un gran contingente de hombres y caballos. ¿Crees que capitán-general Cortés ofrecerá resistencia a los cubanos?"

"¿Qué piensas tu?" dijo Aguirre. "Cortés está sentado sobre un montón de oro. No dejará que nadie se lo quite mientras todavía haya aliento en su cuerpo."

"Tienes razón," dijo el jinete de la costa. "¿Adónde te diriges?"

"Tengo que hablar directamente con el capitán Sandoval," respondió el cabo Aguirre. "¿Todavía tiene posesión del presidio?"

" Cuando yo salí, Sandoval estaba negociando con los hombres de Narváez, jugando por tiempo," dijo el jinete de la costa. "Llevo un mensaje de Sandoval para el capitán-general Cortés con los detalles."

"¿Sabes dónde encontrar a Cortés?" preguntó Aguirre.

"El capitán Sandoval me trazó un mapa," respondió el otro jinete. "¿Es seguro el camino?"

"De hecho, sí," dijo Aguirre. "Estos indios tienen miedo de nosotros y de nuestros caballos. No creo que corras peligro. Ahora tengo que apurarme. ¡Adiós!"

Dos días más tarde, el jinete de la costa entregó su mensaje a Cortés en el palacio de Axayácatl. El capitán-general leyó la misiva y convocó a sus capitanes a un concilio de guerra.

"Tenemos que enfrentar esta amenaza con determinación," dijo Cortés a sus capitanes. "La situación requiere de mi presencia inmediata."

"¡Vamos a acabar con estos intrusos, los perseguiremos hasta Cuba!" añadió Pedro de Alvarado.

"Capitán Alvarado," dijo Cortés, "usted permanecerá aquí en Tenochtitlán mientras yo estoy fuera. Quiero que mantenga orden en la ciudad. Esté muy atento en todo momento. Fíjese en sus defensas y no haga nada para provocar a los nativos. Preste mucha atención al Emperador Moctezuma. Atienda sus necesidades y trátelo con el máximo respeto. Yo saldré de inmediato con la mayor parte del ejército. Volveré en cuanto hayamos eliminado la amenaza a nuestras instalaciones costeras. Capitán Olid, usted me acompañará. Reúna a las tropas para la marcha. Viajaremos con celeridad. Vamos ligeros. El éxito de nuestra empresa depende de que derrotemos a nuestros oponentes antes de que estos hayan tenido la oportunidad de establecerse en los territorios que hemos conquistado con nuestra propia sangre. ¡Que Dios esté con nosotros!"

Narváez

Un viento favorable había comenzado a agitar. Aprovechando de la oportunidad, un par de lanchas remolcaban a la Santa María a mar abierto, fuera del puerto de Vera Cruz. Una vez libre de la tierra, el buque extendió sus velas y zarpó con rumbo al este. Montejo y Puertocarrero observaron la colonia de Nueva España retroceder en la distancia desde la barandilla del barco.

Tres días después, Montejo emitió órdenes de arribar al puerto de La Habana, desobedeciendo las estrictas órdenes de Cortés. La Santa María sólo permaneció en el puerto una noche mientras Montejo visitaba su casa en el centro de la ciudad. Montejo llevaba parte del tesoro destinado para el Rey de España a escondidas de la tripulación, y lo dejó con su esposa en La Habana para ser resguardado hasta su regreso. La nave reanudó su viaje a la mañana siguiente. Sin embargo, su corta estancia en La Habana fue suficiente para agitar una gran tormenta en la isla de Cuba. Tan pronto como las velas de la Santa María desaparecieron por el horizonte, comenzaron a volar rumores. Los reportes llegaron a los oídos del gobernador Velázquez en Santiago poco tiempo después. Escuchó lo suficiente para comprender que Cortés se había rebelado contra él y que todo el dinero y los materiales que había reunido para la expedición ahora iba al beneficio exclusivo de Hernán Cortés. También supo que Cortés había encontrado oro y plata, tal vez en grandes cantidades. Habían pasado meses sin recibir noticias de Cortés. Ahora el gobernador entendía por qué.

Velázquez no perdió tiempo en adquirir suficientes barcos y hombres para dominar a Cortés. El gobernador también necesitaba un comandante apto para dirigir la expedición punitiva, pero que no fuera tan ambicioso para desviar las fuerzas hacia sus propios propósitos. Por fin decidió elegir a Pánfilo Narváez al puesto.

Narváez había desarrollado una reputación de crueldad, legendaria incluso entre los brutales conquistadores. Bajo su liderazgo, habían sido subyugadas todas las tribus de las islas de Hispañola, Cuba y Jamaica. Narváez era un hombre grande y musculoso, entrenado para la guerra desde su juventud. Su voz fuerte infundía respeto por doquier. El general Narváez había escogido las tierras más productivas de Cuba para su propia finca sin que nadie se atreviera a oponerlo. Ahora era uno de los hombres más ricos de las Indias y buen amigo del gobernador. Al principio, Narváez no estaba dispuesto a aceptar la invitación de Velázquez para oponer a Cortés, a quien había conocido hacía muchos años. Ambos habían colaborado durante los primeros combates para dominar las islas. Narváez dirigía las fuerzas en el campo y Cortés se había encargado de asegurar los suministros y provisiones necesarias, aunque Cortés tenía la capacidad de luchar contra cualquiera. Narváez y Cortés se establecieron más tarde en diferentes partes de Cuba. Narváez respetaba a Cortés como caballero y compañero de armas. En realidad, no creía posible que Cortés fuera capaz de representar una amenaza contra Velázquez. El gobernador hizo casualmente referencia a grandes cantidades de oro y plata, y misteriosas civilizaciones de los indios. Esto llamó inmediatamente la atención de general Narváez.

Velázquez y Narváez iniciaron preparativos para lanzar otra expedición. Este nuevo contingente sería mucho mayor que el anterior. Ahora las posibilidades de ganancia parecían mayores junto con potencial de un buen retorno para sus inversiones. Los dos hombres decidieron confrontar a Cortés con fuerzas superiores tan pronto como fuera localizado.

El gobernador Velázquez se apoderó de todos los buques disponibles en las Indias, mientras Narváez alistó a soldados y marineros. Encontrar hombres para luchar contra Cortés no representaba ningún problema. Veteranos y mercenarios ociosos llegaron a las islas en cada barco proveniente de España, atraídos por relatos de grandes riquezas y vida fácil. Obtener caballos era mucho más problemático, pues éstos eran aún escasos en las islas además de ser muy caros. El gobernador Velázquez envió a sus compradores a todas las islas de las Indias en busca de caballos adecuados para la guerra.

Todos los preparativos tomaron tiempo y dinero, pero finalmente Velázquez y Narváez reunieron a la armada más grande que jamás se había visto en el Nuevo Mundo. La flota partió de La Habana poco más de un año después de la salida inicial de Hernán Cortés. El general Narváez siguió casi la misma ruta que Cortés. Desembarcó en Cintla y Xicalango donde le dieron información sobre los extranjeros de piel pálida que habían estado allí el año anterior. La flota continuó hacia el oeste y luego al norte, siguiendo la costa. Después de una larga navegación, el piloto bordo del buque insignia de Narváez encontró el puerto de Vera Cruz.

Al entrar al puerto, los marineros españoles quedaron asombrados al ver los cascos quemados de los barcos de Cortés volteados en el agua. Mástiles y largueros, carbonizados por el fuego, se apilaban sobre la playa como madera a la deriva. Narváez despachó una patrulla por tierra para determinar si había nativos hostiles en las cercanías que hubieron atacado a Cortés y quemarían sus naves. La patrulla no se enfrontó con ningún enemigo, sin embargo, encontraron huellas de ocupantes en una choza junto a la playa. Brazas de una fogata allí estaban calientes todavía.

Narváez ordenó que un contingente de soldados con caballería desembarcara y recorriera toda la zona. Cuando Narváez estuvo satisfecho de que el lugar era seguro, desembarcó también. Había abundantes pruebas de que Cortés y sus hombres habían pasado algún tiempo allí, pero era imposible saber por dónde se habían ido o sus destinos actuales. Narváez despachó más exploradores montados al interior, para buscar evidencias de la expedición de Cortés.

Al cuarto día, uno de los exploradores regresó al campamento con tres españoles fatigados, con ropa hecha harapos y botas desgastadas. Les condujo a los tres inmediatamente al cuartel del general Narváez. Éste ordenó a sus cocineros que les trajeran comida y bebida. Cuando terminaron de comer, Narváez les preguntó sus nombres y sus circunstancias.

"Estuvimos con Cortés," dijo uno de los hombres. "Marchamos con él desde este puerto a Zempoala y de ahí a Tlaxcala, donde hicimos la guerra en contra de los indios. Derrotamos a los tlaxcaltecas y les obligamos a servirnos. Luego invadimos otra ciudad, Cholula, y derrotamos a esos indios también. Cortés no estaba satisfecho con sus victorias y nos hizo marchar sobre algunas montañas, más altas que los Pirineos de España. Caminábamos en la nieve y el frío hasta llegar a un valle enorme lleno de indios llamados aztecas. Cortés nos llevó a su capital, la gran ciudad de Tenochtitlán. Cortés ha recaudado suficiente oro para pagar el rescate de un rey, sin embargo, lo mantiene guardado para sí mismo. Nos despachó a nosotros tres para buscar aún más oro. Estamos cansados de luchar y marchar sin recompensa. Decidimos entre nosotros regresar a la costa con la esperanza de encontrar pasaje de vuelta a Cuba. Gracias a Dios que su explorador nos encontró en el despoblado. Cortés ejecutó algunas otras personas que trataban de regresar a Cuba. Quemó todas nuestras naves para mantenernos aquí."

Narváez apenas podía creer el relato. Los desertores afirmaron que Cortés había establecido un presidio a poca distancia tierra adentro, y que se había aliado con el cacique de Zempoala. El viejo general se enteró de que los nativos habían dado libremente a Cortés grandes cantidades de oro y plata. Narváez especuló que habrá riquezas ilimitadas en esta nueva tierra. Con razón, el gobernador Velázquez estaba tan ansioso por tomar preso a Cortés, o incluso si esto no fuera posible, de matarlo.

Narváez aseguró a los tres hombres que se les proporcionaría pasaje a Cuba, pero antes les instó a ayudarle a encontrar a Cortés para llevarlo ante el tribunal. El general instruyó a uno de sus mozos a que trajese ropa limpia para los desertores y les asignó alojamiento donde podrían descansar y recuperarse.

Al día siguiente, Narváez envió a uno de sus oficiales, el sargento Murillo, con una escolta de caballería para encontrar el presidio de Villa Rica, siguiendo las instrucciones de los desertores. Después de varias horas, el sargento Murillo y su destacamento espiaron el fuerte que se encontraba en la cima de una colina, circundado por un río sinuoso.

Gonzalo Sandoval tenía el mando del presidio. Estaba pendiente de los visitantes en la costa y preparado para recibirlos. Sandoval ordenó abrir las puertas cuando el centinela anunció la llegada de extraños.

Uno de los jinetes desmontó. "Yo soy el sargento Murillo," dijo a Sandoval. "Hemos venido por órdenes del general Narváez en busca del traidor Hernán Cortés."

"¡Bienvenidos a Villa Rica!" exclamó Sandoval. "Por favor, entren y cuéntenos las noticias de Cuba."

"¿Dónde está Cortés?" insistió el sargento Murillo. "Narváez quiere hablar con él de inmediato."

"Le contaré todo durante la cena," respondió Sandoval. "Me imagino que ustedes deben estar cansados con sus raciones de mar. Nuestras cocineras han preparado algo de la comida local. Es sumamente deliciosa, se los aseguro."

El sargento Murillo ordenó que sus hombres desmontaron y todos siguieron a Sandoval al comedor donde se sentaron juntos a la mesa. Las mujeres nativas de Zempoala habían preparado una suntuosa comida de carne de pavo, jitomates, calabazas y tortillas.

Sandoval habló con sus invitados por un buen rato. En su conversación, hizo hincapié sobre los éxitos de Cortés. Relató como el capitán-general había ganado muchas batallas y asegurado muchas alianzas con los indígenas. Sandoval explicó que Cortés había acumulado grandes riquezas de oro, plata y joyas. El joven capitán continuó diciéndoles que Cortés no deseaba luchar contra otros españoles y afirmó que, si Narváez podría producir órdenes al respecto, Cortés sin duda cumpliría en interés de la paz y armonía. Como los visitantes podían fácilmente apreciar, había riquezas y suministros más que suficiente para todos. Cortés estaría contento de trabajar en colaboración con Narváez y el gobernador Velázquez para desarrollar la nueva colonia. Sandoval daba a los oficiales de Narváez la impresión de tener las intenciones de regresar a Cuba lo antes posible. Sin provocar sospechas, Sandoval intentó informarse todo lo que pudo sobre las fuerzas de Narváez, especialmente lo relacionado con sus cifras, equipo y nombres de oficiales de rango. Los visitantes dejaron el presidio bien satisfechos con la cena y prometieron regresar con la respuesta de Narváez.

El sargento Murillo llegó al puerto e informó a su líder de los hechos. Mencionó que Sandoval podría ser persuadido fácilmente para unirse a ellos con un incentivo adecuado. Narváez dio permiso al sargento Murillo de retornar al presidio la mañana siguiente, para ofrecer a Sandoval una comisión en la armada cubana con la condición de entregarles el presidio.

El sargento Murillo y sus compañeros llegaron a Villa Rica poco después del mediodía. Sandoval los recibió como antes, pero esta vez el comandante había preparado unos detalles adicionales. Invitó a los cubanos a cenar otra vez y mientras departían, el sargento Murillo le contó a Sandoval los términos que Narváez había ofrecido, recomendándole que los aceptara. Añadió que estaría muy contento de recibirlo como compañero de armas.

Sandoval se levantó de la mesa y desenvainó su espada. "Estos son mis términos," dijo, "ustedes son mis prisioneros y serán entregados al capitán-general Cortés para ser juzgados." El teniente Ordaz, segundo al mando del presidio, estaba esperando la señal de Sandoval. Él y una docena de soldados armados entraron al comedor antes de que cualquiera de los hombres de Narváez tuviera la oportunidad de resistir. Los visitantes fueron desarmados y encadenados.

Los soldados del presidio, junto con los colonos y pioneros, se reunieron en la plaza de armas con los cañones y otras municiones, en preparación para la larga marcha a Tlaxcala. Sandoval había reclutado a todos los totonacas que trabajaban en el fuerte para cargar el equipaje. La procesión salió por las puertas, abandonando el presidio. Sandoval, el teniente Ordaz y otros tres hombres cabalgaron en los caballos que anteriormente pertenecían al sargento Murillo y a los cubanos. Los prisioneros siguieron a pie, arrastrando sus cadenas.

El general Narváez esperaba el regreso de sus hombres al puerto en cualquier momento. Cuando no aparecieron al día siguiente, ordenó un destacamento de caballería para acompañarle al presidio. Narváez encontró un fuerte vacío con las puertas abiertas, sin señales de sus hombres. Exasperado, Narváez regresó a la playa.

Narváez interrogó a los tres desertores de nuevo. Estaba específicamente interesado en el tamaño y la ubicación de la ciudad de Zempoala. Los desertores le aseguraron que había amplio espacio dentro de la ciudad para albergar a todo su ejército. Le dijeron que los accesos a la ciudad podrían vigilarse fácilmente. La dificultad principal estaría en asegurar los perímetros, ya que la ciudad era extensa y no había muros para separar las casas de los campos. Los desertores continuaron explicando que el cacique de Zempoala probablemente recibiría a Narváez tal como había recibido Cortés. Incrédulo, el general dudaba que los indios pudieran construir una ciudad lo suficientemente grande para albergar a todo su ejército, aunque esta tierra nueva parecía estar repleta de increíbles maravillas. Aun así, el viejo general estaba ansioso por alejarse de la playa calurosa, húmeda e infestada de nubes de mosquitos. Narváez condujo a su ejército a Zempoala al día siguiente.

Sandoval todavía estaba a dos días de arribar a Tlaxcala con la guarnición del presidio cuando un jinete solitario interceptó la columna. "¡Cabo Aguirre!" exclamó Sandoval. "¡Qué milagro que le encontramos aquí en estas tierras salvajes!"

"Cortés me envió a investigar rumores de naves que han llegado a la costa," dijo Aguirre. "El capitán-general está muy preocupado por usted y por la guarnición del presidio."

"Como puede ver, todos estamos presentes y en buenas condiciones," dijo Sandoval, "aunque tuvimos que abandonar Villa Rica. No tenemos suficientes soldados para resistir a los recién llegados."

"Hace dos días, hablé con el mensajero que usted envió para informar a Cortés," dijo Aguirre. "Estoy seguro de que el capitán-general tiene intenciones de preparar un contraataque. Probablemente está ya reuniendo sus fuerzas. Supongo que se marchará primero a Tlaxcala. Tal vez deberíamos esperarlo allí."

Aguirre acompañó la guarnición del presidio de regreso a Tlaxcala, donde establecieron un campamento, esperando noticias de Cortés en cualquier momento. Al día siguiente, un mensajero nativo llegó con una misiva del capitán-general. Sucedió que estaba en marcha con una fuerza considerable y que debía llegar pronto.

Cortés y Olid, junto con trescientos soldados, entraron a la ciudad de Tlaxcala poco después. El capitán-general ocupó sus antiguos aposentos en el palacio del cacique ciego. Después de conversar con Sandoval, hablo con el sargento Murillo y con los otros prisioneros. Fueron fácilmente persuadidos de enlistarse en el ejército de Cortés. Después de jurar su lealtad, se les quitaron las cadenas. Fueron asignados para entrenar en Tlaxcala, siempre bajo los ojos vigilantes de Sandoval y Olid.

Sólo unos días después, un corredor enviado por el cacique Cicomecóatl en Zempoala llegó a Tlaxcala con un mensaje urgente para el capitán-general. El mensajero relató que Zempoala había sido ocupada por los nuevos téotl y que el cacique estaba solicitando ayuda de Cortés.

"Regresa a Cicomecóatl," dijo Cortés al mensajero. "dígale que coopere con los recién llegados hasta que yo regrese a su territorio para controlar la situación."

El capitán-general convocó un concilio de guerra con sus oficiales en su cuartel general en la ciudad de Tlaxcala. "No podemos demorar," dijo Cortés. "Hay que atacar al enemigo antes de que Narváez y sus hombres acerquen a la ciudad de Tenochtitlán."

"Necesitamos más información sobre sus fuerzas y posiciones," dijo Olid. "De lo contrario, podríamos caer en una trampa y sufrir algún revés."

"¿Cómo propone hacer eso?" preguntó Sandoval. "¿Enviar a un espía?"

"Me gusta la idea," intervino Cortés. "Creo que conozco la persona indicada para llevar a cabo esta misión."

El capitán-general encontró al padre Olmedo en la capilla que había instalado en el palacio del cacique ciego. Cortés sugirió al sacerdote que viajara a Zempoala, ostensiblemente para proponer una tregua, aunque realmente tendría el propósito de recopilar detalles acerca de las instalaciones de Narváez. Cortés sospechaba correctamente que Narváez posiblemente amenazaría, pero no haría daño a un sacerdote. El padre Olmedo aceptó la misión. Un soldado de la caballería fue asignado para escoltarle a Xalapa. Juntos, los dos salieron de las montañas y entraron a una vasta llanura. Cabalgaban a través de pastizales arrasados por el viento durante todo un día, llegando a la aldea de Xalapa al atardecer. El padre Olmedo partió solo a pie la mañana siguiente mientras su compañero esperaba con los caballos.

El padre Olmedo caminó otro día y medio hasta llegar a Zempoala. Los centinelas en la entrada de la ciudad no esperaban a ver un sacerdote solitario a pie. El padre Olmedo pasó frente a ellos, en medio de un grupo de mercaderes indígenas con sus tamemes. El sacerdote continuó avanzando a la plaza abajo del alto teocalli. Allí encontró a varios soldados de Narváez desocupados, sentados en las piedras de la pirámide. El sacerdote pidió a uno de ellos indicaciones para llegar al cuartel general de Narváez. El soldado apuntaba al templo de madera encima del teocalli, el mismo teocalli donde Cortés había derribado los ídolos paganos para reemplazarlos con un altar de la Virgen María muchos meses atrás. El padre Olmedo subió los escalones escarpados solo. Al llegar a la cumbre, encontró a los guardias personales de Narváez.

"Soy un emisario de Hernán Cortés y deseo entregar un mensaje de suma importancia a Pánfilo Narváez," dijo el padre Olmedo a los guardias.

Los soldados se rieron. "¿Cómo llegó aquí, padre?" preguntó uno.

"Guiado por Dios," respondió el sacerdote.

Los soldados creyeron que estaba bromeando hasta que les mostró la carta con el sello de Cortés. Su comportamiento cambió al instante. "Espere aquí, padre, mientras notifico al general," dijo uno de los hombres.

El soldado entró al edificio de madera. Narváez estaba de pie, junto con un ingeniero militar y uno de los desertores, elaborando un mapa del nuevo país sobre una mesa. "General," dijo el soldado, "hay un sacerdote afuera. Dice que viene departe de Cortés con una carta." El desertor palideció con la mención del nombre de Cortés.

Narváez levantó su vista del mapa. "¿Y cómo es que viene aquí sin previo aviso?" insistió.

"Lo siento, señor, no lo sé," respondió el guardia. "Está afuera esperando su respuesta."

A Narváez no le gustó la interrupción. No le gustaba el hecho de que un partisano de Cortés vagara por su campamento sin escolta. "¡Tráiganmelo!" dijo el general bruscamente.

El padre Olmedo fue introducido en el templo. Saludó a Narváez calurosamente. El viejo general permaneció frío y distante. El padre Olmedo tomó nota del desertor, pero actuó como si no lo reconociera. Narváez no perdió mucho tiempo en formalidades. Le preguntó al padre Olmedo qué mensaje traía.

"Hernán Cortés me encargó darles la bienvenida a la Nueva España," contestó el padre Olmedo. "Está preocupado por su bienestar y les ofrece ayuda. Está ansioso por servirles en cualquiera cosa que les hace falta. Le envía esta carta."

"Léamela," dijo Narváez.

"Muy bien," dijo el padrc Olmedo. "¿Rompo el sello?"

Narváez asintió con la cabeza.

"Mi querido amigo general Narváez," leyó el padre, "el portador de esta carta tiene toda mi confianza y está autorizado a actuar en mi nombre. Espero con ansias el momento en que se me permita abrazarle en persona. La alegría de mis hombres y de mí mismo ha sido plena desde que supimos de su llegada. Confío en que pronto estemos reunidos bajo una sola bandera. Hasta ese feliz momento, suplico su indulgencia cuando trate con los nativos, ya que nosotros somos pocos y ellos nos sobrepasan mucho en números. Es mejor que nos presentamos como un frente unido a sus amenazas. Esta tierra es abundante en riquezas y recursos, y todos aprovecharemos los frutos de nuestras labores a su debido tiempo. Le pido por favor que comunique al padre Olmedo el día y lugar para llevar a cabo nuestra reunión. Así, yo y mis hombres podremos ponernos a su disposición. Su humilde servidor, Hernán Cortés."

"Padre Olmedo," dijo Narváez, "Cortés es un traidor y un ladrón. Será juzgado por la magnitud de sus crímenes. No está en posición de intercambiar palabras conmigo, ya que yo represento la única autoridad legal en estas tierras. Dígale a Cortés que venga a mí solo y desarmado para recibir su castigo. Si cumple con eso, permitiré a todos sus hombres regresar a Cuba sin molestias a bordo de mis naves. No hay otra alternativa para Cortés. Si resiste este ultimátum, las consecuencias serán graves. Espero que me entienda. Si usted no fuera sacerdote, le arrojaría en una jaula con cadenas. Váyase usted ahora antes de que cambie de opinión."

El padre Olmedo ofreció sus bendiciones a Narváez y a sus compañeros. Salió del templo y los guardias lo acompañaron por los escalones. En la plaza abajo, el sacerdote encontró a un oficial que reconocía de Cuba. Sólo tenía un momento para saludarlo, ya que los guardias estaban esperando verlo fuera de la ciudad. El padre Olmedo le dio un abrazo y le entregó discretamente un pequeño artículo envuelto en tela. Más tarde, este oficial desenvolvió el objeto en privado y se sorprendió al descubrir que se trataba de un lingote que, aunque pequeño, era de oro puro. Se maravilló que el sacerdote le obsequiara tal regalo, mostrando el lingote a sus compañeros. En poco tiempo, casi todos los soldados españoles establecidos en Zempoala discutían sobre los tesoros de oro y las hazañas de Cortés.

Olmedo tomó una ruta tortuosa en su regreso a Xalapa para asegurarse de que los espías de Narváez no le siguieran. En Xalapa, se reunió con su compañero para regresar a la ciudad de Tlaxcala a toda prisa. El sacerdote relató a Cortés los detalles sobre las fuerzas de Narváez y la ubicación de su cuartel general en la cima del teocalli. Le contó a Cortés sobre el desertor que encontró con Narváez. También proporcionó al capitán-general los nombres de algunos de los oficiales de la expedición. Cortés los conocía desde su estancia en Cuba y tenía un concepto de cuáles de ellos prefería marchar con él y no bajo el autoritario Narváez. El padre Olmedo también advirtió a Cortés sobre varios cañones posicionados en la entrada principal de Zempoala.

Cortés agradeció al sacerdote y enseguida citó a un soldado de nombre Juan Velázquez de León. Velázquez de León era sobrino del Gobernador Velázquez de Cuba. Además, el soldado Juan tenía otros familiares en el ejército de Narváez.

"Quiero que vaya usted a Zempoala," dijo Cortés. "Lleve estos lingotes. Investigue si es posible comprar la lealtad de algunos de los oficiales de Narváez." Cortés explicó que no sería necesario que los hombres tomaran armas en contra de Narváez. Lo único que se requería de ellos era abstenerse de luchar si hubiera combate entre las dos fuerzas.

"¿Y cómo voy a entrar en el campamento de Narváez?" preguntó Velázquez de León.

"Eso será bastante fácil," respondió Cortés. "Dígales a los cubanos que yo soy un bruto y que usted no puede servir en buena conciencia bajo mí mando. Que anhela la compañía de caballeros decentes y de buena educación. Sin duda encontrará otras palabras similares para denunciarme. Será recibido con los brazos abiertos, estoy seguro."

Velázquez de León partió en caballo a Zempoala ese mismo día.

Cortés enfocó su atención en resolver el problema de atacar a Narváez en la cima de la pirámide. El viejo general había elegido sabiamente el punto más alto de la ciudad. Sería casi imposible desalojarlo solamente con espadas. Cortés recordó las largas lanzas que los tlaxcaltecas habían usado contra él en batallas anteriores. Visualizó que, si las lanzas estuvieron fabricadas de madera más resistente con puntas de bronce, sería posible utilizarlas para luchar en dirección ascendente, neutralizando así la ventaja de Narváez. El capitán-general supervisó la fabricación de veinte astiles de madera de roble gruesa endurecidos por el fuego. Seleccionó un destacamento de sus soldados más fuertes para entrenar con las picas en los escalones de uno de los teocallis de Tlaxcala, lanzándolas diagonalmente hacia arriba.

Cuando todo estaba listo, Cortés salió de Tlaxcala con su pelotón. La marcha duró casi una semana. Era la época más caliente del año. Los soldados llegaron exhaustos a las cercanías de Zempoala. Si Narváez les hubiera atacado con su caballería en ese momento, la invasión hubiera terminado en un fracaso. Aparentemente, Narváez no anticipaba fuerzas hostiles en su cercanía. No había posicionado centinelas para advertirle que se avecinaban sus enemigos. Milagrosamente, Cortés y sus soldados gozaron de un período de descanso de un día completo para recuperar sus fuerzas antes de intentar un ataque.

Cortés conocía bien el terreno alrededor de Zempoala desde su estancia allí el año anterior. Sería necesario vadear un río cerca de la ciudad. Cortés había marcado en su memoria el sitio indicado para cruzar con el fin de aprovechar del denso follaje en la orilla para así enmascarar su avance.

Cortés había decidido desde antes que sólo sería posible atacar a Narváez en la oscuridad de noche.

El sol estaba descendiendo hacia el horizonte cuando Cortés se reunió con sus oficiales en preparación del ataque. "Capitán Olid, lleve usted sesenta hombres para apoderarse de los cañones en la entrada principal de la ciudad. Maten inmediatamente a cualquier artillero que no se rinda," dijo Cortés. "Capitán Sandoval, le estoy dando el honor de derribar a Narváez de su teocalli. Los veinte piqueros estarán bajo su mando. Yo me encargaré de crear una distracción para confundir a las fuerzas enemigas. Nuestro ataque comenzará a medianoche. Olid atacará primero para capturar los cañones. Una vez que los cañones estén en su poder, el resto de las tropas procederemos directamente a nuestros objetivos."

La asignación de Olid implicó un ataque frontal por el camino que conducía al centro de la ciudad. Confrontar directamente a cañones pesados era una estrategia repleta de peligros. Requería de una valentía tremenda y de presteza excepcional. Sandoval, por su parte, planeaba rodear los campos cercanos del teocalli para penetrar las defensas allí. Cortés estaría preparado para atacar del lado contrario, cerca de una zona donde los oficiales de Narváez estarían hospedados. El capitán-general deseó suerte a sus hombres y les aseguró que tenía plena confianza en su capacidad para concluir con éxito sus tareas. Los soldados cruzaron el río en silencio y se dirigieron a sus posiciones respectivas.

Cristóbal de Olid tomó una estación en una arboleda cerca de la entrada principal de Zempoala donde estaban ubicados los cañones enemigos. Él y sus hombres se escondieron tranquilamente por un tiempo, dejando a Cortés y a Sandoval con plazo suficiente para llegar a sus destinos. Era ya casi la medianoche. La hora del ataque se estaba acercando. En eso, Olid escuchó un susurro en los árboles. El capitán Olid miró hacia el río y se dio cuenta de que las estrellas se ocultaban por una nube oscura que estaba desarrollando considerablemente. Un relámpago destelló dentro de la nube. Olid consideraba que la lluvia posiblemente le ayudaría en el ataque, enmascarando sus movimientos. También complicaría que los artilleros de Narváez mantuvieran sus mechas encendidas y su pólvora seca. Olid decidió esperar un tiempo más para ver si su escuadrón pudiera beneficiarse de la tormenta.

Cortés se puso muy nervioso. Por las posiciones de las estrellas y la luna, sabía que la medianoche ya había transcurrido. Él y sus hombres estaban esperando en un maizal en las afueras de la ciudad. Las milpas no erar lo suficiente altas para ocultarles completamente. La paciencia de Cortés estaba en su límite. "¿Sería posible que Olid hubiera malinterpretado sus órdenes?" pensó a sí mismo.

Sandoval tenía una vista más amplia. Contempló el desarrollo de la tormenta y adivinó las intenciones de Olid. Sandoval y sus piqueros tenían cobertura adecuada y no había pasado ningún centinela. Narváez ciertamente no había establecido una vigilancia tan estrecha como la hubiera comandado Cortés en una situación similar.

La tormenta surgió rápidamente, como si los cielos hubieran decidido prestar ayuda a Cortés y a sus soldados. El viento azotó los árboles alrededor del escondite de Olid. Grandes gotas de lluvia cayeron sobre los soldados por un momento y luego el agua arreció en torrentes. Un rayo destelló cerca. Olid saltó y dio la señal de ataque. Sus sesenta hombres avanzaron en plena carrera. Estaban encima de los cañones antes de que los centinelas tuvieran oportunidad de levantar la alarma. Unos pocos cañones lograron disparar tan solo una ronda. Estaban apuntados demasiado hacia arriba, ya que los cañoneros esperaban disparar contra un enemigo que se acercaba a distancia. Sólo una bala de cañón infligió bajas a los hombres de Olid. Las otras volaron sobre sus cabezas sin provocar daños. Al instante, Olid estaba entre los cañoneros, tajeando y apuñalando. Los soldados de Olid eran todos hombres probados y endurecidos por la batalla. Los de Narváez, al contrario, eran novatos sin experiencia. Algunos artilleros fueron heridos mientras intentaban recargar sus cañones. Los que desvainaron sus espadas fueron atacados enseguida. Cayeron al suelo, agarrando sus heridas. Los demás se rindieron sin luchar.

Cortés, agachado entre las milpas, oyó el rugido de los cañones. ¡Por fin la señal! Se levantó, exclamando su grito de batalla '¡Espíritu Santo!' Rápidamente, él y sus soldados corrieron a la ciudad y se entrelazaron en un fiero combate con los hombres de Narváez bajo una intensa lluvia. Los soldados que mostraron resistencia fueron atacados sin piedad. Había mucha confusión por la negra oscuridad y el fuerte aguacero. Era difícil distinguir entre aliados y enemigos. Cortés estaba en la vanguardia de los atacantes, dando estocados y apuñalando furiosamente. Un soldado emergió de las sombras y le acercó sigilosamente. Cortés se dio vuelta para confrontarlo. Juan Velázquez de León apenas pudo parar el golpe de Cortés.

"¡Capitán-general!" gritó Velázquez de León, "Soy Juan. ¡Por favor, no me mate!"

"¡Juan!" exclamó Cortés. "No le reconocí. ¿Está solo?"

"Venga conmigo," dijo Velázquez de León. "Varios oficiales desean unirse a sus fuerzas. Están esperando en una casa cerca de aquí."

Velázquez de León guio a Cortés al lugar. Los oficiales ofrecieron sus espadas al capitán-general. "¿Pueden convencer sus hombres para que bajen sus armas?" preguntó Cortés. Los oficiales respondieron que creían que la mayoría de los soldados seguirían su ejemplo. Según las instrucciones de Cortés, los oficiales se desaparecieron en la oscuridad para encontrarse con sus tropas. Poco tiempo después, los combates cesaron en el barrio.

Mientras tanto, Sandoval y sus hombres se acercaron al teocalli, también gritando '¡Espíritu Santo!' Muy pocos guardias de Narváez estaban posicionados para contrarrestar su carga de los campos a la ciudad. Fueron fácilmente superados y Sandoval pronto se puso frente a la alta pirámide, mirando hacia arriba en la lluvia. Un relámpago iluminó brevemente a los centinelas de Narváez, disparando sus ballestas. Una flecha rebotó del casco de Sandoval. No hubo tiempo para demorarse. Sandoval y sus hombres subieron los escalones a toda prisa. Los guardias personales de

Narváez les esperaban en la cima. Como Cortés había previsto, era casi imposible ultimarlos solamente utilizando espadas. Los piqueros comenzaron su trabajo. Uno de los soldados de Narváez recibió una herida en su axila. El punto de la pica salió a través de la parte superior de su hombro. Gritando de dolor, cayó, precipitándose por los escalones del teocalli. Otra lanza entró debajo de la coraza de uno de los guardias y penetró sus entrañas hasta la columna vertebral. También éste cayó, revolcándose por el lado empinado de la pirámide. Narváez no tenía intenciones de ser tomado sin pelear. El viejo general luchó con la furia de un hombre mucho más joven. Cortó dos astiles de las picas pesadas con su espada y mató a uno de los espadachines de Sandoval antes de que otra lanza le diera una herida profunda en la cara. Narváez gritó con dolor y cayó al suelo en agonía, con chorros de sangre brotando de entre sus dedos. Cuando los otros guardias vieron a sus compañeros muertos y a su líder gravemente herido, soltaron sus armas y suplicaron clemencia.

La lluvia dejó de caer y la tormenta se alejaba mientras Cortés y sus capitanes consolidaron sus posiciones. Pequeños grupos de soldados todavía luchaban aquí y allá en la ciudad, pero finalmente todo se calmó.

Los prisioneros fueron conducidos a la plaza central, donde se les obligó a ser desarmados y a quitarse su armadura. Sandoval y sus compañeros encadenaron al comandante Narváez y lo arrastraron por los escalones de la pirámide. Cortés encargó que uno de sus soldados más confiables vigilara exclusivamente al viejo general y matarlo a la primera indicación de resistencia.

Cortés encontró su antigua sede en el complejo del cacique Cicomecóatl. Asignó a algunos de sus hombres a organizar la cámara como la tenía el año anterior, antes de la marcha a Tenochtitlán. Cuando el capitán-general estuvo satisfecho con los arreglos, llamó a Juan Velázquez de León. Juntos discutieron los sucesos por los cuales Velázquez de León persuadió varios oficiales de Narváez a cambiar su lealtad. Siguiendo las recomendaciones de Velázquez de León, Cortés consultó con cada uno de los oficiales. El capitán-general les ofreció la oportunidad de participar en una empresa que les haría más ricos que pudieran ellos imaginar. Les dijo que había mucho trabajo todavía, pero que, si aceptaban luchar bajo su liderazgo, su triunfo estaba prácticamente asegurado. El alba estaba rompiendo cuando terminó sus entrevistas. Satisfecho con las pláticas, Cortés quedó convencido de que todos los prisioneros seguirían el ejemplo de los oficiales que se acaban de rendir.

El sol se había ya alzado sobre los árboles cuando Cortés visitó a su viejo amigo, el cacique gordo Cicomecóatl. Los habitantes de Zempoala estaban asustados por la ferocidad de la batalla entre los téotl y permanecieron escondidos para no involucrarse en la lucha. Cicomecóatl había sido insultado y degradado por Narváez. El cacique gordo se alegró al enterarse de su caída. Después del intercambio de información, Cortés se despidió del cacique y volvió a la plaza central.

Cortés reunió al ejército completo, incluyendo a todas las tropas, las suyas y las de Narváez. El capitán-general montó los escalones del alto teocalli y miró a la multitud abajo.

"¡Soldados de España!" exclamó Cortés, con una voz que resonó a través de la plaza, "una oportunidad sin igual nos espera aquí en esta tierra nueva si tenemos buena disciplina y organización. Si ustedes siguen mi ejemplo, un destino único en la historia del mundo será nuestra. Cada uno de ustedes ganará una fortuna si unimos fuerzas y luchamos juntos por el bien común. ¡Nuestras acciones aquí serán recordadas para siempre!"

Las tropas combinadas gritaban "¡Cortés! ¡Cortés!" Sus gritos resonaban por toda la ciudad.

Cortés ahora comandaba una fuerza de más de mil soldados y casi cien caballos. Había tomado posesión de dieciocho cañones y grandes cantidades de balas y pólvora. Había aumentado su inventario de ballestas y arcabuces considerablemente. El capitán-general se sentía seguro de que nada podía detenerle en su conquista del Imperio azteca. A Cortés, le parecía que la Nueva España estaba destinada a ser aún más grande que la antigua España.

En este momento de su triunfo más espectacular, un jinete llegó de Tenochtitlán con un mensaje urgente. "Para el capitán-general Cortés de parte de Pedro de Alvarado," decía la carta, "los aztecas se han levantado en rebelión. Estamos sitiados en el palacio de Axayácatl. No tenemos comida ni agua. Envíe refuerzos a la vez o todo se perderá."

La Viruela

Uno de los barcos de Narváez llevaba una carga que tendría un efecto profundo en el curso de la conquista de la Nueva España, mucho mayor que todos los hombres, caballos, cañones y otras armas combinadas. Un soldado había sido contagiado de viruela en Cuba poco antes de abordar su nave en la expedición para encontrar y derrotar a Cortés. El soldado no mostró síntomas durante el tránsito de Cuba a Yucatán. Gozó de buena salud hasta que Narváez salió del puerto de Cintla. Entonces el soldado comenzó a sentirse débil. Una fiebre alta acompañada de un punzante dolor de cabeza le atormentó hasta que no pudo aguantar más. Sus brazos y piernas empezaron a temblar. Se arrastró a una escalera y logró bajarse de la cubierta. Encontró un lugar fresco en la bodega de carga entre unas pacas y se acostó con la cabeza apoyada por unos trapos.

Más tarde, el piloto de la nave, que tenía algunas habilidades como sanador, vino a buscarlo. "Fernando, ¿Qué pasa? ¿Por qué has dejado tu estación?" preguntó el piloto. "Date la vuelta y déjame mirarte."

El rostro del soldado estaba rojo de fiebre, con el cuerpo empapado de sudor. Su mirada estaba vacía, su voz muy bajita.

"Muéstrame tu lengua, Fernando," dijo el piloto.

Fernando sacó la lengua. Estaba cubierta de llagas rojas. El piloto se enderezó. "¡Viruela!" exclamó, dando un paso para atrás. Salió a buscar unos marineros para llevar al soldado enfermo a la popa de la nave, donde había menos posibilidades de contaminar a otros. Pusieron una cubilla en una esquina cerca de la barandilla y lo acomodaron allí. El piloto dejo un balde de agua y una taza al alcance de Fernando, aunque éste apenas podía tragar. Durante la noche, el soldado sufrió delirios y gritó en voz alta, dejando a la tripulación sin descanso. Los marineros estaban esperando que su muerte llegara pronto para poder empujar su cuerpo por la borda antes de que algunos de ellos se enfermaron del contagio también. Pero Fernando no murió. Su fiebre disminuyó gradualmente y la hinchazón en su garganta bajó. Manchas brotaban en su cara y luego en sus brazos y piernas. Las ampollas eventualmente cubrieron todo su cuerpo hasta sus manos y pies. No podía descansar porque no importaba en que posición estaba, sufría grandes dolores debido a la presión contra sus llagas. Se volteaba y retorcía, gimiendo todo el tiempo. Unos días más tarde, el barco llegó al puerto de Vera Cruz. Los marineros le ayudaron a Fernando abordar una lancha y lo transportaron a tierra. El calor y la humedad, y las nubes de mosquitos mordedores atormentaron a Fernando. Sin embargo, recuperaba de los efectos de la viruela poco a poco. Sus ampollas convirtieron en costras y las costras luego se cayeron. Finalmente, pudo ponerse de pie y estirar sus extremidades. Fernando llevaría cicatrices en la cara y sobre el cuerpo por el resto de sus días, pero al menos había sobrevivido. La viruela no se había metido en sus ojos, por lo tanto, no quedaría ciego como muchas otras víctimas. En un mes probablemente recuperaría completamente y sería capaz de reanudar sus tareas.

Un poco después de que los barcos de Narváez anclaran en el puerto, los nativos se aparecieron para comerciar con frutas, maíz, verduras y pavos. Mientras Fernando estaba descansando en la sombra de una choza, unos indios le pasaron cerca. Fernando tosió y escupió mientras sus compañeros intercambiaban algunas cuentas de vidrio por un pavo.

Ave Alegre salió de su pequeña palapa una mañana para visitar a su suegra que vivía en un poblado en las colinas, no muy lejos de allí. Llegó alrededor del mediodía, cuando el calor empezaba a intensificarse. Ave Alegre tocó el portal y gritó un saludo.

"Pasa, Ave Alegre," contestó una mujer entrada en años. "Estoy contenta de que hayas venido a visitarme hoy."

"Gracias, Hoja Amarilla," dijo Ave Alegre a su suegra. "Tú hijo Perro de Agua te envía esta cesta de huevos de pavo." Ave Alegre puso la cesta a un lado de la hoguera donde algunas brasas todavía ardían. "¿Dónde está mi suegro?" preguntó.

"Se fue al bosque para piscar cacao," respondió Hoja Amarilla. "Todos los hombres del pueblo se han ido a la cosecha. No volverán hasta el anochecer."

"Eso es desafortunado," dijo Ave Alegre. "Tenía la esperanza de decirle que pronto se convertirá en abuelo."

"¿En verdad?" preguntó la mujer mayor, acariciando el abdomen de su nuera. "Los dioses nos han bendecido."

"Cierto," dijo Ave Alegre. "¿Cuáles son las noticias de la vecindad?"

"¿No has oído?" contestó Hoja Amarilla. "Los téotl han regresado al puerto."

"¿Cómo sabes esto?" preguntó Ave Alegre.

"Uno de nuestros vecinos fue ayer al puerto a pescar," dijo Hoja Amarilla. "Vio las agua-casas de los nube-barcos allí."

"¿Cuántos?" preguntó Ave Alegre.

"Hay dieciocho esta vez," dijo Hoja Amarilla. "El vecino dice que varios de los nubes-barcos son mucho más grandes que los que vinieron el año pasado, los que fueron quemados."

"¿Han llegado téotl a tierra?" preguntó Ave Alegre.

"Sí, muchos," dijo Hoja Amarilla. "Mi vecino dijo que hay más de mil téotl y cien de sus bestias con pezuñas de obsidiana."

"Oí que todos son gigantes con ojos de colores y cabello como pelitos de elote," dijo Ave Alegre, un poco temerosa.

"Nunca he visto un téotl en persona," dijo la mujer mayor, "pero mi vecino dice que se mueven y respiran como gente normal."

"Quisiera saber de dónde vienen," dijo Ave Alegre. "¿Tendrán ciudades en la tierra o viven todos en sus agua-casas?"

"Realmente no lo sé," respondió Hoja Amarilla. "Supongo que dejan sus mujeres y niños en tierra mientras los hombres dirigen sus barcos a costas distantes."

"¿Tendrán tlatoani y caciques como nosotros?" preguntó Ave Alegre. "¿Qué sabes de sus dioses?"

"Adoran a dioses extraños," respondió Hoja Amarilla. "Pienso que sus dioses pueden ser aún más poderosos que los nuestros. De lo contrario, no habrían llegado a nuestro puerto desde sus lejanas tierras a través del Mar del Este."

"¿Cuánto tiempo estarán aquí?" preguntó Ave Alegre.

"Todo el tiempo que ellos quieran," dijo Hoja Amarilla. "Nadie, ni siquiera Cicomecóatl de Zempoala, puede alejarlos."

"¿Comen los mismos alimentos que nosotros?" preguntó Ave Alegre.

"Mi vecino dice que comen todo lo que llega a sus manos," contestó Hoja Amarilla. "He oído que compran bastante comida y pagan con joyas maravillosas. Tal vez mi hijo Perro de Agua pueda comerciar con ellos."

"Hablaré sobre eso con mi esposo," dijo Ave Alegre. "A ver si los extranjeros quieren comprar algunos de nuestros pavos."

Perro de Agua discutió la idea con su hermano que vivía cerca. Decidieron que, a pesar de que los téotl eran extraños e impredecibles, sería posible negociar favorablemente con ellos. Los hermanos tenían muchos pavos, suficientes para sus familias, con algunos sobrantes. Podrían vender varios y dejar unas pavas a empollar. Sus familias podían abastecerse de huevos hasta que la bandada fuera reemplazada. Los hermanos decidieron llevar cuatro pavos cada uno al puerto a la mañana siguiente.

Perro de Agua regresó tarde ese día. Cuando llegó a la palapa que había construido bajo los árboles altos cerca de un pequeño arroyo, mostró a su esposa Ave Alegre las cuentas de vidrio que había recibido de los téotl.

Parecían una fortuna por la forma en que brillaban a la luz del sol. Los colores eran muy inusuales, de rojo y púrpura. Ave Alegre formulaba planes para llevar las cuentas al tianguis en Zempoala. Seguramente podría conseguir ropa de algodón para ella y su marido, y quizás también algunas cosas para el nuevo bebé.

Perro de Agua calculó que pronto tendría más pavos para comerciar con los téotl. Se dio cuenta de que mientras los extranjeros permanecieran en el puerto, continuarían comprando alimentos. Parecía que la venida de los téotl presagiaba cosas buenas para él y su familia. Con el tiempo, Perro de Agua y su esposa podrían comprar una casa en la ciudad y convertirse en mercaderes.

Una trecena más tarde Perro de Agua cayó enfermo. Al principio sintió ardor en la garganta y comezón en los ojos. Su frente estaba caliente al tacto. La fiebre le subió rápidamente. Al anochecer, Perro de Agua ardía como fuego. Gimiendo en agonía, se arrastró hasta el arroyo para sumergirse en las aguas frías. Agarró una raíz de árbol que colgaba de la ribera.

"Ave Alegre," dijo Perro de Agua débilmente, "siento provocarte molestias. Me aliviaré pronto, te prometo. Tengo que cuidar de ti y de nuestro hijo. El agua me enfriará y me recuperaré. Quédate conmigo un poco hasta que me sienta mejor."

Ave Alegre, llorando de miedo y angustia, se arrodilló a su lado en el barro, abrazando la cabeza de su marido para que no se ahogara. Perro de Agua se debilitó más y más durante el transcurso de la noche. Ave Alegre permaneció en el arroyo con él hasta que los primeros rayos del sol comenzaron a colorear el cielo oriental. Perro de Agua comenzó a respirar con mucha dificultad. Con un grito, se convulsionó y se quedó rígido.

Ave Alegre se sintió impotente al ver morir a su marido tan repentinamente. Era un hombre fuerte que nunca se había enfermado. Ave Alegre se tambaleaba con lágrimas en su rostro hasta llegar a la palapa. Se tiró sobre su petatl y lloró a solas por mucho tiempo.

Más tarde, Ave Alegre se levantó y fue a buscar a su cuñado para que le ayudarla a sacar el cuerpo de su marido del arroyo. El hermano de Perro de Agua también se encontró enfermo, y estaba demasiado débil para levantarse de su petatl. Ave Alegre imploró a su concuña que le ayudara a recoger a Perro de Agua. Juntas, lo sacaron del arroyo. Abrieron una tumba para él en un lugar donde las raíces de los árboles no estorbaban su excavación. Dos días después, excavaron otra tumba para el hermano de Perro de Agua. Enseguida Ave Alegre se enfermó. La viruela mató rápidamente al bebé en su vientre y Ave Alegre murió en agonía poco tiempo después. No había nadie para enterrarla. Se quedó sola, pudriéndose en la pequeña palapa mientras los pavos vagaban desatendidos bajo los árboles.

En las cercanías de Zempoala había muchos huertos frutales. El terreno era uniforme y fértil. Agua fluía abundantemente para regar los árboles de papaya, guayaba, sapote y aguacate, cuales produjeron frutas en abundancia. Muchos indios trabajaban en los huertos, cuidando los árboles y cosechando las frutas. Los mercaderes compraban frutas de los productores para revenderlas en la ciudad. Las frutas se envolvían en hojas y eran cuidadosamente empacadas en grandes cestas de mimbre que los tamemes llevaban a los mercados. Hubo tránsito constante de tamemes entre la ciudad y la costa según las frutas de temporada en ese momento. Siempre había sido así.

Una mujer que vendía frutas en el mercado de Zempoala trató de calmar a su niña. Le dio al bebé su pecho para amamantar. La niñita se aferró ansiosamente al pezón y trató de chupar, pero la leche volvía a subir por sus narices. La niña soltó el pezón, llorando y tosiendo. Todo el día, su mamá atendió a sus clientes mientras trataba de calmar a su pobre bebé febril. La tos de la niña se hizo más profunda hasta que lo único que podía hacer era llorar y toser. Los temores de la madre se convirtieron en una triste realidad un día después cuando aparecieron manchas en la cara de su bebé. Los gritos frenéticos de la niña se volvieron más débiles en cuanto su fiebre aumentó. Un espasmo sacudió su pequeño cuerpo en medio de la noche y se murió.

Ni una sola casa en Zempoala quedó libre de la peste. Incluso el cacique Cicomecóatl perdió a varios de sus nietos. Todos los trabajadores de la ciudad fueron enviados a excavar tumbas hasta que muchos de ellos también se enfermaron. Entonces los guerreros se pusieron a llevar los cadáveres de la ciudad a un lugar donde eran arrojados sin ceremonia por una ladera. Los buitres circulaban constantemente. La plaga provocó estragos todo el verano y sólo disminuyó cuando el clima se volvió fresco con el invierno.

La devastación de la plaga siguió las rutas comerciales hacia Tepeaca y Cholula. La enfermedad arrasó todas las provincias como un incendio forestal en las colinas. Ningún remedio era eficaz para controlar la pestilencia. Ni hierbas, ni sacrificios, ni oraciones, o incienso aplacaban la enfermedad. Todos aquellos que se enfermaron murieron horriblemente con llagas ardientes dentro de sus cuerpos y ampollas cubriendo sus pieles. Los bebés murieron primero, gritando de dolor. Enseguida los niños pequeños comenzaron a fallecer, uno tras otro, mientras sus padres observaban impotentes. Las personas mayores que se enfermaron murieron rápidamente, ya que carecían de fuerzas para combatir la peste. Cuando la viruela llegó a algunas aldeas, fue tan virulenta que todas las personas en la ciudad murieron en pocos días. Un viajero que entraba al pueblo se topaba con cadáveres de hombres, mujeres y niños pudriéndose donde cayeron. Los animales en jaulas murieron por la falta de comida y agua. Los campos se quedaron desatendidos mientras las cosechas se marchitaron. El hedor de la muerte invadía todo el país. Sólo unas pocas ciudades en lo alto de las montañas se salvaron de la pestilencia.

Finalmente, la plaga llegó al valle de Anáhuac. Durante varias trecenas, los capataces aztecas habían recibido amatl de los altépetl del imperio notificándoles que el tributo del Emperador se retrasaría debido a la enfermedad. Simplemente no había suficientes trabajadores sanos para la cosecha. Los capataces estaban preocupados por la hambruna que vendría a ciudades como Tenochtitlán y Texcoco si la cosecha no comenzaba pronto. No entendían aún que el hambre sería el menor de sus problemas.

El Ascenso de los Mexicas

La noche cayó sobre Coyoacán. El último de los sacrificios había sido arrastrado al canal para ser trasladado a la Isla de los Huesos. Los barrenderos y recolectores de basura habían completado sus labores. Los habitantes de la ciudad estaban reunidos en sus casas, dejando las plazas vacías. Las estrellas brillaban en lo alto de los cielos. Fuegos sagrados ardían encima de los teocallis, atendidos por los tlamacazquis.

Las antorchas en el palacio de Cuauhtémoc ardían con luz baja. Dos guerreros atentos paraban en guardia junto a los portales del complejo. Todo lo demás permanecía en silencio.

Una figura solitaria en un tilmatli oscuro avanzaba a lo largo del camino que venía desde el sur. El hombre era alto y robusto. Se dirigió directamente a la plaza central de Coyoacán y continuó al palacio de Cuauhtémoc, donde fue confrontado por los guardias. "Soy Cuitláhuac, tlatoani de Iztapalapa," dijo el hombre, quitando su tilmatli. "He venido a hablar con mi sobrino sobre un asunto de gran importancia."

"Espere aquí, señor," dijo uno de los guardias. "Permítame ver si Cuauhtémoc puede recibirle tan tarde."

"Tiene que hacerlo," dijo el hombre mayor. "Es de suma urgencia."

El guerrero fue a la recamara de Cuauhtémoc y llamó a su comandante.

"¿De qué se trata?" preguntó Cuauhtémoc con sueño.

El guerrero apartó la cortina. "Su tío Cuitláhuac, hermano del Emperador, desea hablar con usted," dijo el guardia. "Está esperando en la antesala."

Cuauhtémoc se vistió a toda prisa y siguió al centinela por un largo pasillo iluminado por la luz de la antorcha.

"¿A qué debo el honor de recibirle en Coyoacán aún antes de que Tonatiuh arrojara su luz sobre la tierra, querido tío?" preguntó Cuauhtémoc, abrazando al hombre mayor. "¿Dónde están sus sirvientes?"

"He venido solo," contestó Cuitláhuac. "Tengo graves noticias. El Emperador ha sido capturado por los téotl. Lo tomaron prisionero y lo llevaron al palacio de Axayácatl."

Cuauhtémoc tomó la antorcha y despidió al guardia. "¿Cómo sucedió esto?" preguntó a su tío.

"Malintzin y algunos de sus téotl simplemente se marcharon al Salón de los Ancestros y obligaron a Moctezuma a irse con ellos," dijo el hombre mayor.

"¿Cómo se enteró de esto, tío?" preguntó Cuauhtémoc.

"Esta tarde, fui al palacio imperial para atender al Emperador, como lo hago a diario," respondió Cuitláhuac. "Cuando llegué, encontré a dos mercaderes pochtecatl que habían sido convocados a una audiencia. Me relataron lo que habían visto. Unos momentos más tarde, el téotl Aguilar llegó y me condujo al palacio de Axayácatl, donde Moctezuma está detenido."

"Tenemos que devolver el Emperador a su propia residencia sin demora," insistió Cuauhtémoc.

"No sé cómo podríamos hacer eso," respondió el hombre mayor, "sin poner en peligro la vida de Moctezuma. Si mi hermano resulta herido en el intento, seremos los culpables."

"No puedo quedarme de brazos cruzados mientras los téotl tienen en su poder a nuestro Tlatoani Supremo," dijo Cuauhtémoc con firmeza.

"Estoy de acuerdo," dijo Cuitláhuac. "Hay que consultar con nuestro pariente Tetlepanquetzal. Como tlatoani de Tlacopan y miembro mayor de la Triple Alianza, es recomendable que él sea informado antes de tomar cualquier acción."

Todavía era de noche cuando los dos salieron de Coyoacán acompañados por los guardias personales de Cuauhtémoc. Llegaron a Tlacopan justo cuando el primer resplandor del amanecer descubría las siluetas de las montañas hacia el este. Los fuegos sagrados en las cimas de los teocallis de la capital brillaban en el aire brumoso de la mañana.

Tetlepanquetzal recibió a sus familiares con gran hospitalidad y los invitó a compartir su desayuno. "Tenemos que hablar en privado sobre un asunto de mucha urgencia," dijo Cuitláhuac, tío de los dos tlatoanis jóvenes. "No hay tiempo para comer."

Tetlepanquetzal despidió a sus sirvientes. Después de que los esclavos se hubiesen retirado, Cuitláhuac continuó. "El Emperador ha sido apresado por los téotl," dijo.

"Mis informantes me dicen que Moctezuma se fue con ellos voluntariamente," respondió Tetlepanquetzal.

"No lo creo," dijo Cuitláhuac. "Es una de las mentiras de Malintzin. Está manipulando al Emperador para difundir sus falsedades."

"Malintzin tiene intenciones de utilizar al Emperador para esclavizar a todo nuestro pueblo," agregó Cuauhtémoc.

"¿Ustedes han visto al Emperador?" preguntó Tetlepanquetzal.

"Lo vi ayer en el palacio de Axayácatl," respondió Cuitláhuac. "Está detenido en una de las habitaciones centrales como un animal enjaulado. Hay soldados españoles en las puertas en lugar de sus leales guerreros águila."

"¿Por qué han comportado así los téotl?" preguntó Tetlepanquetzal, todavía perplejo.

"Malintzin cree que el Emperador autorizó al tlacatecatl Quauhpopca de Tzinpantzinco a atacar sus instalaciones en la costa," explicó Cuitláhuac.

"Vamos al Salón de los Ancestros en Tenochtitlán," respondió Tetlepanquetzal. "Necesitamos más información antes de tomar cualquier acción arriesgada."

"Es peligroso para nosotros entrar al centro de la capital," observó Cuitláhuac. "Si Malintzin obliga al Emperador a castigarnos, podríamos ser capturados y entregados a las manos de los téotl."

"Tenemos que pasar por las puertas de la calzada," dijo Tetlepanquetzal. "Los guardias allí están bajo mi mando directo. Ellos nos acompañarán. También traeré a mis guardias del palacio. Además, mi primo Cuauhtémoc tiene sus guerreros personales. Estos bastarán para nuestra protección, opino yo."

Tetlepanquetzal se vistió en su atuendo ceremonial con un penacho de plumas de quetzal. Una silla de manos fue llevada a la entrada del palacio, donde el tlatoani de Tlacopan procedió a sentarse.

En las puertas de la calzada, Tetlepanquetzal instruyó a los guardias a preceder su silla, ya que el camino estaba repleto de personas atendiendo sus negocios en la ciudad. La procesión avanzó, pasando el mercado de Tlatelolco y el Coatepec Teocalli. Tetlepanquetzal y su séquito entraron a la gran plaza en el centro del Imperio azteca. El tlatoani de Tlacopan instruyó a sus portadores para que llevasen su silla por los perímetros de la plaza para evitar la mirada de los téotl que se ubicaban al lado contrario en su recinto.

La procesión llegó a las puertas del palacio de Moctezuma sin ser detectada. Tetlepanquetzal desmontó y sus parientes Cuitláhuac y Cuauhtémoc se quitaron sus tilmatli. Tetlepanquetzal preguntó a los guardias jaguar en el portal, "¿Dónde está el Emperador?"

"Ha abandonado el palacio," respondió el comandante de la guardia. "No sabemos a dónde se ha ido."

"Creo que sí lo saben," dijo Tetlepanquetzal. "Ustedes dejaron que los téotl se llevaran a nuestro Tlatoani Supremo."

"El Emperador se fue por voluntad propia," respondió el jefe de guardia. "No recibimos órdenes de intervenir."

"¡Desarmen a este cobarde!" exclamó Tetlepanquetzal. "Su insubordinación no puede ser tolerada."

"Ustedes no tienen autoridad sobre mí," dijo el guardia jaguar, levantando su macuahuitl. "No seré desarmado sin lucha."

Cuauhtémoc tomó un macuahuitl de uno de sus guardias personales. El joven tlatoani se cerró sigilosamente contra el guerrero jaguar. Cuando se acercó, el guardia jaguar le arremetió, tajeando salvajemente a la cabeza de Cuauhtémoc. Cuauhtémoc se agachó, se retorció y giró, golpeando tremendamente el cuello del guardia jaguar, casi cercenando su cabeza de su cuerpo. El guardia cayó, derramando sangre sobre los adoquines. Cuando vieron a su jefe muerto, los otros guardias jaguar soltaron sus armas y se arrodillaron, frentes al suelo.

"Átenlos," ordenó Tetlepanquetzal, "y tráiganlos como prisioneros. Mis propios guerreros tomarán sus puestos. Ellos no permitirán la entrada de nadie al menos que hayan recibido mis órdenes directas."

Tetlepanquetzal pasó por el largo corredor que conducía al Salón de los Ancestros, seguido por sus familiares y guardias. La cámara estaba vacía. Los braseros de bronce aún no se habían encendido. Tampoco había flores frescas en los floreros. La silla de oro y ébano en la plataforma estaba desocupada.

"Usted debe tomar el asiento del Emperador, tío," dijo Tetlepanquetzal a Cuitláhuac.

"No puedo hacer eso mientras mi hermano esté todavía vivo," dijo Cuitláhuac. "Estamos obligados a devolver a Moctezuma su sede legítima."

"Alguien tiene que administrar las leyes," dijo Cuauhtémoc. "La nación azteca necesita un Tlatoani Supremo. ¿Por qué no convocamos el Concilio de la Triple Alianza para dejar que ellos decidan?"

"Los tlatoanis tardarán varios días en viajar a la capital," intervino Tetlepanquetzal. "No es posible comenzar las deliberaciones hasta que todos estén presentes."

"Entonces fijemos una fecha y enviemos mensajeros con los citatorios," declaró Cuitláhuac, hermano del Emperador. "Nosotros tres gobernaremos desde este palacio mientras tanto."

"¿Tendremos el apoyo de los Mexicas?" preguntó Tetlepanquetzal. "Nuestros decretos tendrán poco efecto sin la aprobación del gran tlacatecatl Chihuacóatl."

"Iré como emisario personal para invitar al tlacatecatl Chihuacóatl a reunirse con nosotros," ofreció Cuitláhuac, "mientras ustedes atienden los detalles de la convocatoria del Concilio."

Más tarde, Cuitláhuac regresó al Salón de los Ancestros acompañado por el gran tlacatecatl Chihuacóatl. Tetlepanquetzal estaba dictando la última de las invocaciones a un escriba cuando entraron. Este amatl era destinado al tlatoani de Oaxtepec, la más distante de las ciudades del Concilio de la Triple Alianza.

Tetlepanquetzal despidió al escriba y se levantó para saludar al viejo guerrero. "Queremos consultar con usted sobre los acontecimientos de ayer y el secuestro de nuestro Emperador," dijo.

"Un incidente muy lamentable, señores míos," respondió Chihuacóatl. "Les aseguro que no habría permitido algo así si estuviera yo presente en el palacio."

"Estos tres guerreros jaguares estaban encargados de la puerta principal y no hicieron nada cuando los téotl se apoderaron del Emperador," dijo Tetlepanquetzal, señalando a los guardias arrodillados y atados. "¿Qué va a pasar con ellos?"

"Deben ser ofrecidos como sacrificios a Huitzilopochtli para pagar por sus omisiones," dijo Chihuacóatl. "Yo mismo los llevaré al Coatepec Teocalli para entregarles a los tlamacazquis."

"Ahora vamos a abordar los asuntos urgentes que tenemos a mano," dijo Tetlepanquetzal. "Creemos que los téotl tienen intenciones de usar a Moctezuma para gobernar el Imperio a su favor."

"Estoy comprometido por un juramento de sangre a llevar a cabo las órdenes del legítimo Supremo Tlatoani en todas las circunstancias," dijo Chihuacóatl. "Mientras el Emperador viva, no tengo otra opción al que obedecer sus instrucciones."

"¿Y los Mexicas?" insistió Tetlepanquetzal.

"Los defensores del Imperio lucharían contra los téotl si el Emperador así lo mandase," dijo el guerrero viejo. "Sólo esperamos la orden directa de nuestro Tlatoani Supremo."

"¿Y si no dijera nada?" preguntó Tetlepanquetzal.

"No podríamos hacer nada," respondió Chihuacóatl con seriedad.

"Gracias por venir," dijo Tetlepanquetzal, despidiendo al gran tlacatecatl. "Quiten estos falsos guardias jaguar de nuestra presencia."

Chihuacóatl y su escolta de guerreros águila partieron del Salón de los Ancestros, arrastrando a los prisioneros con ellos.

"Permítanme organizar una incursión al palacio de Axayácatl para rescatar a nuestro Emperador," dijo el impulsivo Cuauhtémoc cuando el gran tlacatecatl Chihuacóatl se había retirado.

"Nos arriesgaríamos a una guerra civil con Chihuacóatl y los Mexicas," respondió Cuitláhuac. "Malintzin y sus téotl se pondrían muy contentos si nos vean luchando entre nosotros mismos." Los tres líderes decidieron que sólo podían esperar y observar hasta que la situación cambiara.

El Concilio de la Triple Alianza se reunió en el Salón de los Ancestros unos días más tarde. Sin embargo, sus miembros no pudieron acordar como atacar a los téotl o intentar rescatar al Emperador. Todos estaban intimidados por el increíble poder de los demonios extranjeros y ninguno deseaba asumir la responsabilidad en caso de que algo le sucediera al Emperador. El consejo fue despedido sin tomar ninguna resolución y los tlatoanis partieron de regreso a sus propias ciudades.

Cuando Cacamatzin, el tlatoani de Texcoco, estaba abordando una canoa para regresar a su hogar en la otra orilla del lago, fue aprehendido por varios téotl y llevado por la fuerza al palacio de Axayácatl. Los extranjeros metieron a Cacamatzin en una celda en la parte posterior del complejo donde fue vigilado día y noche por soldados españoles.

Cuitláhuac recibió noticia del secuestro de Cacamatzin, uno de los grandes tlatoanis de la Triple Alianza, poco después. Despachó corredores águila para conducir sus sobrinos al palacio imperial.

"Creo que Cacamatzin se encuentra prisionero en el mismo lugar donde los rehenes de Cholula están confinados," dijo Cuitláhuac a los dos.

"¿Con que motivo hicieron eso los téotl?" preguntó Cuauhtémoc.

"Se enojaron porque Cacamatzin se negó a entregarles más oro," respondió Cuitláhuac.

"¿Qué no tienen todavía suficiente oro?" preguntó Tetlepanquetzal. "¿Por qué siempre exigen más?"

"Es una obsesión para ellos," dijo Cuitláhuac. "No se detendrán hasta que nos lo hayan quitado todo."

"Si no nos unimos, todos compartiremos el mismo destino que Cacamatzin. Los téotl nos van a raptar uno por uno hasta que no quede nadie para oponerlos," observó Tetlepanquetzal.

"Tenemos que estar atentos y mantenernos fuera del alcance de estos demonios," dijo Cuauhtémoc.

Cuitláhuac, Tetlepanquetzal y Cuauhtémoc iniciaron con los preparativos para la guerra y posicionaron tropas leales en Iztapalapa, Coyoacán y Tlacopan, esperando la oportunidad de rescatar a Cacamatzin y a Moctezuma. Esperaron varias trecenas sin descubrir ningún punto débil en las defensas de los invasores.

Luego, Cuitláhuac se enteró de la llegada de más nube-barcos en la costa del Mar del Este. Unos días después, supo que Malintzin estaba preparándose para partir de Tenochtitlán con camino a Tlaxcala. Citó a su sobrino Cuauhtémoc para discutir la situación.

"¿Qué es lo que provoca que Malintzin abandone la capital?" preguntó Cuauhtémoc.

"Tiene algo que ver con los nuevos téotl en la costa," explicó Cuitláhuac. "No se precisamente por qué."

"¿Van a salir todos los demonios de Tenochtitlán?" preguntó Cuauhtémoc. "¿Tendremos paz por fin?"

"Parece que Malintzin tiene intenciones de dejar a Alvarado Tonatiuh aquí para gobernar en su ausencia," respondió Cuitláhuac. "A mí, se me hace que Malintzin tiene planes de regresar a Tenochtitlán algún día."

Cuitláhuac, Tetlepanquetzal y Cuauhtémoc observaron la salida de Malintzin y sus téotl desde el techo del palacio de Moctezuma.

"¿Cuántos téotl quedan todavía en Tenochtitlán?" preguntó Tetlepanquetzal después de que el ejército español había retirado.

"Cien téotl y varios cientos de auxiliares tlaxcaltecas," respondió Cuitláhuac.

"Puedo acabar con ellos fácilmente con mis leales guerreros," reflexionó Cuauhtémoc. "Tal vez ésta sería la mejor oportunidad para recuperar nuestra dignidad."

"He visto lo que está sucediendo y me arde el corazón ver el orgullo de nuestro pueblo pisoteado en el polvo bajo los pies de estos extraños," dijo Tetlepanquetzal. "Hay que aniquilarlos a todos."

El viejo Cuitláhuac recomendó precaución. "Me gustaría saber más sobre estos téotl recién llegados en la costa," dijo, "y sobre cómo recibirán a Malintzin y a sus soldados."

"Espero que se maten unos a los otros," dijo Tetlepanquetzal. "Entonces podemos eliminar a los téotl que ocupan el palacio de Axayácatl con facilidad. Al menos deberíamos posicionar a nuestros guerreros en preparación para un asalto."

"Mis guerreros ya están reunidos en las afueras de Coyoacán," agregó Cuauhtémoc. "Están ansiosos por vengarse en los invasores. Si lanzamos la orden, responderán enseguida."

"Aún no es tiempo de atacar," dijo Cuitláhuac. "Manténganse alertas con sus armas listas."

Había llegado la primavera cuando todo esto sucedió. Los habitantes del valle del Anáhuac esperaban la temporada de las lluvias. El bienestar de toda la población dependía de tener agua suficiente para los cultivos de maíz. Lluvias abundantes requerían sacrificios adecuados. Los tlamacazquis ya habían determinado el momento de la fiesta de Etzalqualiztli, cuando los ciudadanos del Imperio acudían a Tenochtitlán para presenciar las procesiones de filas de niños destinados para ser sacrificados a Tláloc, el antiguo dios de la lluvia.

El segundo día de Etzalqualiztli, una larga procesión de bailadores águila en compañía de un grupo de niños destinados para ser sacrificado cruzaron la gran plaza en camino hacia al recinto sagrado. De repente, varios téotl emergieron del palacio de Axayácatl y comenzaron a matar a los bailadores en un violento frenesí. Los ciudadanos asustados trataron de huir, pisoteándose unos a los otros. Los téotl persiguieron a los bailadores hasta los límites del recinto sagrado, liderados por el impulsivo Alvarado Tonatiuh en la vanguardia.

Cuitláhuac, Tetlepanquetzal y Cuauhtémoc estaban cenando en el palacio imperial cuando oyeron la gritería en la gran plaza.

"¿Qué pasa afuera?" preguntó Tetlepanquetzal.

"Vamos a la azotea para averiguar," surgió Cuauhtémoc.

Allí, los líderes de la nación azteca contemplaron una escena de horror y confusión. Vieron a multitudes de personas empujándose y atropellándose, todos poseídos por el pánico. En medio de la muchedumbre, los téotl blandían furiosamente sus espadas de metal, partiendo carne y huesos.

"Mira, tío," dijo Cuauhtémoc. "Los téotl están matando a nuestra gente delante de nuestros propios ojos."

"No es posible soportar tal traición," dijo Cuitláhuac. "Hay que poner fin a estas afrentas."

"Me encargaré de esto," declaró Cuauhtémoc, el joven guerrero.

Cuauhtémoc recogió su macuahuitl y convocó a sus guardias personales. Salieron del palacio a toda carrera. Cuauhtémoc y sus guardias alcanzaron a los invasores frente al Muro de las Serpientes que rodeaba el recinto sagrado. Allí, encontraron a la gente común de la ciudad luchando contra los téotl con uñas y dientes para proteger el santuario de los dioses. Cuauhtémoc y sus guerreros entraron en la pelea, tajeando macuahuitls. Varios españoles fueron cortados a pedazos frente a las víbora puertas del recinto sagrado, otros más fueron gravemente heridos. Cuauhtémoc trató de enfrentarse a Alvarado Tonatiuh, líder de los téotl, para luchar mano a mano con él. Sin embargo, el comandante extranjero logró reunir sus soldados. Juntos, huyeron a la seguridad de sus fortificaciones.

Los téotl corrieron a toda prisa hasta las puertas del palacio de Axayácatl, perseguidos por los furiosos aztecas. Alvarado gritó a los artilleros que estaban en el muro que dispararan sus tepuzques. Los cañones rugieron. Las balas volaron a través de la multitud de ciudadanos indignos, dejando muchos muertos.

Cuauhtémoc se vio obligado a retirarse con sus guerreros frente a las abrumadoras armas de los demonios españoles. El joven líder regresó al palacio de Moctezuma al otro lado de la plaza con sus guerreros, fuera del alcance de los tepuzques. Tetlepanquetzal y Cuitláhuac estaban esperándole allí. Los tres líderes discutieron la situación.

"Logramos defender a nuestros dioses," explicó Cuauhtémoc. "Matábamos bastante téotl y tomamos algunos otros vivos para ser sacrificados. Perseguimos a los téotl a sus fortificaciones, pero tuvimos que retirarnos cuando comenzaron a descargar sus tepuzques."

"El único remedio que nos queda es aislar a los demonios en el palacio de Axayácatl," observó Tetlepanquetzal. "No debemos permitirles salir de la ciudad, ni dejar que obtengan alimento. Que se sometan o que se mueran de hambre. Hay que estacionar a nuestros guerreros más confiables alrededor de sus fortificaciones para asegurar que nadie salga ni entre."

"Yo instruiré a Xipil, jefe de los obreros cívicos, a cortar su suministro de agua potable también para que sufran de sed," añadió Cuitláhuac.

Se produjo un tenso enfrentamiento. En varias ocasiones, los guerreros aztecas intentaron abrir las paredes del recinto de los españoles, pero fueron rechazados una y otra vez. Los téotl enviaron a sus esclavas mayas al mercado con la esperanza de obtener algo de comida. Estas fueron hechas prisioneras por los aztecas y llevadas para ser sacrificado. Parecía que la estrategia de privar a los invasores podría llegar a una conclusión exitosa.

Tres trecenas después, un corredor llegó al palacio de Moctezuma con noticias de Zempoala. Cuitláhuac mostró el amatl a sus sobrinos Tetlepanquetzal y Cuauhtémoc. "Ha transcurrido conflicto entre Malintzin y los otros téotl recién llegados," dijo el hermano del Emperador. "Malintzin tenía la victoria."

"¿Se quedará en Zempoala?" preguntó Tetlepanquetzal.

"Probablemente no," dijo Cuitláhuac. "Creo que eventualmente intentará reunir sus fuerzas con Alvarado Tonatiuh aquí en la capital."

"¿Dónde están los téotl de Malintzin ahora?" preguntó Cuauhtémoc.

"Malintzin está marchando en dirección a Tlaxcala con muchos refuerzos," respondió Cuitláhuac.

Los tres líderes de la nación azteca siguieron por medio de sus espías el progreso de Malintzin a la ciudad de Tlaxcala con sus nuevas tropas. Una trecena más tarde, Malintzin los condujo afuera de las montañas hacia el valle de Anáhuac. Entraban en la ciudad de Texcoco y continuaron en dirección de Iztapalapa.

"Vamos a permitir que Malintzin se una con Alvarado Tonatiuh," Cuitláhuac dijo a sus sobrinos en el palacio imperial de Tenochtitlán. "Entonces podemos traer a todos nuestros guerreros a la ciudad y estacionar nuestras canoas de guerra en los canales cercanos, aislando los demonios dentro de sus fortificaciones. De esa manera, podremos mantener los téotl encerrados hasta que todos se mueran."

Mensajeros llegaron al palacio imperial uno tras otro, informando a los tlatoanis de los aztecas sobre el avance de Malintzin a Iztapalapa. El ejército español entró la ciudad por la tardecer y continuó por la larga calzada hasta llegar al palacio de Axayácatl en la capital ya de noche.

Al día siguiente de su regreso, una gran fuerza de téotl intentaba abrir una ruta de escape por la calzada de Tlacopan. Sin embargo, los aztecas estaban preparados para ellos. Los obreros cívicos habían retirado los puentes levadizos y desmantelaron parte del pavimiento, dejando a los téotl atrapados y vulnerables. De repente, los invasores se encontraron bajo un tremendo asalto de flechas y lanzas, disparados por guerreros en canoas. Los españoles voltearon y huyeron a sus fortificaciones, abandonando sus muertos en la calzada. Un día después, el propio Malintzin condujo una fuerza aún mayor para intentar a tomar la calzada que conducía a Iztapalapa. Esta vez el ejército téotl ni siquiera llegó al primer puente levadizo. Malintzin y sus hombres fueron repelidos de la calzada y obligados a regresar al palacio de Axayácatl, dejando a dos de sus tepuzques atrás.

Hubo motivo de celebración esa noche en el palacio de Moctezuma, donde Cuitláhuac, Cuauhtémoc y Tetlepanquetzal se sentaron a cenar.

"¡Hemos triunfado sobre los demonios!" dijo Cuauhtémoc, sonriendo ampliamente. "No nos van a escapar esta vez."

"Tú y tus guerreros han luchado valientemente hoy, sobrino," dijo Cuitláhuac. "La nación azteca está muy agradecida a ustedes."

"Los guerreros de Tlacopan también fueron fundamentales en nuestra victoria," dijo Cuauhtémoc, dando un abrazo a su primo Tetlepanquetzal.

"Hoy, muchos guerreros valientes entregaron sus vidas en defensa de nuestra patria," respondió Tetlepanquetzal. "Me gustaría compartir tu alegría, pero sólo puedo pensar en los luchadores que he conocido desde la infancia y que ahora se han ido para siempre."

"Esto es cierto," reflexionó Cuitláhuac. "No podemos olvidar a los valientes guerreros, pero por hoy debemos celebrar nuestra victoria. Los augurios para el futuro son favorables."

"La derrota y la muerte de los téotl," dijo el joven líder Cuauhtémoc. "A mí, me parece inevitable ahora."

Después de la cena, se retiraron a bañar y a descansar. Cuitláhuac todavía estaba dormido cuando el fuerte estallido de los tepuzques de los extranjeros le despertó. Se levantó a toda prisa y se vistió. En el largo pasillo que conducía a los portales del palacio, encontró a sus sobrinos Cuauhtémoc y Tetlepanquetzal, quienes también habían sido sorprendidos en su sueño por el estruendo. Llegaron a la puerta de entrada justo cuando un guerrero águila llegó con un informe.

"Malintzin y los téotl han invadido el recinto sagrado," reportó el guerrero. "Salieron de sus fortificaciones inesperadamente mientras concluía el primer sacrificio de la mañana. Intentamos resistirlos, pero eran muchos y nos dominaron con sus superiores armas. Mataron a todos los tlamacazquis del Coatepec Teocalli y destruyeron las imágenes de Huitzilopochtli y Tláloc."

Hubo un momento de silencio. Los tres jefes quedaron atónitos. "¿Dónde están los invasores ahora?" preguntó Cuitláhuac por fin.

"Han regresado al palacio de Axayácatl," respondió el guerrero. "Tratemos de aprehenderlos, pero no era posible."

Cuitláhuac, Cuauhtémoc y Tetlepanquetzal fueron inmediatamente al Coatepec Teocalli para verificar la destrucción. Gritaron con rabia a ver los fragmentos de sus ídolos esparcidos en la base de la gran pirámide. Había varios guerreros aztecas muertos, tirados sobre los escalones. Los tres jefes subieron a inspeccionar los templos de los dioses que todavía estaban envueltos en llamas.

Chihuacóatl, gran tlacatecatl de los Mexicas, se reunió con ellos en la cumbre poco después. "Invoco la venganza de los dioses," exclamó el viejo guerrero al contemplar la destrucción. "Todos los extranjeros tienen que morir."

"¿Se unirá a nosotros ahora en nuestra lucha contra estos intrusos?" le preguntó Cuitláhuac. "¿O todavía está esperando permiso de Moctezuma, cautivo por ellos?"

Profundos surcos de dolor y preocupación cruzaron la cara del anciano Chihuacóatl. Justo en ese momento otra descarga de tepuzque resonó por toda la ciudad. "Todos tienen que morir," repitió el gran tlacatecatl. "Juro por la vida de los guerreros Mexicas en contra de los demonios. Vamos a derrotarles, pase lo que pase."

Malintzin y los téotl hicieron otro intento más de huir de la ciudad a través de la larga y estrecha calzada a Tepeyacac en la orilla norte del lago de Texcoco. Esta vez Malintzin resultó herido y huyó a sus fortificaciones goteando sangre.

Los tres líderes de la nación azteca no se sorprendieron cuando un espía entre los sirvientes de Moctezuma se les acercó con la noticia de que

Malintzin iba a obligar al Emperador a dirigirse a los ciudadanos de Tenochtitlán, instruyéndoles bajar sus armas para solicitar una tregua con los téotl.

"Mi hermano ya ha mostrado ser débil ante nuestros enemigos. Él sirve a Malintzin, no a la nación azteca," observó Cuitláhuac. "Ya no es apto para actuar como Tlatoani Supremo."

"No debemos permitir que Moctezuma nos divida aún más," afirmó Cuauhtémoc. "Algunos de los Mexicas obedecerán al Emperador por respeto a él y a sus antepasados."

"Estamos a punto de triunfar sobre los téotl. Es clave que mantengamos nuestra unidad. Cualquier distracción sólo impedirá el logro de nuestros objetivos," añadió Tetlepanquetzal.

"Voy a silenciar al miserable traidor," exclamó Cuauhtémoc. El joven guerrero salió del palacio con intenciones de poner fin a la vida de su tío Moctezuma.

El Palacio de Axayácatl

Pedro de Alvarado tenía los presentimientos de un soldado de guerra acerca de los movimientos y maquinaciones del enemigo, incluso cuando éstos no eran claramente evidentes. Algo intangible molestaba a Alvarado. Los indios que pasaban frente al palacio de Axayácatl mostraban expresiones siniestras de conocimientos secretos e intenciones maliciosas. Alvarado jamás admitiría tener miedo. De hecho, no tenía miedo en la batalla contra quien sea y no le importaba cuantos fueran. Para Alvarado, el combate físico era estimulante y se alegró al dar muerte a sus enemigos, entre más enemigos mejor. Pero permanecer ocioso en una fortaleza rodeada por un mar de nativos hostiles le provocaba cierta ansiedad.

El capitán pelirrojo recorrió sin descanso los perímetros del palacio de Axayácatl. El cuartel estaba casi desocupado. El capitán-general Cortés había llevado más de la mitad de los hombres y casi todos los caballos a la costa para enfrentar a Narváez. Alvarado se quedó en Tenochtitlán con una guarnición lamentablemente inadecuada de soldados enfermos y lisiados para mantener control de las fortificaciones. No sólo eso, él tenía la responsabilidad de custodiar al Emperador Moctezuma y a los otros prisioneros. Por lo menos, el capitán-general Cortés lo había dejado con suficientes cañones, arcabuces y ballestas para intimidar a los salvajes.

Alvarado se detuvo en sus rondas por un momento en el balcón orientado hacia la gran plaza central del distrito imperial. Contempló el destino de Cortés y de los otros soldados. Cualquier otra persona aparte de Cortés seguramente habría encontrado su derrota y muerte al salir al combate con Narváez con una fuerza tan pequeña. Alvarado esperaba constantemente recibir un mensaje del capitán-general con los detalles de su campaña. La falta de noticias de la costa le pesaba más que cualquier otra cosa.

El capitán pelirrojo continuó patrullando hasta que llegó a una esquina del techo del palacio. En ese momento, un enorme tambor en la cima de la gran pirámide dedicado al dios azteca de la guerra empezó a retumbar ominosamente. Alvarado había visto este tambor en días anteriores. Había sido tallado de un tronco de un gigante árbol. Estaba hueco por dentro con un bulto en medio. El parche del tambor había sido fabricado con la piel de algún gran animal del bosque tropical. Varios tlamacazquis en máscaras distorsionadas y penachos de plumas de colores golpeaban el tambor con bastones de madera envueltos en cuero. El sonido del tambor significaba el sacrificio de alguna víctima. Su redoble se escuchaba por toda la ciudad, semejando el gruñido de una enorme bestia depredadora, lento y triste al principio y luego subiendo a un crescendo mientras la víctima fue extendida sobre una roca empapada con sangre. Los tlamacazquis le sacaban el corazón todavía palpitando para ofrecerlo a sus diablo-dioses.

Alvarado, como todos los españoles, siempre quedaba asombrado con la manera en que las víctimas eran conducidas a la matanza como ovejas mansas. Nunca gritaban ni se resistían de manera ninguna. Muchas víctimas estaban vestidas en ropa ceremonial, adornadas con plumas y flores mientras bailaban alrededor del altar. Algunas bailaban voluntariamente con alegría y abandono antes de ser sacrificadas. Las víctimas retenidas en jaulas a la base del templo de la muerte esperaban con calma su turno para ser conducidas por los altos escalones de la pirámide. Los rituales repugnantes confundían la razón de los españoles. Parecía una pesadilla que no tenía fin. Ninguno de los soldados se acostumbró al sonido del gran tambor, que resonaba y reverberaba día tras día.

Alvarado continuó patrullando los muros. Encontró al sargento Núñez en otra esquina del complejo. "¿Cómo va, Núñez?" preguntó el capitán pelirrojo. "¿Ha notado algo fuera de lo común?"

"Ahora que lo menciona," respondió Núñez, "la plaza está bastante concurrida el día de hoy. Tal vez los nativos están preparándose para una de sus fiestas. He visto pasar muchos indios, todos engalanados con plumas."

"Los aztecas mantienen un calendario muy complejo," observó Alvarado. "Podría significar el comienzo de un nuevo ciclo de fechas dedicadas a uno u otro de sus ídolos paganos."

La ciudad en verdad estaba llena de visitantes y espectadores que habían venido desde los confines más lejanos del Imperio azteca. Toda clase de ciudadanos, incluso los esclavos, cantaban y gritaban con alegría. Las procesiones de celebrantes bailaban por las calles y por la gran plaza, golpeteando sus cascabeles y campanas.

Este nuevo festival aparentemente requería aún más sacrificios humanos de lo normal. Por varios días, el enorme tambor sonaba desde primera luz del sol hasta muy noche. Las trompetas de caracol y las flautas tocaban constantemente en la parte superior de la plataforma ceremonial de la gran pirámide.

Alvarado estaba preocupado por toda la conmoción. Los soldados reconocieron su estado de ánimo por la dureza de su boca y la intensidad de su mirada. Ellos también estaban ansiosos, molestos por los extraños ruidos y las multitudes de nativos apiñados en la plaza. Los soldados empezaban a sentirse atrapados en sus inadecuadas y casi indefensibles fortificaciones.

Una noche, una procesión de muchos bailadores entró a la plaza, serpenteando su camino a través de la multitud. Había cientos de bailadores acompañados por músicos con flautas y tambores. Los brazos de los bailadores estaban cubiertos con plumas semejando alas de águila. Muchos llevaban lanzas ceremoniales. Unos bailadores se separaron de la procesión y comenzaron a bailar en un círculo frente a los soldados españoles a la entrada del palacio de Axayácatl. Los pasos de uno de los bailadores le condujeron directamente frente a un soldado vigilando la puerta principal del palacio. El bailador extendió sus brazos delante del soldado como un águila tomando vuelo y sacudió su lanza. El soldado confundió su gesto con un desafío y sacó su espada. Varios otros bailadores se acercaron,

- 141 -

también amenazando al guardia. Alvarado observó todo y salió de las puertas para apoyar a su soldado. Más bailadores se congregaron alrededor de los españoles, brincando y aullando. Una piedra salió de la muchedumbre y rebotó del casco de Alvarado. Eso fue la chispa que encendió la furia que le estaba aumentando desde varios días. Gritando maldiciones, Alvarado desenvainó su espada y con un solo golpe cercenó el brazo del bailador águila. Su lanza cayó al suelo junto con el brazo. Otros soldados españoles, oyendo la conmoción, salieron a toda prisa del palacio con sus armas listas. Más rocas cayeron sobre ellos. Con gritos feroces, los soldados se metieron entre la multitud, blandiendo sus espadas. Brazos y manos fueron cortadas, cabezas partidas, pechos abiertos, torsos apuñalados. Fluyeron abundantes chorros de sangre. Los indios trataron de huir de la violencia de los enloquecidos téotl, atropellando a los más lentos.

Los soldados españoles continuaron en su ataque y los bailadores huyeron en dirección a la enorme pirámide. Alvarado estuvo al frente, persiguiendo a sus víctimas como un perro rabioso que nunca cedería. Los soldados corrieron tras los bailadores al Muro de las Serpientes que separaba el precinto religioso del resto de la ciudad. En ese sitio, los aztecas empezaron a defenderse, indignados por la violación de los extranjeros al santuario de sus dioses. Los guerreros que vigilaban las puertas se arrojaron sobre los soldados españoles, agarrando su armadura con sus manos. Uno de los soldados tropezó y cayó al suelo. Inmediatamente, le brincaron encima unos indios frenéticos, mordiendo y desgarrando. En ese mismo instante, Alvarado sintió brazos encerrando sus propios pies. Él al instante dio una estocada hacia abajo para liberarse y dio un paso atrás. Veía que sus soldados estaban a punto de ser abrumados por el gran número de animados nativos. Alvarado gritó a sus hombres para que formasen un círculo defensivo. Cascadas de rocas cayeron sobre los soldados mientras estos se retiraban paso a paso a través de la amplia plaza a las puertas del palacio de Axayácatl. Más indios se unieron al pleito, gritando y gesticulando. Alvarado esperaba que los arcabuceros y artilleros estuvieron en posición, preparados para la batalla. Así lo eran. Justo frente de las puertas del palacio y ante la multitud de indios, Alvarado se volteó y dio la orden de disparar. Los cañones tronaron y resonaron por todo Tenochtitlán. Las balas de cañón y arcabuz volaron a través de la plaza, decimando filas de indios. Los aztecas se retiraron, pues no podían soportar los efectos de las temibles armas de los téotl. La plaza se despejó rápidamente.

Alvarado y los soldados españoles regresaron a la relativa seguridad del palacio de Axayácatl y cerraron las puertas. El capitán gritó órdenes de tripular todas las estaciones defensivas. Los artilleros recargaron y apuntaron sus cañones. Los indios se detuvieron por el momento, agrupándose en las orillas de la plaza y escondiéndose detrás de los muros.

Alvarado analizaba su situación. Estaba consciente de que no tenía suficientes soldados para defender todo el perímetro del inmenso palacio de Axayácatl. El capitán convocó a sus oficiales a los aposentos del comandante, localizado en el centro del complejo.

"En la parte trasera del palacio hay una gran cocina, varios patios con jardines y unas fuentes que no son vitales," explicó Alvarado. "Tenemos que mover todos nuestros suministros a un lugar más seguro. Soldados, caballos, alimentos, armas, todo. Sargento Núñez, le encargo la reubicación de los cañones y municiones a los techos y balcones."

"Hay una docena de barriles de pólvora y más de cien balas de cañón," dijo el sargento Núñez. "¿Me asignará algunos hombres para cargar todo eso?"

"Utilice a los auxiliares tlaxcaltecas," respondió Alvarado.

Las mujeres mayas y los tamemes fueron escoltados a habitaciones cercanas a las de Moctezuma. Estarían algo incómodos por el reducido espacio, pero al menos recibirían un poco más de protección. Alvarado decidió que el oro estaría bien protegido en el almacén de Cortés. Asignó un par de sus soldados más confiables a custodiar el tesoro. Su principal preocupación era la situación de los prisioneros, incluyendo Cacamatzin de Texcoco y los rehenes de Cholula. Alvarado no podía prescindir ni siquiera de un solo soldado para vigilarles. Decidió eliminarlos de manera que no produjera una perturbación innecesaria dentro del palacio. El capitán concluyó que el mejor método para deshacerse de los rehenes sería darles muerte por estrangulación. Los prisioneros fueron llevados uno por uno a una habitación recién desocupada en la parte trasera del palacio. Allí, los cautivos estaban sentados en una silla con sus brazos atados. Un soldado español se les acercó por detrás con un garrote en las manos. Las víctimas lucharon, volteando y pateando inútilmente. Sus rostros se volvieron morados y se les abultaron los ojos. Al poco rato, dejaron de moverse. Los cuerpos fueron arrastrados afuera y arrojados a un canal. Todos fueron asesinados, uno tras otro, de esta manera.

Una vez que todo se hubo calmado, Alvarado tomó lista de asistencia de sus hombres. Siete de ellos no estaban presentes. El capitán pelirrojo no tenía ninguna duda de que habían sido tomados prisioneros por los aztecas durante la confusión del ataque a los bailadores. Justo en ese momento, el tambor en lo alto de la gran pirámide comenzó de nuevo a retumbar. El ominoso sonido provocó escalofríos a Alvarado. Estaba seguro de que los salvajes estaban a punto de sacarle el corazón de uno de sus soldados. Su mano apretó la empuñadura de su espada hasta que sus nudillos se volvieron blancos. Alvarado reconocía que era imposible salvar al pobre soldado. No había ninguna manera de luchar a través de la multitud de indios para llegar a la víctima. El capitán podía imaginar el horror del soldado. Trató de quitar la imagen de su mente para concentrar en sus defensas.

Alvarado llamó al sargento Núñez. "Debemos avisar a Cortés," dijo el capitán de barba roja. "Todos vamos a morir aquí si no conseguimos refuerzos. Escoja a un buen jinete y dele nuestro mejor caballo. Dígale que esté listo para partir esta noche."

Durante las primeras horas de la segunda vigilia, cuando la ciudad estaba quieta y los habitantes dormían, un soldado condujo silenciosamente su caballo fuera del palacio de Axayácatl hacia la larga y estrecha calzada que llevaba a Tepeyacac, al norte de Tenochtitlán. Trapos habían sido atados alrededor de las pezuñas del caballo para amortiguar el sonido de herraduras contra el pavimento de piedra. El mensajero sostenía las riendas de su caballo en una mano y su espada desenvainada en la otra. Caminaba más allá de la pirámide oscura donde algunos de sus compañeros habían sido sacrificados poco antes. Los incendios del templo todavía ardían en la plataforma ceremonial en la cumbre de la pirámide, pero el soldado no notó ninguna otra actividad. Se dirigió a través del mercado de Tlatelolco, evitando a los esclavos que cada noche recogían la basura y los cuerpos de las víctimas del sacrificio. El mensajero llegó entonces a la calzada. No había centinelas en las puertas. Cuando estuvo un poco alejado de la ciudad, el soldado desató los trapos de las pezuñas de su caballo y montó la silla. Las estrellas brillaban claramente en el cielo sobre el lago de Texcoco. Incendios sagrados titilaban encima de los teocallis de las ciudades en la otra orilla. Las olas chapaletearon contra las piedras de la calzada mientras el mensajero cabalgaba hacia el norte en la oscuridad.

El jinete español llegó a Tepeyacac antes del amanecer y pasó por la ciudad sin tropiezos. Más allá del pueblo, el jinete tomó un camino mercantil que cruzaba áreas despobladas. Una vez pasando el lago de Zumpango, se dirigió al este hasta encontrar otro camino que le conduciría a las montañas de Tlaxcala.

El mensajero llegó finalmente a Zempoala poco después de que Cortés había derrotado al viejo general cubano. Cortés se sorprendió al enterarse de los acontecimientos ocurridos en Tenochtitlán, sin embargo, no perdió tiempo en organizar una expedición para rescatar a Alvarado y a la guarnición. Se reunió con sus oficiales de confianza y les asignó el mando de los diversos destacamentos de su nuevo ejército. Incorporó a los soldados que habían luchado bajo Narváez a sus leales pelotones para disminuir sus oportunidades de conspirar. Narváez y sus oficiales de alto rango fueron conducidos a Villa Rica como prisioneros.

Cortés ordenó al mensajero de Tenochtitlán guardar silencio sobre la situación que imperaba en la capital de los aztecas. Las nuevas tropas marcharon por el camino con la ilusión de obtener una parte de las riquezas ilimitadas de esa extraña tierra, ignorantes del peligro.

En el camino a Tlaxcala, el comandante descubrió que los hombres de Narváez no eran capaces de mantener el mismo paso que sus soldados veteranos. Cortés regresaba constantemente a la parte trasera de la columna para insistir que se marcharan con más empeño. El nuevo ejército tardó diez días en llegar a la ciudad de Tlaxcala.

Cortés fue recibido calurosamente por el cacique ciego, Xicoténcatl Mayor. Los soldados se acomodaron en algunos acantonamientos en la ciudad. Los nuevos soldados de Narváez se entrenaron en los campos alrededor de Tlaxcala diariamente desde el amanecer hasta el anochecer. Mientras sus oficiales entrenaban las tropas, Cortés reclutó a dos mil guerreros tlaxcaltecas para acompañarlos en la marcha a Tenochtitlán. También adquirió quinientos tamemes para ayudar con la transportación del equipaje y alimento del ejército.

El día citado de la partida se acercaba cuando Cortés se enteró de que algunos de los hombres de Narváez no querían salir de Tlaxcala. Habían oído rumores de batallas con vastas multitudes de feroces guerreros aztecas. Cortés era especialmente hábil para encontrar maneras de animar a los hombres a la guerra. Habló con los recién llegados solos y en grupos, y apeló a su sentido de lealtad al Rey de España y la fe cristiana. Les dijo que, en el cumplimiento a sus obligaciones a la corona y la cruz, se enriquecerían con abundante botín de guerra. Que tenían a la mano oportunidades que pocos hombres podían si quiera esperar. Por último, el capitán-general les dejó en claro que cualquier hombre que no cumpliese con sus deberes sería azotado o, si se justificaba, ahorcado. Las quejas fueron silenciadas por el momento.

Después de una quincena de intenso entrenamiento, Cortés calculaba que su nuevo ejército estaba preparado para emprender el regreso a Tenochtitlán. Las cornetas marcaron el inicio de la marcha en una soleada mañana. La columna salió de la ciudad de Tlaxcala con rumbo al valle de Anáhuac.

Cuando el ejército llegó a Texcoco, el capitán-general llamó a uno de sus auxiliares tlaxcaltecas, quien le había acompañado en su marcha anterior a Tenochtitlán. Cortés lo reconoció por ser valiente y confiable. Le encargó con una misión especial. El indio remaría una canoa a través del lago, bajo un puente levadizo y entraría a la parte trasera del palacio de Axayácatl por un canal. El mensajero entonces podría notificar a Pedro de Alvarado de la llegada de Cortés.

El tlaxcalteca regresó a Texcoco la mañana siguiente con la respuesta de Alvarado. Sucedía que los soldados de la guarnición todavía se encontraron sitiados en el palacio de Axayácatl, pero estaban al punto de la inanición. Alvarado suplicaba a Cortés que viniera a la ciudad sin demora.

Cortés partió de Texcoco, marchando al sur y luego al oeste hacia Iztapalapa, siguiendo la orilla de los lagos. Este rumbo llevaba al ejército por algunas de las mismas ciudades donde habían entrado triunfante en la ocasión de su primera visita a Tenochtitlán. Esta vez, no había multitudes de indios vitoreando para recibirlos. No les arrojaron flores a sus pies. Los soldados fueron recibidos con un ominoso silencio. Los nativos evitaban a los españoles lo máximo posible. Adquirir alimento para el ejército era ya un problema serio. Un poco antes del anochecer, las tropas arribaron a las afueras de Iztapalapa. Cortés insistió que el ejército avanzó a través de la calzada a Tenochtitlán a la vez.

El paso de Cortés por la calzada contrastaba marcadamente con su anterior viaje. El capitán-general se mostraba sombrío y pensativo al recordar pasar por este mismo camino acompañado por Moctezuma y sus nobles muchos meses antes. Aquel día, las aguas cristalinas del lago estaban repletas de canoas. Las flautas tocaban y las nubes de incienso perfumaban el aire. Ahora, Cortés sintió una sensación de amenaza. Ajustó su casco y cabalgó hacia Tenochtitlán a través del oscuro lago.

Era casi medianoche cuando la columna llegó a las afueras de la ciudad. Los jinetes en la vanguardia se acercaron a la plaza central y Cortés ordenó al clarín que soplara para alertar a la guarnición del palacio de Axayácatl. Una llamada de respuesta sonó de las fortificaciones momentos más tarde. Las puertas del complejo se abrieron y el nuevo ejército de Cortés pasó adentro. Alvarado y sus hombres recibieron a Cortés con un tremendo alivio. Habían permanecidos sitiados durante seis semanas, reducidos a raciones de hambre. En varias ocasiones, los aztecas intentaron romper los muros con arietes, pero fueron rechazados una y otra vez. Además, los indios habían prendido fuego a los techos. Varias habitaciones habían sido quemados de esta manera. Fue necesario demoler las paredes para evitar que los incendios se extendieran. Después de cada asalto, los soldados tenían que reconstruir y fortificar las paredes de nuevo. Alvarado y sus hombres habían enfrentado la muerte cada día, pero de alguna manera aún se mantenían con vida.

La máxima prioridad de Cortés al llegar era inspeccionar el oro que había dejado en un almacén cerca de sus aposentos. Satisfecho de que nada faltaba, mandó traer un soldado mayor de edad llamado Juan Alcántara. Alcántara era una de las pocas personas que merecía la completa confianza de Cortés. El capitán-general instruyó a Alcántara a tomar el mando de una tropa de diez soldados a caballo y llevar la mayor cantidad de oro posible al presidio de Villa Rica. Esto se tenía que hacer inmediatamente bajo la cobertura de noche. Cortés insistió en que nadie se enterara del asunto.

Al día siguiente, Cortés intentó descubrir la causa de la hostilidad mostrado por los aztecas durante su ausencia. Concluyó que Pedro de Alvarado había actuado irresponsablemente, poniendo en peligro su precaria posición en la capital enemiga. Alvarado no ofreció ni excusas ni defensa alguna. Entendía que ello no le serviría de nada. Alvarado estaba contento de dejar a Cortés a cargo de los asuntos difíciles. Confiaba en que Cortés de alguna manera los iba a rescatar de la precaria situación.

Los hambrientos soldados de la guarnición tenían ilusiones de que los recién llegados les trajeran algo de comer, pero la realidad era que las raciones a repartir eran magras y escasas. Los soldados de Cortés tampoco habían comido suficiente después de su larga marcha. Era bastante evidente que todos iban a morir de hambre pronto si sus circunstancias no cambiaban.

Cortés convocó a sus oficiales a sus aposentos. "Tenemos que reabastecernos inmediatamente," dijo Cortés. "Si no hay comida aquí en esta isla, tendremos que establecer una línea de suministro."

"¿Cómo propone hacer eso?" preguntó Olid.

"Es requisito tomar el control de una de las calzadas," respondió Cortés. "Cuando tengamos una ruta segura, podemos enviar patrullas para apoderarse de los graneros de las ciudades situadas alrededor del lago."

"El puente a la ciudad de Tlacopan es el más corto y ancho," dijo Alvarado. "No sería muy difícil de ocupar."

"Organicen un pelotón hoy mismo," declaró el capitán-general. "Que partan de inmediato. Avísenme tan pronto que hayan obtenido su objetivo."

El teniente Diego Ordaz, que había servido como segundo al mando del presidio de Villa Rica, fue designado para conducir la expedición a Tlacopan. Seleccionó para la misión doscientos soldados de infantería, incluyendo ballesteros y arcabuceros, y veinticinco miembros de la caballería. La patrulla salió del palacio de Axayácatl un poco después del mediodía. Los soldados no encontraron resistencia al cruzar la gran plaza. Pasaron sin problemas el recinto sagrado con su alta pirámide. Dieron vuelta por el mercado de Tlatelolco y continuaron hacia la calzada. El teniente Ordaz estaba consciente de que había espías observando su avance todo el tiempo, algunos apostados sobre las partes superiores de los edificios, otros más en canoas remando por los canales. Los españoles avanzaron sobre la calzada ordenadamente. En cuanto Ordaz se acercó a los límites de Tlacopan, descubrió que el último de los puentes levadizos había sido retirado, dejando un amplio espacio de agua abierta. Ordaz ordenó a uno de los soldados de la infantería quitarse su armadura y sumergirse para determinar la profundidad del agua. El soldado nadó hacía el otro lado del canal. En ese momento, una multitud de guerreros aztecas aparecieron en la orilla, arrojándole flechas y piedras. El pobre soldado dio la vuelta y nadó frenéticamente hacia el lado español, pero ya era demasiado tarde. Fue perforado por muchas flechas, tiñendo de rojo el agua con su sangre. También, empezaron a caer sobre los soldados al borde de la calzada vuelos de flechas. Algunos hallaron sus marcas y soldados se cayeron. Ordaz ordenó a sus arcabuceros y ballesteros disparar contra el enemigo. Una volea dispersó a los nativos que estaban frente a ellos. De repente, cientos de canoas pulularon en las aguas juntas a la calzada llevando guerreros disparando ráfagas de flechas. Los aztecas también utilizaron sus atlatl, que eran mortales a corta distancia. Ordaz trató de organizar sus defensas, pero sus soldados estaban amontonados en el reducido espacio de la calzada, obstaculizando cualquier tipo de maniobra efectiva. El teniente se dio cuenta de que su situación estaba volviendo precaria muy rápidamente. Gritó órdenes para que la columna revirtiera de dirección. Los soldados en la retaguardia ahora integraban la vanguardia. Ordaz espoleó su caballo para ocupar a su posición indicada en el frente de la columna, pisoteando algunos de sus propios hombres en su urgencia. Los arcabuceros y ballesteros mientras tanto siguieron disparando a las canoas. Las flechas y balas penetraron a los remeros y a sus canoas, causando una gran destrucción. Los indios se retiraron un poco, reduciendo la presión a los soldados españoles. La patrulla retrocedió de la calzada y entró una a amplia avenida bordeada con casas altas en las cercanías de Tlatelolco. Los españoles ignoraban que había un gran número de guerreros aztecas posicionados en los techos, preparados para atacarles. Cuando los soldados españoles pasaron cerca, los aztecas lanzaron piedras grandes sobre sus cabezas. Muchos españoles resultaron heridos a pesar de la protección de sus cascos. Era casi imposible contraatacar a los indios que se retiraron a la seguridad de los tejados. Los españoles arrastraron a sus compañeros heridos a seguridad, tratando de evitar ser golpeados ellos mismos. Finalmente, la columna española llegó al palacio de Axayácatl. Ordaz había perdido más de veinte soldados, algunos muertos y otros tomados prisioneros por los aztecas.

Cortés escuchó el informe de Ordaz con consternación. Una fuerza grande de soldados españoles había sido fácilmente repelida por salvajes primitivos. El ejército todavía no tenía acceso a alimento.

El capitán-general decidió encabezar a la próxima expedición. "Seguramente podemos apoderarnos de la larga calzada a Iztapalapa," les dijo a sus capitanes, Cristóbal de Olid, Gonzalo Sandoval y Pedro de Alvarado. "No vi obstáculos cuando cruzamos por allí hace sólo dos días. Es mi intención llevar a todos nuestros caballos, cañones, arcabuceros y ballesteros disponibles para abrirnos paso."

"Olid, le encargo que aliste las tropas para partir a primera hora mañana," continuó Cortés. "Capitanes Sandoval y Alvarado, ustedes permanecerán aquí para proteger nuestras fortificaciones. Enviaré un mensajero para notificarles tan pronto que la calzada esté liberada."

A la mañana siguiente, Cortés salió al frente de una columna fuertemente armada. Ni un solo nativo apareció en las calles de Tenochtitlán. La ciudad estaba tranquila, no muy distinta a la calma que precede una tormenta. La fuerza española marchó por la amplia avenida sin incidentes hacia el sur. Cuando se aproximaron a la entrada a la calzada, los soldados observaron guerreros aztecas en las calles laterales. De repente, el redoblar de tambores y el resoplar de trompetas de caracol resonaban en los oídos de los nerviosos soldados. El primer golpe cayó sobre la parte trasera de la columna. Cortés emitió órdenes a los cañoneros a traer cuatro armas a la retaguardia. Los artilleros jalaron sus cañones hacía el lugar. Prepararon sus armas con pólvora y balas. Los aztecas se acercaron, blandiendo lanzas y macuahuitl, y lanzando gritos de guerra ensordecedores. Confrontaron a los soldados con una furia inesperada. Cuando los cañones quedaron cargados, el capitán-general gritó la orden de disparar. Los cañones estallaron, derribando decenas de indios. Los nativos se retiraron fuera del alcance de la artillería pesada de los españoles. Cortés ordenó a su caballería despejar la calle. Varios caballos resbalaron sobre la piedra lisa del pavimento y cayeron, arrojando a sus jinetes. Otros soldados montados lograron herir a los indios con lanzas y espadas. Sin embargo, un gran número de guerreros aztecas escaparon, ocultándose en las casas o brincando al agua de los canales donde los caballos no podían alcanzarles.

Cortés regresó a la vanguardia en busca de Olid. El capitán Olid estaba dirigiendo a los arcabuceros concentrar su fuego sobre un grupo de canoas congregadas en las aguas cerca de la entrada de la calzada. Los soldados de infantería se abrieron camino con espadas y picas. Algunos de ellos avanzaron a una corta distancia sobre la calzada. En eso, toda la columna sostuvo una nueva ola de ataques. La avenida detrás de los soldados se llenó con multitudes de guerreros aztecas. Piedras lanzaron por hondas llovieron sobre la parte trasera de la columna y flechas sobre la vanguardia. Mientras tanto, más canoas se acercaron arrojando lanzas a los soldados que se encontraron expuestos en la calzada. Cortés ordenó que unos cañones disparasen contra las canoas, sin embargo, los cañones no lograban fuego efectivo. Las balas impactaron el agua a distancia y volcaron algunas canoas allí, dejando todas las demás intactas. Los guerreros se apresuraron con determinación suicidal. Los españoles se defendieron frenéticamente hasta que los ballesteros quedaron sin flechas y los arcabuces se calentaron al grado de que era imposible recargarlos. Los españoles fueron implacablemente forzados a retroceder, fuera de la calzada. Dos de los cañones se quedaron en la calzada en la confusión. Cortés, de muy mala gana, ordenó al clarín marcar la retirada.

Cortés entró al palacio de Axayácatl consumido de furia, pues no estaba acostumbrado a la derrota. Lo que más le molestaba era que dos de sus cañones hubieron sido capturados por el enemigo. Esa fue la humillación definitiva. Sus tenientes y capitanes, reconociendo que Cortés estaría furioso con una ira incontenible, no comentaron nada sobre la misión. El capitán-general se retiró solo a sus aposentos.

Retirada

"Entre, capitán Alvarado," dijo Cortés, dejando a un lado su cuaderno. "Como usted puede observar, estamos atrapados en una situación insostenible. La culpa es suya." Alvarado evitó su mirada. Cortés era a veces un poco caprichoso en imponer castigos. Malhechores habían sido condenados a la ahorca por delitos menores.

"Parece que todos pereceremos aquí en esta ciudad bárbara," continuó Cortés. "Si me muero, usted morirá conmigo," dijo el comandante. "Le propongo que logremos una cosa antes de nuestras muertes y que usted me ayude en este intento. Dios nos recompensará si tenemos éxito. De lo contrario, moriremos miserables en este maldito lugar. Mañana voy a escalar su pirámide y destruiré sus ídolos paganos, para poner fin a sus sangrientos rituales. ¿Está usted conmigo?"

La chispa volvió a los ojos de Alvarado. "Me gustaría mucho, capitán-general," dijo. "Espero la oportunidad por retribución. Mi mayor deseo es luchar a su lado. Bajo su liderazgo, estoy seguro de que podremos vencer a nuestros enemigos, no importa cuán numerosos sean."

"Vamos a llevar nuestros mejores espadachines, una docena de piqueros y un pelotón de ballesteros y arcabuceros," dijo Cortés. "Usted atienda los detalles. El retumbar de su maldito tambor mañana por la mañana será nuestra llamada al ataque. Ojalá pongamos fin a sus ceremonias abominables. ¡Entonces sabrán quiénes somos nosotros y quién es nuestro Dios!"

Alvarado se excusó y empezó la tarea de elegir hombres para la misión con renovado entusiasmo. Esta era el tipo de comisión que más le gustaba, muy preferible a vigilar desde el palacio mientras los indios se movían libremente por la ciudad, planeando la derrota de sus visitantes.

Los soldados estaban reunidos en el patio a la mañana siguiente cuando el gran tambor comenzó a sonar en lo alto de la pirámide. Las puertas del palacio de Axayácatl se abrieron y los españoles salieron a la carrera. Los soldados corrieron directamente a través de la amplia plaza hacia el Muro de las Serpientes que rodeaba el recinto sagrado de los aztecas. Pasaron por las puertas de las víboras con sus esculturas crípticas y entraron a un largo patio. Cargaron adelante por los largos estantes con sus miles de calaveras humanas. Cortés y sus hombres llegaron a la base del Coatepec Teocalli justo al momento cuando un cuerpo decapitado rodaba por los escalones. Con un fuerte grito, los soldados comenzaron su ascenso a la casa de los ídolos. Los tlamacazquis en lo alto de la plataforma ceremonial oyeron los gritos y se preparan para defender a sus ídolos con macuahuitl ceremoniales utilizados para decapitaciones y cuchillos de obsidiana con los que habían cortado los corazones de innumerables víctimas. Cortés y Alvarado fueron en avance y no se detuvieron en su determinación para derrocar a los diabólicos ídolos. La batalla en la cima de la pirámide no fue tarea fácil, sin embargo, los soldados españoles habían amasado cierta experiencia en el teocalli de Zempoala durante la lucha contra Narváez unos meses antes. Los piqueros lanzaron y arremetieron, y uno por uno tumbaron los tlamacazquis de la cornisa. Cortés y Alvarado alcanzaron la parte superior de los escalones balanceando furiosamente sus espadas. Siguiendo sus pasos, el resto de la tropa llegó a la plataforma con fuertes gritos. Los soldados sacaron las imágenes de Huitzilopochtli y Tláloc de sus santuarios y, a plena vista de los enfurecidos aztecas que estaban abajo, despedazaron a los dioses y los tiraron por los mismos escalones donde habían caído tantas víctimas. Los soldados tasajearon las cuerdas del enorme tambor que tanto les había molestado, rodándolo por los escalones también. Se estrelló en pedazos al rebotar sobre las piedras. Los españoles utilizaron las llamas del fuego sagrado para encender los templos de madera de los dioses paganos.

Los guerreros aztecas entablaron un contraataque, en busca de venganza. Ahora les tocaba a ellos luchar por los empinados escalones. Muchos indios murieron bajo los vuelos de flechas de ballesta. Se trataba de una masacre, pero los aztecas continuaron obstinadamente presionando hacia arriba. Muchos otros guerreros aparecieron en el recinto sagrado, intentos en participar en el conflicto.

Cortés oyó a Pedro de Alvarado gritar sobre el clamor de la batalla. "Mire, capitán-general," exclamó el capitán pelirrojo, "nuestras fortificaciones se están quemando."

El comandante volteó y constató que había humo elevándose sobre varios puntos en los bordes del palacio de Axayácatl. Los tonos estridentes del clarín llegaron a sus oídos.

Cortés y Alvarado habían logrado su meta. Los dioses paganos habían sido derrocados y arrojados hacia abajo. El gran tambor había sido silenciado. El capitán-general gritó a sus hombres que se retiraran. Todos se juntaron en el borde de la plataforma. Descendieron los escalones en grupo, barriendo a los guerreros aztecas que confrontaban en su camino. En el fondo de los escalones, los soldados formaron una falange, abriéndose camino con sus espadas y picas a través de las masas de guerreros aztecas en el recinto sagrado. Cortés y Alvarado lucharon como hombres poseídos. Si los guerreros aztecas tenían una estimación disminuida de las capacidades en combate de los téotl, los hechos les revelaron abruptamente lo contrario.

En cuanto los españoles se acercaron al palacio de Axayácatl, Cortés notó que uno de los muros había sido abierto y los aztecas estaban entrando con intenciones de ultimar a los soldados de la guarnición. Cortés maniobró a su falange de soldados hacía la apertura. En una lucha intensa, los españoles mataron a todos los guerreros que se encontraban allí. Los aztecas que habían penetrado las defensas quedaron entonces atrapados en el interior. Fueron eliminados uno a uno hasta el último.

Cortés y Alvarado encontraron a los capitanes Sandoval y Olid dirigiendo las defensas en el frente del recinto.

"Gracias a Dios que regresaron a tiempo," dijo Cristóbal de Olid. "Estuvimos casi abrumados aquí en las puertas y luego descubrimos que el enemigo también había entrado por los muros. No creo que pudiéramos luchar contra ellos en ambas direcciones a la vez."

"Hay que asegurar los perímetros," dijo Cortés. "Capitán Alvarado, despliegue a todos nuestros arcabuceros y ballesteros a los techos. Capitán Olid, usted está encargado de los cañones. Sandoval, venga conmigo al balcón."

Cortés y Sandoval subieron las escaleras y revisaron la gran plaza por unos momentos. Veían un número de guerreros aztecas cerca del palacio de Moctezuma en el otro lado de la plaza, fuera del alcance de los cañones.

"Capitán Sandoval," dijo Cortés, "quédese aquí y monitoree los movimientos de los indios. Avísame inmediatamente si surge un ataque inminente. Yo voy a evaluar los daños a nuestras instalaciones."

Un gran número de flechas y piedras gastadas cubrían los pisos de los patios del palacio de Axayácatl. Varias de las habitaciones exteriores habían sido incendiadas, pero eran reparables. La guarnición sufrió algunas bajas con varios heridos. Cortés reflexionó que, a pesar de las pérdidas, los españoles habían logrado su objetivo. Derribaron los ídolos paganos y se mostraron capaces de defender su pequeño enclave en medio de una ciudad llena de enemigos. El capitán-general veía que la moral de sus tropas había sido restaurada y que los aztecas estaban desalentados.

Al día siguiente de la incursión al Coatepec Teocalli, Cortés dirigió una expedición para inspeccionar la larga y estrecha calzada que conducía a Tepeyacac, más al norte. Esta parecía ser la única ruta de escape que les quedaba. Cortés llevó consigo veinte caballos, cincuenta soldados de infantería y todos los ballesteros y arcabuceros que no eran indispensables para la defensa del palacio de Axayácatl. La tropa salió de las puertas del complejo antes del amanecer. La columna se dirigió en la oscuridad por la avenida central, pasando el Coatepec Teocalli.

Los españoles continuaban marchando por una distancia considerable por la estrecha calzada mientras el sol se elevaba sobre las montañas del este. Cortés ordenó un paro a la marcha frente al primer puente levadizo. Se levantó en los estribos para revisar la ruta que tenían adelante. La calzada se extendía a la lejana distancia en una línea recta a través de las aguas azules. Aparentemente, estaba libre de cualquier fuerza enemiga. El capitán-general dejó un contingente de soldados con dos cañones en el puente para resguardar su retirada en caso de que fuera necesario.

Cortés cabalgó adelante con el resto de la compañía hasta que oyeron el estruendo de los cañones que habían dejado en el puente. A toda prisa, Cortés y sus compañeros se dieron vuelta y regresaron al puente. Allí, encontraron cientos de canoas congregadas en las aguas. Nubes de flechas caían sobre la guardia española. Los indios saltaron de sus canoas para luchar contra los soldados en el borde del puente. Cortés desmontó su caballo, desvainó su espada y corrió a participar en la pelea. El capitán-general luchó junto a sus hombres hasta que los arcabuceros habían gastado toda su pólvora y los ballesteros se quedaron sin flechas.

Cortés comprendió que no le sería posible tomar posesión de la calzada y ordenó la retirada. Antes de llegar a la terminal de la larga calzada, sin embargo, los españoles confrontaron a un grupo de aztecas que desmantelaban las rocas de la carretera, utilizando palancas de madera. Los indios ya habían abierto un espacio que ni un caballo podía saltar. Cortés estaba considerando sus posibles alternativas cuando la flotilla de canoas aceleró de pronto para atacar de nuevo. Los españoles no tenían forma de repelerles, ya que sus municiones se habían agotado. Cientos de indios trepaban por los lados de la calzada, atacando a los soldados y arrastrándolos hacia el agua.

Un guerrero azteca que había quitado la espada de un soldado ahogado se acercó sigilosamente a Cortés por detrás. El guerrero balanceó la espada con todas sus fuerzas, dándole a Cortés un golpe fuerte en el costado, cercenándole dos dedos de la mano izquierda. Cortés, en su coraje y dolor, dio vuelta y cortó al guerrero hasta que cayó, hecho a pedazos.

Cortés revisó a su alrededor. Varios de sus soldados estaban muertos. El capitán-general podía ver que todos morirían si no huían inmediatamente. "¡Retírense! ¡Retirada!" gritó.

Cortés tomó las riendas de su caballo y lo condujo a la apertura. De alguna manera el caballo cruzó al otro lado. Los demás soldados siguieron el ejemplo de su comandante. Uno de los caballos sufrió una pierna fracturada saltando al agua y tuvo que ser abandonado, agonizando con dolor y terror.

Después de una larga batalla continua, la tropa llegó al palacio de Axayácatl. La mano de Cortés estaba sangrando profusamente. Una vez más, los españoles habían sufrido altas perdidas y todavía carecía de una ruta segura a tierra firme.

El capitán-general se impacientaba. Todas sus vías de escape estaban cerradas. No tenía alimento para sus soldados. El palacio estaba rodeado por miles de guerreros hostiles. La última esperanza posible de negociar con los aztecas recaía en su emperador, Moctezuma.

Cortés visitó al viejo Emperador al día siguiente de la batalla de la calzada a Tepeyacac. El capitán-general mantuvo cuidadosamente oculta su mano lesionada durante la audiencia. Cortés solicitó respetuosamente al Emperador que se dirigiera a su gente desde el balcón con vistas a la plaza. Moctezuma objetó, afirmando que los ciudadanos ya no estaban dispuestos a ponerle atención. Cortés insistió que su bienestar dependía en ejercer su influencia sobre los habitantes de la capital. Moctezuma respondió que su vida se había vuelto insoportable, que quería encontrar descanso, así liberándose de los problemas que le habían impuesto los téotl. Cortés salió enfurecido de las habitaciones de Moctezuma. Después de una breve reflexión, Cortés consultó con el padre Olmedo y le pidió que tratara de persuadir al Emperador de que se dirigiese a su pueblo. Olmedo, Marina y Aguilar tuvieron una larga discusión con Moctezuma, hasta que éste finalmente accedió.

Moctezuma fue vestido en su regalía imperial. Unos soldados le condujeron al balcón. Las cornetas españolas tocaron un saludo. Los aztecas en la plaza, al ver las plumas verdes del Emperador, cayeron de rodillas. Moctezuma comenzó a hablar, y apenas hubo pronunciado unas pocas palabras cuando una piedra lanzada de una honda le golpeó en la frente. Los soldados españoles se apresuraron a protegerlo con sus escudos. Moctezuma, inconsciente, fue acarreado de vuelta a sus habitaciones. Multitudes de guerreros aztecas aparecieron de repente y asaltaron las puertas, disparando más flechas y piedras sobre el recinto. Lanzaron antorchas a los techos. El rugido de cientos de voces gritando amenazas e insultos resonaba a través del palacio de Axayácatl.

"¡A los muros! ¡A los muros!" gritó Cortés. "¡Todos a sus estaciones de batalla!"

Los soldados asumieron sus posiciones. Arcabuceros y ballesteros rápidamente subieron a los techos del palacio de Axayácatl. "¡Fuego! ¡Fuego ya!" gritó Alvarado. "¡Sigan disparando!" Una ráfaga de balas atravesó la plaza, tumbando decenas de nativos.

Olid, mientras tanto, se dirigió a los artilleros apuntar sus cañones a la multitud de indios. Los cañones rugieron, fueron recargados y dispararon de nuevo hasta que la plaza quedó despejada, dejando solamente indios muertos y heridos.

Una vez que los combates habían cesado y la calma había sido restaurada, los soldados de la guarnición se percataron de su situación. Estaban rodeados de vastas hordas de nativos hostiles. Todas las rutas de escape estaban cerradas. Cada una de las personas confinadas dentro de los muros del palacio comenzaba a sentir una sensación de muerte inminente. Los centinelas patullaron nerviosamente los perímetros, esperando otro ataque en cualquier momento.

Moctezuma recuperó la conciencia en la noche. Su piel tenía una palidez gris. Tenía un gran bulto en su frente, estaba muy débil y apenas podía hablar. Le ofrecieron un poco de caldo, pero el Emperador se negó a beber. En las primeras horas de la mañana, Moctezuma expiró.

Marina le trajo la noticia a Cortés. El capitán-general convocó inmediatamente a sus oficiales a sus aposentos.

"Moctezuma era nuestro último medio para razonar con estos salvajes," dijo Cortés. "Ahora que han matado a su propio Emperador, no hay nada que les impida matarnos a todos."

"No estamos seguros aquí," añadió Alvarado. "Hay que abandonar nuestra posición y retirarnos ahora mismo."

"¿Cómo vamos a dejar todo el oro atrás?" preguntó Cortés, angustiado.

"Capitán-general," declaró Alvarado, "necesitaríamos un tren de mulas fuertes para transportarlo todo. No tenemos mulas. Ni siquiera tenemos un camino seguro para viajar. Debemos irnos hoy o no nos quedarán las fuerzas necesarias para salir de rodillas. Sólo podemos llevar nuestras armas y ninguna otra carga si esperamos escapar con nuestras vidas."

"En cuanto los indios se enteren de que su Emperador está ya muerto, no tendremos ningún control sobre ellos y se enjambrarán como abejas cuando se voltea la colmena," dijo Olid.

"Hemos matado a tantos y todavía persisten," observó Sandoval. "Por mí mismo, prefiero salir a enfrentarme con ellos y morir con mi espada en la mano. No quiero ser sacrificado en su diabólico altar."

"No podemos pasar otro día más aquí," dijo Alvarado. "La calzada a Tlacopan representa nuestra única posibilidad. Tenemos que construir un puente de algún tipo o llevar vigas con nosotros para pasar sobre los canales."

Todos se quedaron mirando a Cortés. "Muy bien," dijo el capitán-general. "Reúnan todos los maderos y cuerdas que haya aquí en las paredes del palacio para atarlas. Saldremos a medianoche. Espero que podamos escapar de este lugar antes de que nos descubran. Los auxiliares tlaxcaltecas pueden cargar los materiales para construir el puente. Necesitaré cuarenta tamemes para llevar al menos una parte del oro. El resto del oro y toda la plata se dividirán entre los soldados. Capitán Alvarado, le estoy asignando esta tarea. No queremos peleas entre nosotros mismos por el oro. Tenemos que conservar toda nuestra energía para enfrentarnos a nuestros enemigos."

Los españoles pasaron el resto del día montando pasarelas para cruzar las aperturas de la calzada. El oro y la plata se distribuyeron entre los soldados. Muchos de los veteranos de Cortés dejaron atrás sus porciones. Entendieron que su sobrevivencia podría depender de maniobrar rápidamente, y que también habrían de cruzar el agua. Las tropas recién adquiridas de Narváez no mostraron la misma diciplina, sin embargo. Llenaron sus bolsas hasta el tope con lingotes de oro y plata.

Los soldados esperaron tensamente la orden de marchar por el anochecer. En la oscuridad, surgió una fuerte tormenta con abundante lluvia y relámpagos. A Cortés, le parecía un buen presagio. Una tormenta similar había contribuido a su victoria en Zempoala. Las gotas de agua comenzaron a salpicar el pavimento mientras el ejército se formaba en el patio. Las puertas se abrieron y la caballería marchó por adelante, seguido por los cañones. Los tlaxcaltecas que llevaban los maderos del puente les siguieron. Detrás, caminaban las mujeres mayas y los tamemes cargando el oro de Cortés. Enseguida marchaba la fila de soldados de infantería. Al ultimo marchaban los ballesteros y arcabuceros para proporcionar cobertura y proteger los flancos.

La columna salió de las fortificaciones en silencio. La lluvia y el viento aumentaron, ayudando a ocultar la marcha. La suerte de Cortés parecía mantenerse. La vanguardia de la columna llegó al mercado de Tlatelolco sin provocar ninguna alarma. Los soldados de la caballería avanzaron hacia la calzada de Tlacopan.

En ese momento, escucharon el estruendo de las trompetas y tambores de los aztecas. Los españoles habían sido descubiertos. Ahora tendrían que luchar para salir. No existía la posibilidad de regresar. Cientos de guerreros azteca con macuahuitl y lanzas con puntas de obsidiana atacaron la parte trasera de la columna. Los ballesteros mataron a muchos atacantes, pero les cayeron encima aún más. Los arcabuces resultaban inútiles porque las mechas se habían sido extinguido en la lluvia. La mayoría de los arcabuceros dejaron caer sus armas y corrieron hacia adelante. La lucha fue intensa y confusa en la oscuridad y el aguacero.

Un poco más tarde, los jinetes en la vanguardia encontraron un ancho canal donde el puente levadizo más cercano a la ciudad había sido retirado por los aztecas. Los auxiliares tlaxcaltecas llegaron corriendo con los maderos. Rápidamente, construyeron un puente improvisado. Los caballos pasaron nerviosamente. Los artilleros jalaron sus cañones al otro lado, seguidos por las mujeres mayas y los tamemes con el oro. Una cascada de flechas y piedras cayó sobre los refugiados mientras éstos caminaban a toda prisa. La retaguardia se defendió desesperadamente de sus atacantes con espadas y picas.

Cuando todos habían cruzado, los auxiliares tlaxcaltecas intentaron levantar el puente, para arrastrarlo hacia adelante al siguiente canal. Pero el puente resultó imposible de moverse. Los maderos quedaron metidos entre las rocas con el paso de los cañones y los caballos. Iba ser necesario desarmar todo y sacarlo pieza por pieza. Los auxiliares tlaxcaltecas cortaban frenéticamente las cuerdas para librar la madera, pero al mismo tiempo la lucha cayó sobre ellos. Algunos de los tlaxcaltecas se dieron vuelta para defenderse y otros fueron ultimados mientras se concentraban en su trabajo. A pesar de sus valientes esfuerzos, los aztecas dejaron a todos muertos y tomaron posesión del puente.

El pánico cundió entre los soldados en la calzada. Se empujaron unos contra otros en su urgencia de llegar a tierra firme. La columna perdió su cohesión y se convirtió en una turba desorganizada. Más canoas indias aparecieron en las aguas oscuras para infligir daños a los soldados y a sus acompañantes.

Pocos momentos después, la vanguardia arribó a otro canal cuyo puente levadizo también había sido eliminado. La marcha se detuvo abruptamente. Cortés se adelantó para determinar la causa del alto. Analizó su situación brevemente y luego tomó una difícil decisión. "¡Empujen los cañones al agua!" ordenó. Los artilleros no podían creer lo que escucharon y se quedaron paralizados con la duda. "¡Empujen los cañones!" gritó Cortés enfáticamente. Desmontó y ayudó a rodar el primer cañón al canal. Los artilleros observaron y comprendieron las intenciones del comandante. Trabajaron en equipo hasta que todos los cañones quedaron hundidos en el agua. Los tamemes que llevaban el oro cruzaron, saltando de cañón a cañón. Los caballos tenían mucha más dificultad en pasar, ya que no podían obtener una base sólida para pisar. El canal se convirtió en una pesadilla negra con caballos luchando en el agua, perdiendo sus jinetes quienes se hundían en su armadura. Más de la mitad de los caballos perecieron allí. Enseguida intentaron cruzar los soldados de infantería. Habían perdido todo el sentido de disciplina y lo único que les preocupaba era su sobrevivencia personal. Los soldados que llevaban demasiado oro y plata en sus bolsas cayeron al agua donde se ahogaron mientras sus compañeros les pisotearon. En tanto, guerreros aztecas mataban a cualquiera que se hubiera rezagado, manteniendo una presión constante en la parte trasera de la columna, contribuyendo así al caos.

Los refugiados llegaron al tercera y último canal de la calzada. A los soldados españoles, no les quedaba nada para poner en el agua para poder cruzar al otro lado. Aquellos que vacilaban en el borde fueron empujados al vacío por la turba frenética que venía detrás de ellos. Las mujeres mayas saltaron a las oscuras aguas. Muchas se ahogaron, arrastradas hacia abajo por el peso de su ropa mojada. Los tamemes con el oro se hundieron, llevando su preciosa carga al fondo. Los caballos restantes tenían un poco más de posibilidades de cruzar si sus cargas no eran demasiado pesadas. Los soldados de infantería, en su pánico, empujaron unos a los otros al canal. Cientos se ahogaron hasta que sus cadáveres formaron un pasadizo. Los últimos soldados que escaparon de Tenochtitlán caminaron a través de un puente compuesto de cuerpos, todos con bolsas repletas de oro y plata.

Finalmente, los sobrevivientes se reunieron en la entrada a Tlacopan, en tierra firme. Las canoas no podían alcanzarles aquí y los guerreros aztecas en la calzada se habían detenido, regocijándose de haber expulsados a los téotl de su capital. Cortés estaba consternado al constatar lo poco que quedaba de su ejército. Los soldados estaban temblando de frío y miedo. Faltaban la mayoría de los auxiliares tlaxcaltecas y sólo quedaban unas pocas de las mujeres mayas. La lluvia continuaba cayendo. Cortés desmontó, tambaleándose hacia un árbol donde se sentó, llorando lágrimas de angustia y rabia.

Las trompetas de caracol y los tambores de guerra comenzaron a sonar en lo alto del teocalli principal de Tlacopan. Pedro de Alvarado se levantó rápidamente y animó a los soldados a seguir su marcha. Ayudó a Cortés a ponerse de pie y lo condujo a su caballo.

"Tenemos que movernos de nuevo," dijo Alvarado, con urgencia.

"¿Adónde iremos?" preguntó Cortés, todavía estupefacto.

"Calculo que la mejor ruta para salir de Tlacopan es el camino que va al norte," respondió el capitán pelirrojo.

"Así es," dijo Cortés. "¡Adelante! ¡Vamos!"

Alvarado cabalgó al frente por las oscuras calles de Tlacopan con un escuadrón de caballería, seguido de los aterrorizados sobrevivientes. Abandonaron la ciudad y marcharon por varias horas a lo largo del camino que conducía en paralelo a la orilla del lago. Eventualmente, encontraron un camino lateral que parecía llegar a una pequeña ciudad.

"Capitán-general, sugiero que busquemos refugio en esas cabañas," dijo Pedro de Alvarado. "Dudo que los aztecas nos vayan a descubrir allí."

Cortés miró con cansancio hacia las casas, medias escondidas entre la niebla. "Necesitamos un lugar para curar nuestras heridas," dijo el capitán-general. "He notado que su pierna izquierda está sangrando."

"Recibí una estocada de lanza en mi muslo," respondió Alvarado. "Me voy a poner bien una vez que lo vende."

Los fugitivos entraron en el pequeño poblado y los residentes sorprendidos huyeron de ellos, como si fueron fantasmas de la noche. Los españoles comieron vorazmente cualquier alimento que se encontraron. Se acostaron en lugares secos para dormir un rato.

Cortés despertó mucho más tarde con la luz del sol en sus ojos. Se levantó asustado. Doña Marina estaba sentada junto a su petatl.

"Marina," dijo Cortés, "gracias a Dios que todavía vives. ¡Qué noche tan horrible! Tengo que organizar las tropas."

Doña Marina puso su mano sobre la suya. "Que descansen los hombres," dijo ella. "Necesitarán todas sus fuerzas. Habrá más combates en los próximos días. Estamos a salvo aquí por ahora. Las mujeres están preparando algunos pavos que atrapamos y matamos. Le traje tortillas y huevos. Coma y descansa."

Si Doña Marina estaba angustiada por la muerte de tantas de sus compañeras, no lo mostraba en su comportamiento. Se sentó en silencio mientras Cortés comía.

Después de comer, Cortés fue a revisar los caballos. Los jinetes habían dejado sus animales atados en el centro de la pequeña ciudad, todavía ensillados. Varios caballos estaban heridos, algunos con puntas de flecha incrustadas en su cuerpo. Cortés fue a un campo cercano y usó su espada para cortar milpas verdes para alimentar a los caballos. Algunos soldados estaban ya despiertos cuando el capitán-general regresó a la pequeña aldea. Cortés les ordenó atender a los animales heridos.

Antes del mediodía, los sobrevivientes del ejército español partieron del pueblito que les había proporcionado refugio y oportunidad de recuperarse de sus arduas labores de la noche anterior. Cortés calculó que sólo le quedaban aproximadamente cuatrocientos soldados, y que muchos de ellos estaban heridos. De los cuarenta tamemes que llevaban el oro de Tenochtitlán, sólo dos habían logrado escapar con sus cargas intactas. Todos los cañones habían desaparecido, hundidos en los canales. Sólo quedaban siete arcabuces y ni un solo grano de pólvora seca. Había doce ballestas, pero en su mayoría estaban dañadas e inutilizables. Todo lo que le quedaba de la caballería eran veinte caballos servibles. Cortés puso la mitad de los caballos al principio de la columna y envió a los otros a proteger la retaguardia.

Mientras se marchaban hacia el norte, los soldados fueron descubiertos por un grupo de Mexicas que patrullaban la zona. Los guerreros se mantenían a distancia, probando las defensas españolas hasta que se dieron cuenta de que los soldados no tenían cañones, arcabuces, ni ballestas que pudieran usar contra ellos. Los aztecas se acercaron con gritos amenazantes, atacando a los españoles con flechas y rocas. Se aumentó el estado de nerviosismo de los soldados, pero no les provocó daños substanciales. Mientras el ejército continuaba marchando, otras bandas de aztecas se unieron con sus camaradas para hostigar a los téotl. Algunos de los soldados españoles más gravemente heridos no podían mantener el paso de la marcha y se quedaron atrás, abandonados por el ejército a pesar de sus patéticos gritos. Fueron apresados por los nativos, sin duda para ser sacrificados en sus altares diabólicos.

Los españoles, aunque oprimidos y desmoralizados, mantenían su compostura. La marcha continuó hacia el norte del lago de Zumpango. Cortés ordenó a la caballería hacer carga de vez en cuando para dispersar el número creciente de guerreros aztecas, pero sin lograr mucho efecto. Esa noche el ejército descansó en un pequeño pueblo en el camino. Los centinelas vigilaron los perímetros y los soldados dormían en su armadura. Los caballos permanecían ensillados, listos para actuar al instante. Cortés patrulló el perímetro durante cada cambio de guardia. Los aztecas no atacaron, sin embargo, permitiendo así otro breve respiro para el ejército español.

Al despuntar los primeros rayos de luz, los españoles continuaron su marcha sin encontrar oposición. Cortés y Alvarado especularon que los guerreros aztecas habían sido asignados a realizar alguna otra tarea. Más tarde, el ejército entró a tierras despobladas. Los soldados cruzaron llanuras bordeados por colinas cubiertas con bosques frondosos.

Era tarde cuando la vanguardia de la columna encontró un gran número de guerreros en un valle, desplegados para impedir el avance de los españoles. De repente, por las colinas de atrás aparecieron aún más guerreros. Con su avance bloqueado y un número considerable de enemigos en la retaguardia, Cortés no tuvo más remedio que formar un círculo defensivo de soldados con caballos al centro. Los españoles estaban muy superados en número por los aztecas y no tenían medios de escape. Los indios les rodeaban por todos lados, gritando y gesticulando. Con toques de concha y golpes de tambor, los Mexicas se cerraron para pelear mano a mano con los españoles. Sin embargo, las armas de los aztecas no podían contender con la superioridad del acero de España. Los soldados de infantería mantuvieron la línea. Cortés y su caballería cargaron contra las filas de los indios provocando bajas de muchos guerreros, pero las pérdidas para los aztecas fueron insignificantes. Ninguna de las facciones beligerantes podía infligir un golpe fatal a su enemigo. Cortés sabía que los aztecas simplemente podían esperar hasta que los españoles se desmayaran de hambre o cansancio, para llevarlos al sacrificio en sus pirámides. La situación era crítica.

El capitán-general había notado alguna actividad en una pequeña colina que se elevaba sobre la llanura en la parte trasera del ejército azteca. Le pareció a Cortés que el comandante de los aztecas podría estar allí, observando y dirigiendo a sus fuerzas. A esa distancia, Cortés no podía distinguir bien todas las circunstancias, pero sí notó banderas de colores e indios con altos penachos ceremoniales. Uno de ellos estaba sentado en la cresta de la colina en una plataforma. Cortés llamó a todos sus jinetes al centro del anillo defensivo español.

"Capitán Alvarado," dijo, "¿Ve esa colina hacia el noreste? ¿Ve a los indios allí reunidos?

Alvarado volteó a mirar y respondió, "Sí, capitán-general, los veo."

"Lleve diez caballos a la derecha," dijo Cortés. "Procedan directamente a través de nuestros atacantes y cuando estén libres de ellos, den una vuelta a lo lejos y cierren con toda velocidad esa colina. Maten a todos los indios que allí se encuentran. No permitan que ninguno escape con su vida. Yo haré lo mismo con el resto de nuestros caballos por la izquierda. ¿Entiende sus órdenes?"

Alvarado respondió con entusiasmo, "¡Sí, señor!"

"Reúna a sus hombres," dijo Cortés. "Cuando oigan la corneta, carguen adelante. Nos encontraremos en la colina y, si Dios quiere, infligiremos un golpe a estos paganos que nunca olvidaran."

Sonaba la corneta. Los caballos cargaron fuera del círculo por lados contrarios y cabalgaron a través de las filas aztecas. Los jinetes avanzaron hacía los límites del ejército azteca y rodaron al unísono. Espolearon a sus caballos a un rápido galope, acercándose a la colina en un instante. Antes de que los líderes aztecas se dieran cuenta del peligro, los jinetes españoles estaban ya sobre ellos, cortándoles con espadas y atravesándoles con picas. La silla del tlacatecatl se desequilibró y cayó al suelo. El jefe de guerra luchaba por levantarse, pero un soldado español le perforó con su lanza. Todos los aztecas en la colina, hasta el último, fueron asesinados de manera similar. Los tamborileros y portadores de banderas fueron eliminados. Sus cuerpos y pedazos se amontonaban, derramando sus entrañas. La colina quedó completamente cubierta de sangre. Cualquier azteca que mostrara signos de vida fue apuñalado de nuevo hasta que todos quedaron inmóviles.

Cortés desmontó y encontró el cuerpo del tlacatecatl entre la carnicería. Le cortó la cabeza a golpes de su espada. Cortés remontó su caballo y reteniendo la cabeza ensangrentada por el pelo, cabalgó hacia las filas de los aztecas. Toda acción había cesado. Los indios se encontraron atónitos con su repentino cambio de fortunas, quedando horrorizados, asombrados por el poder y coraje de los téotl. Cortés entró a las fuerzas enemigas con un aire de desprecio hasta que llegó al círculo de soldados españoles. El capitán-general dio vuelta en su caballo para enfrentarse a los guerreros aztecas. Lanzó la cabeza del tlacatecatl con su penacho sangriento en medio de ellos. El ejército azteca, sin líderes, se dispersó.

Los españoles apenas podían creer que la batalla había terminado y el enemigo estaba abandonando el campo. Con mucha precaución, reanudaron su marcha hasta el anochecer. Continuaron adelante y la luna llena apareció sobre el horizonte, iluminándoles el camino. Era casi medianoche cuando el ejército español encontró un grupo de casas abandonadas en una encrucijada. Los habitantes ya habían huido, sin duda informados de la victoria de los téotl. Cortés ordenó que el ejército acampara y pasara la noche allí.

A la mañana siguiente, los españoles continuaron su viaje. El ejército entró a un área intensamente cultivada, donde había campos de maíz que se extendían en todas direcciones. Los soldados encontraron suficiente comida para saciar el hambre. Mientras marchaban, se sintieron menos tensos, empezando a creer que por fin encontrarían seguridad. En las últimas horas del día, el paisaje familiar de las colinas de Tlaxcala apareció en la lejana distancia al este.

Purificación

Las lluvias habían cesado. Los gritos de guerra callaron. Los téotl con sus temibles armas se habían marchado. Muchos guerreros aztecas yacían muertos en las calles y canales de Tenochtitlán. Sin embargo, los invasores de más allá del Mar del Este habían sido expulsados por fin de la capital.

Después de una larga noche de batalla contra los demonios, Cuitláhuac, Cuauhtémoc y Tetlepanquetzal regresaron al palacio de Moctezuma. Los adoquines de la gran plaza brillaban en la luz de la mañana. Los tlatoanis se dirigieron directamente al Salón de los Ancestros, donde los esclavos del palacio les tenían preparado un banquete. Mientras comían, Chihuacóatl, gran tlacatecatl de los Mexicas, llegó al palacio para informar sobre las consecuencias de la intensa lucha la noche anterior. Chihuacóatl era un viejo guerrero, veterano de muchas de las campañas de Moctezuma. Se presentó en su elaborado penacho de plumas de color azul brillante entrelazadas con cuerdas rojas. La sangre rezumaba de un profundo corte infligido por una espada española, goteándole por el brazo. El gran tlacatecatl no tomó nota a sus heridas.

"Saludos, tlatoanis de la nación azteca," dijo Chihuacóatl, arrodillándose. "Los guerreros Mexicas agradecen que hayan restaurado nuestra patria."

"Levántate, gran tlacatecatl," dijo Cuitláhuac. "Infórmanos del estado del ejército."

"Muchos guerreros valientes han perdido sus vidas en defensa de nuestros dioses," dijo Chihuacóatl, "pero son muchos más los téotl que murieron junto con sus esclavos y mujeres, tal vez un mil de ellos."

"¿Hallaron a Malintzin entre los muertos?" preguntó Cuauhtémoc.

"Parece que el demonio principal todavía vive," respondió Chihuacóatl. "No hemos podido encontrar su cuerpo. He oído reportes de muchos téotl huyendo hacia el norte de Tlacopan. Es posible que Malintzin esté entre ellos."

"¿Capturaron vivos a algunos de los invasores?" preguntó Tetlepanquetzal.

"Tenemos varios prisioneros," respondió Chihuacóatl, "aunque algunos de ellos probablemente morirían a causa de sus heridas antes de que puedan ser sacrificados."

"¿Qué sabemos de Moctezuma?" preguntó Cuauhtémoc. "¿Llevaron al Emperador al exilio también?"

"No hay ninguna señal del Emperador," declaró Chihuacóatl. "No estaba entre los difuntos en la calzada."

"Posiblemente se quedó en el palacio de Axayácatl," dijo Cuitláhuac, el tlatoani mayor. "Vayamos a investigar."

Los líderes de la nación azteca abandonaron el Salón de los Ancestros acompañados por un escuadrón de guerreros águila y cruzaron la amplia plaza central de Tenochtitlán. La comitiva pronto llegó frente a las ruinas del palacio de Axayácatl, contemplando la destrucción dejada por los téotl en su apuro por huir de la ira de los aztecas.

En esos momentos, varias de las esposas de Moctezuma salieron de las fortificaciones, lamentándose en voz alta. Comenzaron a golpear sus pechos y a jalarse los cabellos en cuanto se acercaron los líderes aztecas.

"¿Qué les provoca tanta consternación?" preguntó Cuitláhuac.

'El Emperador ha muerto," respondió la primera esposa. "Sus restos están adentro."

"Déjalo allí para que se pudra," exclamó Cuauhtémoc, el impetuoso joven jefe de guerra.

"¡No!" dijo Cuitláhuac, el hombre mayor. "Mi hermano gobernó la nación por muchos años asegurando muchas victorias. Honraremos la memoria de Moctezuma con las apropiadas ceremonias. Llamen a los tlamacazquis. Traigan leña para quemar su cuerpo."

El cadáver del Emperador fue llevado del palacio de Axayácatl por guerreros águila. Le recostaron sobre una gran pira en la plaza. Los tlamacazquis llevaron a cabo los rituales prescritos en presencia de la familia real y de miles de dolientes de la ciudad. Cuitláhuac encendió la pira y el espíritu de Moctezuma fue llevado por las llamas y el humo para unirse con sus antepasados entre los dioses.

Mientras el fuego consumía el cuerpo del Emperador, Cuauhtémoc habló con su tío Cuitláhuac. "Ahora usted deberá asumir el título de Supremo Tlatoani," dijo.

"Sólo el sumo Concilio de la Triple Alianza puede tomar esa decisión," respondió Cuitláhuac.

"No hay tiempo para eso," añadió Tetlepanquetzal. "Precisamos tener un líder fuerte ya, sin demora. Usted ha demostrado su valentía. No hay que esperar a otros que sólo discutirán e insistirán en procedimientos ceremoniales mientras los téotl sobrevivientes se nos escapan."

"Coyoacán promete lealtad al Supremo Tlatoani Cuitláhuac," dijo Cuauhtémoc solemnemente.

"Su instalación como Supremo Tlatoani se tiene que realizar de inmediato, antes de que cualquier de los otros tlatoanis tengan la oportunidad de plantear objeciones," dijo Tetlepanquetzal. Todos los presentes expresaron su aprobación.

Cuando las llamas de la pira funeraria de Moctezuma finalmente se apagaron, Cuitláhuac fue escoltado por los tlamacazquis al recinto sagrado donde sería instalado como el nuevo Emperador de la Triple Alianza. En otros tiempos, una coronación sería motivo de una gran celebración con música y bailes. La gente de la ciudad estaba acostumbrada al intercambio de regalos y grandes fiestas. Pero en esta ocasión, el estado de ánimo del pueblo no lo permitiría, ya que el ambiente era demasiado callado y sombrío.

Cuitláhuac y su séquito pasaron el Muro de las Serpientes y los largos tzompantlis con sus miles de calaveras. El nuevo Emperador iniciaba su largo ascenso por los escalones del Coatepec Teocalli seguido por tlamacazquis arrastrando varios téotl que habían sido capturados la noche anterior. Mientras Cuitláhuac subía a la plataforma en la cumbre, la amplia plaza abajo llenó con animados ciudadanos. En la cima, el nuevo Supremo Tlatoani se volvió hacia la multitud mientras los tlamacazquis colocaron un tilmatli con diseño de águila sobre sus hombros y fijaron un penacho de plumas de quetzal en su cabeza.

Cuitláhuac contempló la ciudad abajo con una expresión estoica. Miró hacia las aguas azules del lago de Texcoco y vio el humo que se elevaba por encima del volcán Popocatépetl. El Emperador reflexionó sobre la enormidad de la tarea que tenía por delante. Se volteó para presenciar el sacrificio de los seres extraños que provocaron tanto daño a la capital de los aztecas.

Uno por uno, los españoles fueron arrastrados, pateando y gritando, a la piedra del altar. Los tlamacazquis los estiraban sobre la roca, abriendo sus pechos con cuchillos de obsidiana. Sus palpitantes corazones fueron ofrecidos a Huitzilopochtli, sus pálidas cabezas colocados en el tzompantli, y los torsos rodados por los escarpados escalones.

Cuitláhuac observaba impasiblemente mientras el último de los téotl era sacrificado. El jefe de los tlamacazquis le ofreció entonces una lanza ceremonial adornada con plumas de colores brillantes. El nuevo Emperador se acercó al borde de la plataforma y mostró la lanza a la gente de Tenochtitlán reunida debajo, levantándola por encima de su cabeza. La multitud de ciudadanos alzó sus voces en homenaje al Supremo Tlatoani. Los gritos continuaron mientras Cuitláhuac descendía por los escalones sangrientos al sonido de flautas y tambores. Pasó los cadáveres de los téotl decapitados en la base de la pirámide y se dirigió al centro de la plaza donde sus parientes Cuauhtémoc y Tetlepanquetzal le esperaban. "Vengan sobrinos míos," comandó el nuevo Emperador. "Tenemos mucho que hacer. Caminen conmigo."

Cuitláhuac procedió al Muro de las Serpientes, seguido por Cuauhtémoc y Tetlepanquetzal. Todos los nobles, maestros de gremio, guerreros y ciudadanos comunes se postraron ante el nuevo Emperador. El gran tlacatecatl Chihuacóatl con una escolta de guerreros Mexicas se presentaron en las víbora puertas para acompañar al Emperador.

"¿Adónde se dirige, Supremo Tlatoani?" preguntó Chihuacóatl.

"Voy a examinar la calzada de Tlacopan para evaluar los daños," respondió Cuitláhuac. "Tendremos que rediseñar y reconstruir la estructura para resistir otro ataque de estos demonios, si es que algún día regresan."

Los líderes de los aztecas pasaban por el mercado de Tlatelolco. Se dieron la vuelta y entraron a la amplia avenida que conducía a Tlacopan. Allí, comenzaron a encontrar los cuerpos de los téotl junto con sus aliados tlaxcaltecas tirados en el pavimento.

Al llegar al portal de la calzada de Tlacopan, los líderes descubrieron varios arcabuces abandonados. Cuitláhuac instruyó a unos de sus asistentes que los recogieran para llevarlos al Salón de los Ancestros, donde serían exhibidos como trofeos de guerra.

Los tlatoanis llegaron al ancho canal donde los téotl construyeron un puente provisional en su urgencia por partir de Tenochtitlán. Los cuerpos yacían por montones sobre el pavimento y flotaban en los canales. Téotl, tlaxcaltecas y aztecas difuntos estaban entremezclados en su agonía de muerte. Los tlatoanis y todos sus seguidores se quedaron asombrados por la gran cantidad de cadáveres despedazados y los chorros de sangre escurriendo por los canales.

Cuitláhuac llamó al gran tlacatecatl Chihuacóatl, quien se acercó y se arrodilló. "Estoy a sus órdenes, Supremo Tlatoani," dijo el viejo guerrero.

"Recojan los cuerpos de nuestros guerreros primero, para entregarlos a sus familias que sean enterrados apropiadamente," instruyó el Emperador.

El gran tlacatecatl Chihuacóatl ordenó a unos guerreros a sacar los cuerpos de sus camaradas del agua. Uno de los guerreros encontró bajo el agua a un téotl ahogado sosteniendo una bolsa de cuero llena de lingotes de oro. El guerrero arrancó la bolsa de las manos rígidas del demonio muerto y la ofreció al tlacatecatl Chihuacóatl, quien a su vez la presentó al nuevo Emperador.

"Este demonio murió muy rico," observó Cuitláhuac. "Parece que su riqueza fue la causa de su muerte."

"Todos sufren de la misma condición," dijo tlacatecatl Chihuacóatl. "Que los dioses nos concedan que cada uno de ellos muera de su enfermedad."

Cuitláhuac instruyó al gran tlacatecatl Chihuacóatl quitar todo el oro y plata de los téotl antes de transportar sus cuerpos a la Isla de los Huesos en barcazas. Los guerreros águila sacaran los restos de los soldados españoles de las aguas más profundas. Todos los valiosos metales que los téotl habían intentado robar fueron enviados a las cámaras del palacio imperial.

Los caballos muertos presentaban otro problema. Una barcaza más grande tendría que ser construida muy rápidamente para llevar a los monstruos antes de que se comenzaran a podrir. Las bridas y las sillas de montar fueron reservados como trofeos de guerra adicionales.

Cuitláhuac y sus seguidores continuaron por la calzada hasta el segundo canal donde los líderes de la nación azteca encontraron más cuerpos de soldados españoles, auxiliares tlaxcaltecas y caballos amontonados sobre algunos obstáculos. "Sospecho que estos son los tepuzques de los téotl en el agua," observó al Emperador, apuntando. "¿Habrán abandonado los extranjeros todas sus armas en su prisa?"

Chihuacóatl instruyó a uno de sus guerreros que se sumergirse bajo el agua para contar los cañones. Unos momentos después, el guerrero informó que había treinta tepuzques en el agua. "A los téotl, probablemente no les quedan más que uno o dos," dijo Chihuacóatl.

"Vamos a sacar los tepuzques del canal," afirmó el Emperador Cuitláhuac, "y los pondremos en exhibición en la gran plaza como señal a todo Anáhuac de que los Mexicas de Tenochtitlán se niegan por siempre a ser esclavos de los téotl. Pero no lo hagan hasta mañana. Sus guerreros habrán de estar ya muy cansados después de la larga batalla. Que descansen ahora."

Chihuacóatl despidió a sus guerreros, despachándolos a sus barracones con órdenes de reportarse a servicio al día siguiente.

"Gran tlacatecatl, por favor acompáñenos al palacio de Moctezuma," dijo el Emperador Cuitláhuac. "Tenemos algunos asuntos urgentes que discutir."

Los líderes de la nación azteca regresaron al Salón de los Ancestros donde Cuitláhuac tomó su lugar en la silla de ébano que se encontraba en la plataforma. "Creo que los téotl sobrevivientes intentarán buscar refugio en Tlaxcala, en las montañas más allá de Texcoco," dijo. "Debemos detenerlos antes de que tengan la oportunidad de rearmarse y vuelvan a atacarnos de nuevo."

"¿Cómo vamos a hacer eso?" preguntó Cuauhtémoc.

"Los téotl están marchando hacia el norte," dijo Cuitláhuac. "Tienen que rodear el lago de Zumpango y pasar por las llanuras para alcanzar las montañas. Podremos interceptarlos allí."

"¿Quién dirigirá a nuestros guerreros?" preguntó Tetlepanquetzal.

"Estoy comisionando a gran tlacatecatl Chihuacóatl a que conduzca la batalla final contra los extranjeros," dijo Cuitláhuac. "¿Acepta usted este deber, gran tlacatecatl?"

"Con todo gusto," respondió el viejo guerrero. "Los destruiré a todos y entregaré a los cautivos a Huitzilopochtli."

"¿Cuántas tropas necesita?" preguntó el nuevo Emperador.

"Diez mil deberían ser suficientes para destruir a los extranjeros," respondió Chihuacóatl. "Tal vez el joven Cuauhtémoc esté dispuesto a reservar parte de su ejército occidental como refuerzo."

"Ciertamente," dijo Cuauhtémoc. "Me voy con ellos."

"Te necesito aquí en la ciudad, sobrino," dijo Cuitláhuac. "Gran tlacatecatl, ¿Qué tan pronto pueden estar listas las tropas?"

"Voy a organizar la expedición ahorita," dijo el gran tlacatecatl Chihuacóatl. "Estaremos preparados para partir mañana."

"Notificaré a mi tlatoque," dijo Cuauhtémoc. "¿En dónde deben reportarse los guerreros occidentales?"

"En la calzada a Tepeyacac," respondió el viejo guerrero. "Tendré canoas a la espera para transportar guerreros a los límites del lago de Zumpango. El resto de nuestras tropas pasarán por la calzada y procederán por tierra hasta el punto de encuentro."

"Me parece todo muy bien," dijo Cuitláhuac, levantándose de su silla de ébano. "Ahora debemos descansar de nuestras labores. Ha sido una noche muy larga."

Los cansados tlatoanis se retiraron a los baños, donde lavaron el sudor y la sangre de sus cuerpos. Después fueron a sus cámaras donde se durmieron profundamente hasta el amanecer de la mañana siguiente.

Cuitláhuac se despertó temprano y fue a encontrarse con sus sobrinos Tetlepanquetzal y Cuauhtémoc. Los tres disfrutaron de una buena comida y luego regresaron a la calzada para inspeccionar las reparaciones.

Descubrieron que todos los tepuzques habían sido sacados del agua y trasladados a una sección intacta de pavimento. Algunos guerreros intentaban a sacar de las aguas los inmensos cadáveres de las bestias de los téotl. Los líderes de la nación azteca observaban mientras ataban cuerdas a las piernas y cuellos de los caballos muertos. Después, los animales fueron arrastrados y empujados sobre balsas hechas de troncos. Varias canoas esperaban cerca para remolcar las barcazas a la Isla de los Huesos.

Otros trabajadores se zambulleron al fondo del lago, sondeando el barro en busca de cuchillos y espadas perdidas por los téotl. En el proceso, recuperaron también muchos lingotes de oro y plata. Todo lo de valor fue entregado al capataz del palacio imperial para su custodia.

Cuitláhuac condujo a sus sobrinos a través del canal en un puente provisional que había sido construido por los Mexicas. Los guerreros aztecas eran expertos en la construcción de este tipo de obras, aunque normalmente hacían uso de sus habilidades durante campañas en provincias lejanas, no en la capital.

El Emperador y su séquito continuaron a otra sección intacta de la calzada. Casi todos los cuerpos de los combatientes habían sido retirados. Sin embargo, toda la superficie del pavimiento quedó resbaladiza con sangre coagulada. Las armas que los téotl habían abandonado en su huida de la capital estaban todas cuidadosamente apiladas sobre el pavimento.

En el tercer y último canal, los tres jefes guerreros encontraron a un grupo de trabajadores cívicos dirigidos por Xipil, maestro de la clase de constructores. Los obreros cesaron sus actividades y se arrodillaron en reverencia al nuevo Emperador, quien les pidió que se levantaran.

"Supremo Tlatoani Cuitláhuac," dijo el maestro constructor Xipil, "me alegro de que esté usted aquí. Estamos haciendo unos cambios a la calzada a Tlacopan para que quede más defendible. Me gustaría explicarle nuestras modificaciones."

"Adelante," dijo Cuitláhuac.

"Como usted puede verificar, estamos escarbando más amplio y profundo el canal, así evitando que los téotl crucen con facilidad," dijo Xipil. "Por lo tanto, los puentes levadizos serán más largos, pero de madera más ligera de modo que puedan retirarse a toda prisa."

"Recomiendo que construyan baluartes de piedra pesada en cada puente," dijo Cuitláhuac, "para que nuestros guerreros puedan defender los canales desde una posición protegida."

"Sí, Supremo Tlatoani," dijo Xipil, inclinándose. "Como usted mande."

Después de examinar las reparaciones a la calzada y sus puentes, Tetlepanquetzal solicitó licencia del Emperador para regresar a su casa en Tlacopan. Abrazó sus parientes y abordó una canoa para ser llevado por la corta distancia a su palacio.

Cuitláhuac y Cuauhtémoc regresaron a la ciudad. Los obreros estaban en el proceso de trasladar los tepuzques de los extranjeros a la gran plaza entre los palacios de Moctezuma y Axayácatl. Cuitláhuac ordenó que los treinta cañones se colocaran en un círculo en el centro exacto de la plaza, con sus cañas apuntadas hacia afuera.

Los habitantes de Tenochtitlán procedieron a reparar la destrucción provocada por los téotl. La inmundicia dejada por los españoles era una afrenta a la ciudad y sus ciudadanos. Los esclavos recogieron la basura y limpiaron las calles. Los obreros constructores aplicaron capas frescas de yeso a los edificios que habían sido profanados por los invasores.

La purificación del palacio de Axayácatl presentó muchas dificultades. Casi todas las habitaciones del vasto complejo habían sido dañadas por los téotl. El altar que los extranjeros habían construido a su dios fue desmantelado y consagrado de nuevo a los dioses aztecas con nubes de incienso de copal. Los tlamacazquis encontraron una estatuilla de la diosa serena de los téotl y llevaron la imagen al Coatepec Teocalli, para ser quemada en el fuego sagrado como ofrenda a Huitzilopochtli. Se encontró también una cantidad de lingotes de oro y plata que había sido escondida por los temerosos téotl en las paredes del palacio de Axayácatl. Todo fue trasladado al palacio de Moctezuma. Los sirvientes llevaron a la gran plaza central las herraduras, tenazas y armas abandonadas, y los colocaron junto a los tepuzques que habían sido recuperados de los canales. Otros esclavos se pusieron a barrer y a lavar el palacio, mientras que los trabajadores cívicos repararon las paredes y los techos.

Cuitláhuac convocó a una asamblea de los tlamacazquis de todos los dioses del panteón azteca para que se reuniesen con él en el Salón de los Ancestros. Cuitláhuac tenía palabras duras para los sacerdotes. Cuitláhuac les señaló que eran culpables por las desgracias que habían sucedido a la ciudad. Sus cánticos y sacrificios habían sido insuficientes para proteger al pueblo de Tenochtitlán. Los presagios habían sido malinterpretados. Los tlamacazquis fueron despedidos y se retiraron, consternados, al recinto sagrado.

Mientras tanto, el gran tlacatecatl Chihuacóatl había reunido diez mil guerreros bajo sus estandartes, fuerza más que suficiente para aniquilar a los invasores extranjeros. Una serie de amatl comenzó a llegar al palacio de Moctezuma reportando el avance de los guerreros Mexicas mientras maniobraban para interceptar a Malintzin y a sus téotl.

Cuitláhuac y Cuauhtémoc estaban sentados a su comida matutina cuando llegó el amatl anunciando la derrota y muerte de Chihuacóatl.

"Todos los dioses están en nuestra contra," exclamó Cuauhtémoc en un momento de desesperación.

Cuitláhuac se puso de pie, dando a la mesa una fuerte patada. "Nunca vuelvas a hablar así, sobrino," dijo el Emperador. "No importa si los dioses están con nosotros o contra nosotros. Tenemos que luchar. Prométeme que nunca te rendirás. Si flaqueas ante estos téotl, estarás perdido."

"Lo prometo," dijo Cuauhtémoc. "Perdóneme, tío."

Ninguno de los dos pronunció palabra. Ya no les importaba la comida esparcida sobre el suelo. No les parecía posible que los téotl hubieran podido escapar del destino que Chihuacóatl había trazado para ellos. Los Mexicas habían matado a tantos téotl y les habían quitado casi todas sus armas. Cualquier otro pueblo civilizado habría reconocido su derrota y se rendiría para ser llevado al sacrificio.

Villa Segura

Los soldados oprimidos pasaron un mes en Tlaxcala, curando sus heridas y recuperándose lentamente mientras Cortés reflexionaba sobre su situación. Estaba preocupado con la idea de volver a Tenochtitlán para recobrar su oro, pero carecía de los recursos requeridos. El capitán-general bien sabía que sería imposible marchar con su agotado ejército al valle de México en cualquier futuro próximo.

Cortés estaba contemplando planes para regresar al presidio de Villa Rica cuando un corredor indio llegó con un mensaje urgente. La misiva comunicaba información acerca de un barco de España que había aparecido inesperadamente en el puerto de Vera Cruz. El dueño de la nave estaba solicitando una audiencia con el capitán-general Cortés.

Un comerciante de Málaga, en la costa de España, había abastecido su barco, el San Joaquín, con pólvora, balas, arcabuces, espadas bien hechas de acero de Toledo, herraduras, ballestas y algunos cañones, y navegó hacia el Nuevo Mundo. El barco cruzó el inmenso Océano Atlántico para finalmente arribar al puerto de Santo Domingo en la isla de Hispañola. El dueño de la nave se quedó allí algún tiempo recopilando información. Escuchó historias intrigantes en las tabernas de Santo Domingo acerca de misteriosas ciudades de indios, repletas de oro, plata y joyas valiosas. El comerciante concluyó que podía obtener el mejor precio por sus mercancías en la tierra más al oeste donde el gobernador de Cuba intentaba establecer una nueva colonia. Movido por un fuerte instinto de lucro, el comerciante finalmente llegó a Vera Cruz.

Después de haber recibido la noticia, Cortés salió de Tlaxcala casi al instante. El teniente Ordaz lo acompañó a caballo. Llegaron al presidio de Villa Rica unos pocos días después para reunirse con el dueño de la nave. El capitán-general hizo todo lo posible para mostrar una impresión favorable del enorme éxito de la colonia de Nueva España, evitando hacer cualquier alusión a sus recientes reveses y a la falta actual de suministros. El capitán-general atendió al dueño ofreciéndole una suntuosa comida preparada con alimentos locales. Cortés le presentó una ostentosa exhibición de los regalos de plumas, telas teñidas en patrones fantásticos y conchas talladas que los nativos habían obsequiado libremente a sus visitantes. Después de la cena, Cortés le preguntó casualmente sobre el contenido de la carga a bordo su nave. Cortés y el dueño inspeccionaron el manifiesto del barco y luego pasaron la mayor parte del día siguiente negociando el precio justo de los suministros. El comerciante se sorprendió cuando Cortés le pagó inmediatamente en lingotes de oro.

Cortés había perdido la mayor porción de su oro en la desastrosa retirada de la capital de los aztecas. A pesar de que Cortés tenía sólo una fracción del tesoro original, lo que le quedó era más que suficiente para lograr sus propósitos. El capitán-general sabía que, con municiones repuestas, sería posible reemplazar el oro perdido en la retirada de Tenochtitlán.

El comerciante estaba muy satisfecho por haber recibido un buen retorno a su inversión original. Se quedó casi atónito cuando Cortés le ofreció el doble si el dueño incluía su barco, el San Joaquín, como parte del negocio. Después de recuperarse de su sorpresa inicial, el dueño accedió y Cortés le entregó otra cantidad de lingotes.

A la mañana siguiente, el capitán-general y el dueño regresaron al puerto. Él dueño convocó a la tripulación del San Joaquín a reunirse en tierra firme. La lancha hizo varios viajes entre la playa y la nave hasta que toda la tripulación fue transportada. Cuando todos estaban reunidos, Cortés se subió encima de una lancha volteada a la orilla del agua.

"Hombres del San Joaquín," gritó el capitán-general, "el destino les ha guiado a estas costas. Ahora tienen ustedes la oportunidad de unirse conmigo en la búsqueda de ilimitadas riquezas que se encuentran en el interior de este nuevo país. Abundan oro y plata, esperando sólo que lo recojamos. Acompáñenos y todos volverán a sus casas ricos."

El encanto y persuasión de Cortés convencieron a casi todos. Cortés ofreció al dueño del barco una comisión en el ejército, que aceptó con gusto.

Mientras la tripulación del San Joaquín llevaba todas las municiones a tierra, Cortés cabalgó a Zempoala para visitar a su amigo y aliado, el cacique gordo Cicomecóatl, a quien no había visto en algunos meses. El capitán-general llegó a Zempoala una tarde iluminada por un colorido crepúsculo.

Cicomecóatl recibió a su visitante en la sala de audiencias de su palacio. Expresiones de duda y preocupación fueron evidente en la cara redonda del cacique cuando éste abrazó al comandante del téotl. "¿Volverá a su casa más allá del Mar del Este ahora que otro nube-barco ha llegado a su puerto?" preguntó Cicomecóatl. "¿Va usted a partir y a dejarnos a disposición de los aztecas?"

Cortés aseguró al cacique gordo que no tenía intenciones de partir. "Esta nave me ha traído muchas armas poderosas," explicó el capitán-general. "Tengo toda intención de imponer nuestra venganza a los rebeldes en la capital azteca. Necesitaré tamemes para llevar mis nuevos armamentos a Tlaxcala para que mis soldados entrenan y practican con ellos."

Cicomecóatl accedió proporcionar a Cortés el numero requerido de tamemes.

"Además, gran cacique, he venido a preguntar sobre un grupo de españoles que llevaban una porción de nuestro tesoro fuera de Tenochtitlán antes que comenzara el conflicto," continuó Cortés. "Su jefe era un hombre mayor llamado Juan Alcántara. Era muy amigo mío."

El capitán-general fue informado que el oro nunca llegó a Villa Rica porque Alcántara había sido emboscado cerca de Tepeaca, una ciudad que dominaba un valle verde en las montañas entre Cholula y la costa. Alcántara y sus soldados fueron tomados prisioneros y sacrificados en el teocalli de Tepeaca.

"¿Qué pasó con el oro?" preguntó Cortés con coraje. La vena de su sien comenzó a palpitar.

"Los guerreros jaguar de Tzinpantzinco se apoderaron del tesoro," respondió el gordo cacique. "El oro está posiblemente todavía allí o tal vez se encuentra en otra ciudad cercana."

Al amanecer de la mañana siguiente, Cortés montó su caballo y se dirigió apresuradamente hacia las montañas de Tlaxcala, con intenciones de reunirse con su ejército que todavía estaba en el proceso de recuperarse de las batallas contra los aztecas. Unos días más tarde, el teniente Ordaz llegó a la ciudad de Tlaxcala con la tripulación del San Joaquín, junto con muchos tamemes que portaban cajas de madera conteniendo nuevas armas, cañones, balas y pólvora.

Cortés inició preparativos para la invasión de Tepeaca, donde el oro había sido desviado. Las nuevas armas se distribuyeron entre sus tropas veteranas. Además, reclutó cuatro mil tlaxcaltecas más para servir como auxiliares en la expedición.

Cortés, conjunto con los capitanes Olid y Sandoval, organizó un reformado ejército en los campos vecinos. Una quincena más tarde, Cortés salió con sus tropas. Pedro de Alvarado se quedó en la ciudad de Tlaxcala para entrenar a los marineros del San Joaquín mientras el teniente Ordaz regresaba a Villa Rica para tomar el mando del presidio.

La primera etapa del viaje de Cortés le llevó a Cholula. Después de un breve descanso, el ejército reanudó su marcha, llegando dos días después a la ciudad de Tepeaca. Cortés envió mensajeros a la ciudad exigiendo su rendición, pero éstos fueron golpeados y devueltos al campamento español magullados y ensangrentados. Cortés enfureció.

"Tendremos que forzar nuestra entrada," dijo Cortés a Olid y a Sandoval. "Cristóbal, usted asaltará la ciudad desde el norte con la mayor parte de los soldados. Sandoval, usted atacará desde el sur actuando como distracción."

Los capitanes reunieron sus pelotones y se dirigieron a sus respectivas posiciones. Los auxiliares de Tlaxcala fueron desplegados por los perímetros de la ciudad para evitar que los habitantes escaparan. El asalto comenzó con una llamada del clarín.

Los combates continuaron hasta tarde. Los españoles cargaron valientemente contra la ciudad, pero fueron rechazados una y otra vez. Finalmente, Cortés utilizó sus nuevos cañones. Las grandes armas fueron disparadas repetidamente contra las torres y pirámides de Tepeaca. Con cada cañonazo, madera y yeso volaban in todas direcciones, levantando nubes de polvo y escombros. Después de varios disparos, Cortés ordenó una carga de piqueros y espadachines. Los nativos se resistieron valerosamente, pero finalmente fueron superados. Muchos guerreros intentaron escapar a los campos donde fueron interceptados y aniquilados por auxiliares tlaxcaltecas.

Los sobrevivientes de Tepeaca fueron expulsados de la ciudad a punta de espada y arreados al campamento español. Las mujeres y niños fueron marcados en las mejillas con hierros candentes y divididos entre los soldados como una recompensa de guerra. Las mujeres jóvenes eran las más solicitadas. A veces, brotaron pleitos entre los soldados por las más bellas. Los niños, por otra parte, eran destinados para convertirse en sirvientes personales.

Los españoles rastrearon minuciosamente las ruinas de la ciudad de Tepeaca en busca del oro, pero no lo encontraron. Varios prisioneros indígenas fueron interrogados bajo tortura. Todos relataron que el tesoro había sido cambiado de sitio mucho antes de la llegada de Cortés y su ejército.

En cuanto la ciudad hubo sido pacificada, Cortés convirtió la residencia del tlatoani de Tepeaca en su sede personal. El capitán-general convocó a Olid y a Sandoval a un consejo de guerra esa misma noche.

"Capitán Olid, me gustaría que recorriera el sur del valle," dijo Cortés. "Busque el oro perdido y castigue a los culpables del asesinato de Alcántara y sus hombres. Tome posesión de todos las ciudades y pueblos."

"¿Cómo voy a subyugar tantas ciudades?" preguntó Olid. "No podemos dejar una guarnición en cada poblado."

"Ofrézcales la oportunidad de rendirse," respondió Cortés. "Aquellos que acepten la oferta se salvarán si nos entregan tributo."

"¿En qué forma pagarán este tributo?" preguntó Olid.

"Oro, si es que tienen," dijo Cortés. "De lo contrario, aceptaremos alimentos para las tropas."

"¿Y si se niegan a cumplir? " persistió Olid.

"Sufrirán el mismo destino que Tepeaca," replicó Cortés. "Lleve un par de cañones para impresionar a los nativos sobre el poder de nuestras armas."

Cortés instruyó a Sandoval a que ocupase los poblados que se ubicaban en las partes centrales del valle y luego marchara hacia el norte. Ambos capitanes recibieron las mismas órdenes permanentes de encontrar el oro de Alcántara. Buscaron en vano. Nunca apareció el oro y sólo unas pocas huellas de la patrulla de Alcántara fueron reveladas.

Al mismo tiempo, una epidemia de viruela azotaba todo el valle. A dondequiera que iban los soldados españoles, veían signos de la funesta enfermedad. Las llagas y cicatrices marcaban muchas caras. Las tumbas frescas y las procesiones fúnebres eran comunes.

Un día, Olid y sus soldados se acercaron a un pueblo bastante grande al pie de las montañas preparados para encontrar resistencia. Con precaución, los soldados marcharon a la plaza central de la ciudad. Sólo unas pocas figuras furtivas se podían apreciar, medios escondidos entre las sombras. Sin embargo, encontraron muchos cuerpos hinchados en las calles y puertas de las casas. El hedor de la muerte era sofocante. No había nadie en el pueblo lo suficientemente saludable para tratar con los téotl. Los tlatoanis y tlamacazquis habían perecido a causa de la pestilencia. Los pocos habitantes sobrevivientes estaban demasiado débiles para ofrecer oposición a los conquistadores.

El capitán Sandoval, por su parte, descubrió que la mayoría de los pueblos en su sector del valle estaban ansiosos por rendirse, deseando evitar la violencia de batalla. Otras ciudades sin embargo habían sido guarnicionadas por guerreros águila y los aztecas no permitirían su sometimiento. Los guerreros de estos pueblos se resistieron con gran valentía y los soldados de Sandoval sufrieron varias bajas en su intento de conquistarles.

Al joven capitán le había tocado la tarea de sujetar el bastión azteca de Tzinpantzinco. Tzinpantzinco estaba situado en la cima de una colina rocosa con vistas a las llanuras de Zempoala. Sólo un lado estaba un poco vulnerable donde un sendero empinado que llevaba a la fortaleza cruzaba un alto acantilado.

Sandoval y sus soldados avanzaron por el sendero que serpenteaba hacia arriba. El joven capitán había estacionado sus ballesteros al frente, seguidos por un destacamento de infantería. Los soldados habían progresado cerca de la mitad de la distancia a la fortaleza cuando un torrente de rocas cayó sobre ellos. Uno de los ballesteros fue aplastado por una gran roca y los demás se retiraron. Sandoval y sus soldados intentaron otras cargas, pero fueron rechazados cada vez.

El joven capitán no quería perder mucho tiempo en asediar el lugar, pero no veía otra alternativa. Como sucedió, no tuvo que esperar mucho para que cayera el fuerte. Varios guerreros aztecas habían sido expuestos a la viruela, infectando a los demás que se encontraban confinados en el lugar. Los guerreros se enfermaron y murieron en poco tiempo. Sus compañeros arrojaban los cuerpos por la pendiente más retirada de sus fortificaciones. El montón de cadáveres podridos que se apilaban al fondo crecía día a día.

En tan solo una semana, toda la guarnición había sucumbido a la enfermedad.

Sandoval y sus soldados entraron sigilosamente en la fortaleza azteca, pero encontraron sólo unos pocos guerreros enfermos con apenas señales de vida. Los soldados españoles escudriñaron diligentemente cada rincón de la fortaleza, pero no encontraron ningún rastro del oro de Alcántara.

Mientras Olid y Sandoval estaban pacificando el valle, Cortés esperó en la ciudad de Tepeaca. El clima era agradable. Picos volcánicos rodeaban el valle. Las colinas estaban cubiertas de verdura. Los arroyos fluían por las laderas de las montañas, proporcionando agua para el riego de los cultivos. Había frutas y flores en abundancia.

La ciudad de Tepeaca estaba situada sobre un camino comercial importante. Cortés consideró que el camino se convertiría algún día en la ruta principal entre el puerto de Vera Cruz y la capital de la Nueva España en el valle de México, y que el pueblo serviría como la segunda colonia de la provincia. El capitán-general elaboró una escritura constituyendo su nueva sede y renombró la ciudad 'Villa Segura de la Frontera'. Estaba haciendo planes para establecer un municipio español que reemplazaría el poblado indígena cuando recibió noticias de otro barco que había aparecido en la costa. La llegada de esta nave no era inesperada del todo.

Cuando Pánfilo Narváez vino a Vera Cruz la primavera anterior, llevó dieciocho barcos consigo. El capitán de uno de esos barcos era un conocido de Cortés de Santiago de Cuba, de nombre José Caballero. Caballero había recibido un golpe de lanza en la cadera en la batalla de Zempoala y estaba ahora cojo. Caballero mencionó a capitán-general Cortés que era probable que el gobernador Velázquez de Cuba enviara más barcos con suministros adicionales. Cortés le ofreció a Caballero el puesto de capitán del puerto de Vera Cruz mientras se recuperaba de sus heridas. Le pagó un año de salario en lingotes. Caballero vivía junto a la playa con un grupo de nativos que le ayudaban a cuidar los barcos de Narváez y a llevar a tierra todo lo que pudiera ser útil. Pacas con alimentos, herramienta, cadenas, velas y rollos de cuerda estaban almacenados en palapas. El trabajo de Caballero no era muy demandante, ya que pasaban semanas y meses sin la llegada de ningún barco al puerto. Caballero siempre se mantuvo vigilante y preparado, por si acaso llegaba un barco algún día.

Una mañana a finales del otoño, Caballero fue alertado por sus ayudantes sobre la aparición de velas en el mar. Cuando la nave entró al puerto, Caballero constató que se trataba de un barco de carga enarbolando la bandera de Cuba. El cojo capitán de puerto despachó un corredor para informar los acontecimientos al teniente Ordaz, comandante del presidio de Villa Rica. Caballero abrochó su cinturón de espada, ajustó su gorra y se preparó para saludar al grupo de desembarque. Cuando la lancha se detuvo en la playa, Caballero reconoció al jefe de la tripulación.

"¡Mira lo que entró con la marea!" exclamó Caballero. "Se me hace que es mi antiguo amigo, Francisco Barba. ¿Qué le trae a estas costas?" Barba era un oficial militar, alto y robusto. Había recibido un golpe en la cara con un hacha de guerra durante el conflicto italiano, un golpe que habría matado a cualquier otro hombre. Una cicatriz profunda se extendía diagonalmente a través de su frente hasta su mejilla. Su ojo derecho estaba partido en medio. Llevaba un parche para cubrirlo.

"Hemos sido enviados por el gobernador Velázquez con suministros para el general Narváez," contestó Barba.

"¿Velázquez sigue gobernando en Cuba?" preguntó Caballero. "¿Qué está pasando en la isla?"

"El gobernador Velázquez está preocupado por Hernán Cortés y su banda de traidores," respondió el oficial tuerto. "Está ansioso por saber cómo han sido vencidos los rebeldes. También desea información sobre el estado de la expedición de Narváez al interior."

El astuto capitán Caballero formuló un plan para controlar la nave y su tripulación conforme a los propósitos de Cortés con un mínimo de derramamiento de sangre. "Muy bien. Muy bien, de hecho," dijo con una gran sonrisa. "El general Narváez estará muy contento a enterarse de su llegada. Edificó un presidio a poca distancia de aquí, tierra adentro. Venga, vamos a darle las buenas noticias."

Mientras Barba y su piloto seguían a Caballero por el camino arenoso que conducía al presidio, éste hizo un largo relató sobre Narváez, quien supuestamente había conquistado la mayor parte del territorio y subordinado a muchas tribus de indios, los cuales le habían rendidos magníficos tributos. Cuando el tuerto Barba preguntó sobre el destino final de Hernán Cortés, Caballero respondió vagamente que el renegado había escapado de alguna manera con algunos de sus hombres y que se escondían en las colinas.

Más tarde ese día, Caballero y sus invitados llegaron a Villa Rica. El teniente Ordaz, que había sido informado sobre los nuevos visitantes, salió de sus aposentos acompañado por diez espadachines.

Barba no reconoció a Ordaz ni a ninguno de los otros soldados, por lo que comenzó a experimentar sospechas. "¿Es usted un oficial adscrito a Narváez?" preguntó.

"No, en realidad no," respondió el teniente Ordaz. "El general Narváez se encuentra prisionero aquí en el presidio de Villa Rica." Siguiendo su señal, los diez soldados desenvainaron sus espadas. "Ustedes pueden acompañarle en la cárcel o, de lo contrario, tendrán la oportunidad de unirse con el capitán-general Cortés y convertirse en hombres ricos."

Barba casi se desmayó y tuvo que apoyarse en el piloto. Le tomó unos minutos recuperar su equilibrio. La única palabra que podía pronunciar fue un lacónico "¿Cómo?"

"Pasen adentro," dijo el teniente Ordaz. "Les invito a cenar. Mientras comamos, les explicaré todo."

Barba y el piloto comieron mientras Ordaz les relataba las aventuras de Cortés, como venció sobre Narváez, las tierras indias que había conquistado y las riquezas fantásticas que había acumulado. Ordaz omitió con prudente tacto mencionar los recientes reveses sufridos en Tenochtitlán. Mientras el teniente Ordaz hablaba, el capitán tuerto empezó a razonar las ventajas de unirse a Cortés, quien obviamente era un comandante de rango superior.

Al término de la cena, el teniente Ordaz le dijo a Barba, "Ustedes tienen que decidir. Al levantarse de esta mesa pueden ir a acompañar a Narváez en su celda donde la comida no es tan buena como la que acaban de disfrutar, o bien pueden firmar un juramento de lealtad a nuestro capitán-general Hernán Cortés y formar parte de la colonia de la Nueva España. ¿Qué es lo que disponen?"

Barba miró a su piloto quien señaló que estaba de acuerdo con la propuesta de Ordaz. "Estamos con Cortés de aquí en adelante," respondió el militar tuerto.

Ordaz les presentó la lista de colonos. Barba y el piloto apuntaron sus firmas.

"Mis soldados les mostrarán a sus acantonamientos," dijo el teniente Ordaz. "Señor Barba, me gustaría hablar con usted a solas, si me permite."

Una vez que el piloto se hubo retirado, el teniente Ordaz preguntó a Barba sobre la carga que custodiaba en las bodegas de su embarcación.

"Hay cinco cañones de tamaño mediano con doscientas balas y quince barriles de pólvora," respondió Francisco Barba. "Tengo un inventario completo de todos los arcabuces y ballestas en mi cabina a bordo el barco."

"¿Cómo transportaremos los suministros a tierra?" preguntó el teniente Ordaz. "¿Habrá problemas con el resto de la tripulación?"

"Permítame hablar con ellos," dijo Barba. "Creo que todos seguirán nuestro ejemplo."

A la mañana siguiente, el teniente Ordaz acompañó a Barba, su piloto, y al cojo Caballero de vuelta a la playa. El militar tuerto ofreció a la tripulación la misma opción de unirse a Narváez en la cárcel o bien de marchar con Cortés en busca de riquezas ilimitadas. No fue muy difícil convencer a la mayoría de ellos a aliarse con Cortés. De esta manera, el capitán-general adquirió trece hombres y dos caballos como regalo involuntario de parte de su enemigo jurado, el gobernador Velázquez de Cuba.

Barba más tarde relató al teniente Ordaz que, cuando estaba partiendo del puerto de La Habana, otro barco también estaba siendo cargado de suministros. Barba estimó que el segundo barco llegaría en aproximadamente una semana. De manera similar, otro barco cayó en la misma trampa, añadiendo al botín de Cortés ocho hombres, un caballo, armas, y algunos implementos agrícolas.

Las tripulaciones de los barcos fueron llevadas en destacamentos a Tepeaca para reunirse con Cortés. El capitán-general habló con cada hombre individualmente y luego los asignó para servir bajo las órdenes de sus oficiales veteranos. La mayoría de los recién llegados fueron enviados a Tlaxcala para recibir capacitación adicional con Pedro de Alvarado.

Sergio Garay, gobernador de la colonia española de Jamaica, se enteró por medio de sus contactos en Cuba de tierras recién descubiertas, más lejos al oeste. Según los reportes, el territorio poseía riquezas en abundancia. Garay no estaba dispuesto a permitir que Velázquez de Cuba retuviera todo por sí mismo. Garay había oído hablar de un amplio río que se desembocaba en un puerto natural situado al norte de Vera Cruz. A Garay, le pareció un sitio favorable para establecer una nueva colonia bajo la autoridad de Jamaica. El gobernador equipó tres barcos y los envió con grandes esperanzas bajo el mando de su amigo Eduardo García-Bravo.

Los tres barcos arribaron al puerto del río Panuco unas semanas después. Los dos buques más pequeños ingresaron a las aguas protegidas sin problema, pero el buque insignia de García-Bravo no tuvo la misma suerte, pues su gran calado impidió el paso. El barco grande bajó sus anclas y se quedó afuera, mientras que las tripulaciones de las otras dos naves desembarcaron en la bahía. El grupo de desembarque encontró algunos montículos elevados entre los pantanos que rodeaban el puerto. Los soldados construyeron refugios rudimentarios hechos de ramas de árboles y hojas de palma.

Durante la segunda noche en el puerto, un centinela a bordo el buque insignia espió llamas de fuego que envolvían los dos barcos más pequeños. Levantó la alarma al instante. García-Bravo despertó al oír el clamor de la campana.

"¿Qué pasa?" preguntó el capitán a subir a la cubierta.

"Mire, señor," dijo el centinela, apuntando.

García-Bravo pudo ver que el agua del puerto estaba llena de canoas. Los marineros españoles a bordo de los barcos pequeños se lanzaban al agua para escapar de las llamas. Nativos en canoas entonces los mataron con sus lanzas. El capitán miró al campamento y observó como los soldados jamaiquinos estaban siendo golpeados hasta su muerte. García-Bravo ordenó a su artillería disparar contra las canoas. Algunas fueron hundidas, pero las canoas intactas dieron la vuelta y remaron en dirección del buque insignia. El capitán giró órdenes para montar a la tripulación en la cubierta con arcabuces cargados y mechas prendidas, y con ballestas prestas para disparar. Los marineros lucharon furiosamente para repeler a los indios. Después de una breve batalla, los nativos dejaron de pelear y regresaron al puerto para saquear el campamento español.

Prosiguió una noche larga y tensa. A primera luz del día, García-Bravo dio la orden de levantar anclas y zarpar al mar abierto. Consultó con su piloto y decidieron solicitar refugio con los colonos cubanos en Vera Cruz.

El cojo capitán de puerto Caballero se sorprendió cuando un barco que llevaba la bandera de Jamaica llegó pocos días después de haber arribado el segundo barco cubano. Recibió cordialmente al capitán de Jamaica. Le aseguró que él y su tripulación habían encontrado seguridad en Vera Cruz, y que las tierras circundantes habían sido completamente pacificadas. Al día siguiente, el teniente Ordaz cabalgaba desde Villa Rica para entrevistar a los recién llegados. Después de una larga discusión, García-Bravo y sus hombres decidieron unirse a Cortés y renunciar sus lazos jamaiquinos.

Esa noche, Eduardo García-Bravo cenó con el teniente Ordaz en el comedor del presidio. García-Bravo informó a Ordaz que otros dos barcos adicionales estaban preparándose para partir de Jamaica con rumbo a Panuco. Ordaz propuso al capitán jamaiquino que patrullara las aguas para advertir a sus paisanos de los peligros que se presentaban más al norte. Una quincena más tarde, el buque insignia de García-Bravo regresó a Vera Cruz seguido por otros dos buques enarbolando banderas de Jamaica. El resultado final del intento del gobernador Garay para establecer una nueva colonia fue el que Hernán Cortés engrosara sus filas con ciento cincuenta hombres adicionales y diecisiete valiosos caballos. Cortés también aumentó su armamento con seis cañones muy útiles.

El invierno se estaba acercando cuando Olid y Sandoval regresaron a Villa Segura de la Frontera con sus tropas después de la pacificación del valle. Los altos picos volcánicos estaban cubiertos de nieve. Sus conos blancos elevaban majestuosos sobre las verdes colinas.

"Lamento decirle que no pudimos determinar lo que pasó con Juan Alcántara," Olid informó a Cortés. " Tampoco encontramos el oro."

"Bueno, no importa," dijo el capitán-general. "Todavía hay mucho oro y plata en esta tierra. Lo único que nos falta es encontrarlo y tomarlo. El oro que perdimos será eventualmente reemplazado."

"Necesitamos refuerzos antes de que eso pueda suceder," observó Sandoval. "Más hombres, más caballos, más armas."

"Tenemos a la mano todas esas cosas," dijo Cortés. Procedió entonces a relatar a sus capitanes cómo los barcos jamaiquinos habían aparecido milagrosamente en el puerto de Vera Cruz. "Me iré a la costa mañana por la mañana para hablar con las tripulaciones."

El teniente Ordaz dio la bienvenida a Cortés en las puertas del presidio pocos días después. "¿A qué debemos el honor de una visita de nuestro capitán-general?" preguntó.

"Creo que el momento de retomar la ciudad de Tenochtitlán de nuestros enemigos se está acercando," respondió Cortés. "Los servicios suyos serán necesarios para atestar el asalto final. Usted me acompañará a Tlaxcala en unos pocos días en preparación de dicha conquista."

"Me contento al oír eso," dijo Ordaz. "Estoy ansioso por emprender alguna actividad. La vida es demasiado aburrida en este lugar."

"Vamos a aliviar su aburrimiento, se lo aseguro," dijo Cortés. "Ahora quiero que me presente al comandante de la expedición jamaiquina. Entiendo que es un hombre educado."

"Es verdad, capitán-general," respondió Ordaz. "Es un graduado universitario. Lo traeré a sus aposentos de inmediato."

Cortés pasó algún tiempo conversando con García-Bravo sobre los asuntos en Jamaica y el malogrado intento de establecer una colonia en Panuco. En el transcurso de sus discusiones, Cortés se enteró de que García-Bravo había estudiado arquitectura en la Universidad de Salamanca antes de venir al Nuevo Mundo. Al final de la conversación, el capitán-general ofreció a García-Bravo el puesto de comandante del presidio, mientras Ordaz lo acompañaba a Tlaxcala junto con la mayoría de los marineros y soldados de la expedición jamaiquina. García-Bravo y unos veinte soldados se quedarían atrás para guardar el fuerte.

Cortés y el teniente Ordaz llegaron con los nuevos reclutas a la ciudad de Tlaxcala una semana después. Cortés se instaló en sus antiguos aposentos en el palacio del cacique ciego y envió un corredor nativo a Tepeaca con mensajes para Sandoval y Olid, con instrucciones de reportarse lo antes posible con sus destacamentos a Tlaxcala.

Cuando todas las fuerzas se habían reunido en Tlaxcala, Cortés y sus oficiales reorganizaron el ejército, repartiendo los nuevos refuerzos entre las divisiones de veteranos. Los soldados de infantería entrenaron a marcha forzada todos los días mientras los soldados de la caballería maniobraron en las llanuras. Los artilleros practicaban repetidamente la carga y el disparo de sus cañones. A los arcabuceros, les colocaron blancos para que aprendiesen a dominar sus armas. Los capitanes Alvarado, Olid y Sandoval trabajaron con soldados en lo individual para mejorar su habilidad con la espada y modificar sus golpes y empujones para contrarrestar las tácticas de los aztecas.

El militar tuerto, Francisco Barba, que había sido oficial en el ejército real de España, estuvo al mando de los ballesteros. El entrenamiento de Barba para los reclutas fue minucioso y riguroso. Organizó a sus hombres en tres filas rotatorias y les mostró cómo disparar en voleas. A sus órdenes, algunos de los hombres dispararon mientras otros recargaban, así permitiendo a los ballesteros mantener un fuego constante.

Barba hizo un inventario de sus flechas de ballesta y dio cuenta que la cantidad actual era lamentablemente inadecuada para emprender una invasión a gran escala del territorio enemigo. Delegó a algunos hombres para enseñar a los tlaxcaltecas la fabricación de flechas de ballesta. Los yacimientos de cobre eran abundantes en la región. Los soldados construyeron una forja y fabricaron puntas de flecha de cobre día tras día. Los auxiliares tlaxcaltecas fijaron las puntas en las astas hasta que habían preparado más de cincuenta mil flechas.

Mientras el ejército entrenaba en los campos de Tlaxcala, Cortés asignó al carpintero de ribera, Martín López, un proyecto especial. Cortés se había impresionado mucho con el bergantín que López construyó para navegar las aguas del lago de Texcoco. El capitán-general había concluido que unos bergantines serían útiles para proporcionar fuego de cobertura mientras la infantería avanzaba por las calzadas de Tenochtitlán. Bosques de pinos altos y rectos cubrían las colinas que circundaban la ciudad de Tlaxcala. Había madera suficiente para fabricar quillas y tablones para varios cascos. Cortés y López decidieron que la madera podría ser tallada en Tlaxcala y cargada por tamemes a Texcoco para su montaje final cerca de la orilla del enorme lago. Cortés instruyó a López a elegir sus ayudantes de entre los españoles y tlaxcaltecas, y que formara madera suficiente para armar el mayor número posible de bergantines. Los golpes de hachas y azuelas pronto resonaron en las colinas y valles de Tlaxcala. Cortés autorizó a López a que trajese del puerto de Vera Cruz todas las velas, cadenas y herrería necesarias, donde más de veinte barcos desocupados estaban anclados.

Cortés no tuvo problemas para alistara otros diez mil guerreros tlaxcaltecas para servir como auxiliares en el inminente ataque a la capital de los aztecas. Los tlaxcaltecas estaban conscientes de que la derrota de Tenochtitlán estaba próxima y querían participar en la destrucción final de sus acérrimos enemigos.

En un día frío y ventoso a finales de noviembre llegó un visitante inesperado a la ciudad de Tlaxcala. Ixtlilxóchitl, miembro de la familia real de Texcoco, había viajado a las montañas para solicitar al capitán-general que lo nombrara tlatoani de Texcoco. Ixtlilxóchitl explicó que había sido excluido de su posición legítima en la jerarquía de Texcoco por algunos de sus familiares. Prometió ayudar a Cortés en todos sentidos y convertirse en su fiel aliado. Cortés aprovechó esta oportunidad para romper definitivamente la Triple Alianza. El capitán-general accedió instalar a Ixtlilxóchitl como tlatoani de Texcoco bajo la condición de que jurar lealtad a la corona española y de convertirse a la fe cristiana. Ixtlilxóchitl aceptó con gusto y fue enviado a estudiar los fundamentales de la iglesia bajo la tutela de Licenciado Aguilar.

Casi una quincena después, Ixtlilxóchitl apareció con Aguilar en la sede de Cortés con un mensaje urgente. "Tengo noticias de Tenochtitlán," dijo Ixtlilxóchitl. "El nuevo Emperador de los aztecas murió."

"¿El Emperador ha muerto?" cuestionó Cortés. "¿Cómo sucedió eso?"

"Cuitláhuac murió a causa de la peste," respondió Ixtlilxóchitl. "Mucha gente fallece continuamente en la ciudad. Todos los días hay largas procesiones que llevan cuerpos para ser enterrados."

"¿Quién gobernará en su lugar?" preguntó Cortés.

"Me parece que le sucederá su sobrino Cuauhtémoc, quien tiene el apoyo de los nobles y los tlacatecatl de los Mexicas," dijo Ixtlilxóchitl. "No me sorprendería si fuera elegido para gobernar la Triple Alianza."

"Cuénteme más sobre este Cuauhtémoc," dijo Cortés. "¿Qué tipo de líder es?"

"Es joven y fuerte," dijo Ixtlilxóchitl. "Ha demostrado su valor en el campo de batalla. Los aztecas le obedecerán sin vacilación."

"Bueno, trataremos con él en el momento indicado," dijo Cortés. "Gracias por esta información." Ixtlilxóchitl se retiró. Cortés convocó a sus oficiales en su cuartel general para discutir estos acontecimientos. Todos estaban de acuerdo que la confusión en la capital enemiga contribuiría a lograr una invasión exitosa de sus tierras y que el momento de comenzar la campaña final había llegado.

Cortés revisó a sus tropas. Quedó convencido de que su nuevo ejército estaba ya listo para luchar exitosamente contra los aztecas.

El padre Olmedo celebró la misa de Navidad con Cortés y su ejército. Al día siguiente, los españoles partieron hacia Tenochtitlán con toda intención de matar y esclavizar al pueblo azteca, y de destruir todos los rastros de su religión pagana.

Circunvalación

Cortés condujo a su ejército fuera de las montañas hacía el valle de México. Los ciudadanos de Texcoco huyeron de los téotl, incluso los jefes de la ciudad, llevando consigo a todos sus guerreros. La gente común buscó refugio de los extranjeros y de sus monstruos en los campos de cultivo. El ejército téotl ocupó rápidamente la ciudad más antigua de la Triple Alianza. Texcoco estaba repleta de jardines y parques. Un acueducto suministraba agua dulce a las fuentes de la ciudad. Había muchos teocallis y palacios, así como un vasto mercado a la orilla del lago. Los españoles encontraron cómodos acantonamientos para descansar en la ciudad y construyeron establos para sus caballos.

La primera acción de Cortés fue instalar a Ixtlilxóchitl como tlatoani de Texcoco con una ceremonia en la gran plaza cerca del teocalli más alto. Al final de la ceremonia, un soldado presentó la insignia de España a Ixtlilxóchitl, quien besó obedientemente la bandera. El padre Olmedo llevó un crucifijo al nuevo tlatoani. Ixtlilxóchitl se arrodilló e hizo la señal de la cruz sobre su pecho mientras el sacerdote le rociaba con agua bendita. Los arcabuceros españoles dispararon una salva y los heraldos nativos anunciaron la coronación en todos los distritos de Texcoco.

Ixtlilxóchitl se estableció en un palacio que anteriormente había pertenecido a Cacamatzin, el tlatoani de Texcoco depuesto por Cortés y ejecutado por Alvarado. Ixtlilxóchitl vivía a todo lujo en las salas centrales del palacio. Sin embargo, nadie tenía dudas de que él gobernaba solamente para complacer a Cortés. El capitán-general y su consorte, Doña Marina, ocupaban otras habitaciones dentro del extenso palacio.

Una vez situado, Cortés comenzó a formular planes para la conquista final de los aztecas. Convocó a sus oficiales a su nuevo cuartel general.

"Es preciso mantengamos control de todo Texcoco," explicó Cortés. "Capitán Sandoval, a usted le corresponde esta tarea. Asigne centinelas y vigile los perímetros de la ciudad para proteger nuestras instalaciones."

"Sí, señor," respondió Sandoval.

"Capitán Olid, me gustaría que investigue más al interior," dijo Cortés. "Necesitaremos una fuente constante de alimentos. Busque y apodérese de todos los graneros."

"Capitán Alvarado," continuó el capitán-general, "de alguna manera tenemos que sujetar los accesos a las calzadas de Tenochtitlán. Ese será su objetivo principal."

Durante los días siguientes, una serie de ataques de los aztecas en las afueras de la ciudad consternó mucho a los españoles. De los bosques salieron hordas de guerreros, gritando y lanzando flechas. Con frecuencia, aparecían flotillas de canoas en la orilla del lago. Los indios intentaron matar a los soldados españoles, quienes se defendieron, sin embargo, superando a los nativos con sus espadas de acero. Sandoval y los auxiliares tlaxcaltecas construyeron una serie de empalizadas alrededor de la ciudad para evitar que el enemigo penetrara las defensas.

Unos días más tarde, Pedro de Alvarado vino a conversar con Cortés. "Creo que es posible ocupar Iztapalapa en el extremo sur de la larga calzada," dijo el capitán pelirrojo. "Conocemos los caminos de esa zona suficientemente bien."

"¿Cuándo puede lanzar una incursión?" preguntó Cortés.

"Mañana," contestó Alvarado. "Sólo estamos esperando su orden."

"Adelante, entonces," dijo Cortés. "La expedición saldrá a primera luz. Yo los acompañaré."

Iztapalapa estaba situada a un día de marcha a través de una larga península entre dos extensiones del gran lago. Muchas chinampas flotaban a lo largo de las orillas. La mayoría de la tierra de cultivo cerca de

Iztapalapa había sido recuperada de los pantanos por medio de una serie de diques y zanjas de drenaje.

Alvarado se había reunido una fuerza de dieciséis soldados a caballo, varios arcabuceros y ballesteros, doscientos soldados de infantería y dos mil auxiliares tlaxcaltecas para acometer la conquista de Iztapalapa. Era una mañana fría de invierno cuando Cortés y Alvarado salieron con la expedición. La marcha continuó sin incidentes hasta que la columna llegó a los alrededores de Iztapalapa. Cortés ordenó hacer un alto a la marcha para permitir a los exploradores reconocer el área. Los exploradores regresaron poco después con informes sobre un gran número de guerreros aztecas reunidos a las entradas de la ciudad.

"Capitán Alvarado, forme a la caballería," dijo Cortés. "Trataré de expulsar al enemigo con nuestros caballos."

La corneta sonó y los caballos cargaron por el camino que conducía a la entrada de Iztapalapa con el capitán-general Cortés al frente. En cuanto los nativos percibieron las bestias enormes galopando en su dirección, se dispersaron a toda prisa. Cortés espoleó su caballo en persecución de ellos. Los guerreros aztecas corrieron a la ciudad y se dividieron en pequeños grupos huyendo por las retorcidas calles de Iztapalapa. Cortés estaba acercándose a una pandilla cuando una roca grande lanzada desde una azotea impactó su casco, dejándolo casi inconsciente. El capitán-general estuvo a punto de caer de su caballo. Le zumbaron los oídos y se le nubló la visión. Los indios se detuvieron y trataron de jalar el impetuoso Malintzin de su montura. Cortés logró controlar a su caballo, liberándose de sus asaltantes. Dio vuelta para regresar a las filas españolas. Otras rocas más rebotaron de su armadura mientras huía por el medio de las casas. Cortés regresó al cuerpo principal del ejército, maldiciéndose a sí mismo por su insensatez. Uno de los jinetes que había seguido a Cortés a la ciudad jamás regresó. El jinete se perdió en un callejón sin salida y fue revolcado de su caballo bajo una lluvia de rocas. Los aztecas se amontaron sobre él, matándolo allí en la calle. El caballo sin jinete corrió aterrorizado a la plaza central de la ciudad. Los guerreros con sus hondas y arcos rodearon el caballo, y lo derribaron finalmente con cientos de flechas que penetraron cada pedazo de su piel.

El ejército español cerró filas y entró a la ciudad por el anochecer. Los soldados que estaban en la vanguardia encontraron la ciudad abandonada. Toda la comida y las pertenecías de valor habían sido llevadas fuera de la ciudad por los habitantes. Los soldados españoles ocuparon unas casas vacías para descansar y dormir mientras que los centinelas vigilaron las calles vecinas. Un poco antes de medianoche, uno de ellos levantó la alarma cuando brotaron llamas en una casa cercana. Algunos soldados fueron a investigar, pero no encontraron enemigos. No podían hacer más a que observar mientras ardía el edificio. Más tarde, se incendió también otra casa. Momentos después, un grupo de guerreros aztecas se acercó al campamento español con gritos y redobles de tambores. Todos los hombres del ejército se levantaron para defenderse. Los soldados lograron repeler a sus asaltantes con espadas y picas. Tan pronto como los soldados regresaron a sus acantonamientos, se dio otro ataque desde una dirección diferente despertándolos a la acción de nuevo. Más casas se incendiaron. El tumulto continuó hasta el alba.

Después de una larga noche sin descanso, Cortés concluyó que sería prudente retirarse a Texcoco y regresar con más refuerzos en otra ocasión. Ordenó la retirada. La columna española no había avanzado mucho cuando la vanguardia descubrió que el camino por delante estaba cubierto de agua. Los aztecas habían abierto sus diques, inundando campos y caminos. A los soldados españoles, no les quedó otro remedio que vadear por el agua. Al principio el agua les llegó hasta sus rodillas, pero en otros lugares llegó a los pechos de los soldados. El ejército progresaba muy despacio a través del agua y el lodo, quedando casi indefenso cuando aztecas en canoas cayeron encima de los flancos. Varios soldados y al menos cien auxiliares tlaxcaltecas perdieron su vida en la lucha. El ejército por fin llegó a tierra firme y los aztecas dejaron de atacar.

Cortés arribó a Texcoco de mal humor. Se retiró a sus aposentos y se quedó allí sin salir durante unos días. Por fin, el capitán-general envió Orteguilla, su paje, para citar a Sandoval.

"El comandante dice que usted debe reportarse de inmediato," dijo el paje después de localizar al joven capitán en una casa en las afueras de Texcoco. "Venga conmigo. Le mostraré el camino."

El paje condujo Sandoval a través de las calles de Texcoco, a un extenso palacio en una ladera cubierta de árboles y arbustos. Sandoval siguió al muchacho a la habitación del comandante.

"Entre, capitán Sandoval," dijo Cortés. "Supongo que ha oído hablar de nuestros reveses en Iztapalapa."

'Sí, señor," respondió Sandoval.

"Ahora tendremos que circundar la península y continuar más hacia el sur," dijo Cortés. "La ciudad de Chalco en los confines del lago será el primer obstáculo que encontremos en el camino. Quiero que usted vaya adelante para dominar a la ciudad en anticipación a nuestro paso."

"¿Cuándo saldré?" preguntó Sandoval. "¿Que tropas me asignará?"

"Cien soldados de infantería y diez de caballería, con un destacamento de arcabuceros y ballesteros," dijo Cortés. "Lleve consigo cuatro cañones y unos artilleros. Utilice todos los auxiliares tlaxcaltecas que requiera. Salga lo antes posible."

Sandoval llegó a Chalco unos días más tarde. Estableció un campamento en un maizal cerca de la ciudad. Al rayar el alba de la mañana siguiente, Sandoval organizó sus tropas para hacer un asalto. El joven capitán estaba a punto de dar la orden a avanzar cuando una delegación de nobles indios emergió de la ciudad para solicitar la paz. Los emisarios le relataron a Sandoval que el tlatoani legítimo de Chalco había muerto a causa de la peste y que muchos otros ciudadanos también se encontraban enfermos. Los chalcanos estaban asustados y completamente desmoralizados por los estragos de la enfermedad, y no tenían ganas de luchar. El hijo mayor del tlatoani rogó a Sandoval que perdonara a la ciudad y a su gente. Juró obediencia a Malintzin. Se comprometió a prestar ayuda a los téotl en cuanto cesara la plaga y los ciudadanos pudieran enterrar a sus muertos. Sandoval y sus tropas regresaron a Texcoco con el hijo del tlatoani. Hernán Cortés instaló al hijo, Acacitzin, como el nuevo tlatoani de Chalco después de que éste prometiera lealtad al Rey de España.

Cortés se alegró al enterarse de la rendición de Chalco y continuó haciendo planes para lograr la conquista final de Tenochtitlán en la isla. Envió a Orteguilla a buscar a Cristóbal de Olid.

"Tenemos que proteger nuestra base de operaciones," dijo Cortés a Olid. "Hay algunas ciudades hostiles todavía al norte de Texcoco. Los aztecas están utilizando estas regiones para montar sus ataques. Tenemos que pacificar todo el territorio antes de proceder con la conquista de su capital. Ojalá que la mayoría de las ciudades se rindan sin lucha alguna, como sucedió con Chalco. Si no es así, sujete a los pueblos por cualquier medio necesario."

Olid no pudo conquistar un lugar, sin embargo. Xaltocan era una ciudad isleña en el medio del lago. Al igual que Tenochtitlán, estaba conectada a la orilla por una estrecha calzada. Cientos de canoas y miles de guerreros habían sido traslados de Tenochtitlán y de otras ciudades a Xaltocan. Olid hizo varios asaltos a la ciudad en la isla, pero ninguno tuvo éxito. Los aztecas permitieron a los invasores a avanzar por la calzada parte de la distancia que llevaba a la ciudad. Cuando vieron que había muchos soldados expuestos, les atacaron en sus canoas, lanzando nubes de proyectiles. Les provocaron grandes pérdidas a los españoles, obligándoles a retirarse a la orilla. Xaltocan quedó como constante irritante para ser atendido más tarde.

Cortés estaba ansioso por llevar la guerra a la capital de los aztecas. Convocó a sus capitanes a sus aposentos. "Estamos luchando contra el enemigo bajo sus términos, no bajo los nuestros," les dijo. "Tenemos que explotar las debilidades de los indios."

"¿Qué tiene en mente?" preguntó Alvarado.

"Nuestras fuerzas son invencibles en tierra firme," explicó Cortés. "Los salvajes tienen una ventaja cuando intentamos atacarlos por el agua. Por lo tanto, nuestra próxima expedición incluirá una circunvalación completa del lago. Venceremos a los indios en las llanuras, cortando así sus líneas de abastecimiento. De esta forma nos será más fácil sujetar su capital en la isla."

"Capitán Sandoval," continuó Cortés, "usted permanecerá aquí en Texcoco. Prepare la transportación de la madera de los bergantines en cuanto Martín López le avise que está listo. No tardará mucho. Lleve un destacamento adecuado de caballería e infantería a Tlaxcala para acompañar López y a los tamemes con la madera desde las montañas hasta la orilla del lago."

"Alvarado y Olid, ustedes marcharán conmigo en la circunvalación," dijo Cortés. "Reúnan nuestras fuerzas y prepárense para partir dentro de dos días."

Los capitanes organizaron un destacamento de trescientos soldados españoles, treinta caballos y veinte mil auxiliares nativos de Tlaxcala, Texcoco y Chalco. Todos los arcabuceros y ballesteros disponibles se asignaron para acompañarlos, junto con la mayor parte de la artillería.

Cuando el ejército español se acercó a Oaxtepec varios días después, los soldados en la vanguardia comenzaron a encontrar bandas de nativos beligerantes. Éstos lanzaron flechas y piedras que rebotaron en las armaduras de los españoles. Los soldados continuaron avanzando, pero encontraron más resistencia en las afueras de la ciudad. Cortés ordenó un alto a la marcha.

"Capitán Alvarado," dijo Cortés, "informe a Francisco Barba que se coloque al frente de la columna con su escuadrón de ballesteros."

Las semanas de práctica de los ballesteros disparando en voleas tuvo un buen efecto. Desataron un torrente de misiles mortales, despejando a los guerreros hostiles del camino, obligándoles a retirarse a los bosques circundantes.

La noche estaba cayendo cuando el ejército español llegó al centro de Oaxtepec. Los soldados entraron las casas y comieron vorazmente todos los alimentos que encontraron. Por acuerdo previo, Cortés envió una tropa de soldados bajo el mando de uno de sus oficiales más confiables, el sargento Villanueva, para apoderarse de todo el oro y la plata que se encontraba en los templos y palacios.

Cuando el sol amaneció sobre Oaxtepec al día siguiente, Cortés convocó a sus capitanes a la sede que había establecido en el palacio del tlatoani de la ciudad. El cacique había sido muerto por los acompañantes de Villanueva cuando éste se resistió a entregarles su tesorería. Arrastraron fuera el cuerpo del tlatoani, dejando trazas de su sangre por el suelo.

"Señores, creo que conocen a Ignacio Villanueva," dijo Cortés a sus capitanes. "Como ustedes bien saben, Villanueva sirvió como intendente bajo Narváez y ahora me sirve en la misma capacidad. Le he comisionado para que lleve la contabilidad del botín que obtengamos en nuestra marcha. Él será el guardián de los lotes de nuestros hombres, así como del quinto que pertenece al Rey. Todo el oro y la plata que recojan nuestros soldados será entregado en sus manos. Villanueva mantendrá las cuentas para que los hombres puedan recobrar sus porciones cuando regresemos a Texcoco."

"¿Y los auxiliares indios?" preguntó Alvarado.

"Que retengan sus piedras y plumas. Todos los artículos de metal deben ser depositados con el sargento Villanueva," respondió Cortés. "Cualquier auxiliar que intente ocultar su botín será azotado sin piedad."

Cortés despidió a sus oficiales para supervisar las entregas. En poco tiempo, los soldados aparecieron con montones de platos de oro y figurines de plata. Villanueva anotó las descripciones y las cantidades en su libro de contabilidad.

El ejército descansó dos días en Oaxtepec, festejando y saqueando, y luego partió, dejando la ciudad en ruinas.

Enseguida, Cortés marchó a Quanahuac, una ciudad que presentaba muchas nuevas dificultades. Quanahuac estaba situado en una meseta alta y estaba rodeada de profundas barrancas. Una ciudadela con cientos de guerreros jaguar dominaba el pueblo. Los aztecas habían derribado todos los puentes para impedir a los españoles el acceso. Cortés y el cuerpo principal del ejército establecieron un campamento en el borde de una barranca frente a la ciudad.

El capitán-general estudió la ciudad al otro lado de la sima, tratando de descubrir como poder entrar. Envió a su paje Orteguilla para preguntar a los soldados si alguno de ellos tenía experiencia en la construcción de catapultas. Varios habían servido en el ejército real de España, pero ninguno en la capacidad de ingeniero militar. En busca de otras alternativas, Cortés envió exploradores para poder determinar un punto de ataque. La noche había ya caído cuando un soldado español y un auxiliar tlaxcalteca regresaron con la noticia de que habían encontrado un sinuoso sendero que bajaba al fondo de la barranca, subiendo por el otro lado y emergiendo en un bosque a poca distancia de la ciudad. Los dos investigaron un camino lateral que conducía a la entrada trasera de Quanahuac. Se acercaron a la ciudad sin ser detectados y relataron que la entrada no estaba custodiada por guardias.

Cortés convocó a sus oficiales. "Estos hombres han encontrado una debilidad en las defensas enemigas," dijo el capitán-general. "Hay que despachar de inmediato un fuerte destacamento para investigar."

Un escuadrón de arcabuceros y ballesteros bajo el mando de Cristóbal de Olid, junto con una tropa de soldados de infantería y doscientos auxiliares tlaxcaltecas fueron asignados a la tarea. Cortés les recomendó que caminarán en silencio y estuvieran preparados para atacar al amanecer.

Mientras Olid avanzó a través del oscuro barranco, Cortés instruyó a los artilleros a que disparasen sus cañones a la ciudad en intervalos durante la noche como distracción. El clarín también tocaba su instrumento de vez en cuando para aumentar el clamor. El ruido resonaba a través del abismo entre Quanahuac y el campamento español.

Al romper del alba, los asaltantes bajo las órdenes de Olid comenzaron su ataque. Los indios congregados en la puerta trasera fueron tomados completamente por sorpresa. Los españoles mataron a todos en unos pocos minutos. Con rapidez, los soldados tomaron control de las calles y plazas de la ciudad. La guarnición de guerreros jaguar, al oír el clamor, se retiraron a su ciudadela en el cerro.

En el campamento español, al otro lado del abismo, los soldados escucharon los disparos de los arcabuces de Olid, evidencia de que ya había penetrado la ciudad. Cortés entonces concedió permiso a las tribus auxiliares para saquear Quanahuac. Veinte mil aliados texcocanos, tlaxcaltecas y chalcanos corrieron a través de la barranca, ansiosos por obtener una porción del botín. Los soldados españoles, mientras tanto, rodearon a los guerreros jaguar en su fortificación y les presentaron los términos de su rendición, mismos que fueron rechazados.

El capitán-general Cortés cruzó el desfiladero con sus guardias personales y entró en la ciudad por la puerta trasera. Caminó por las sinuosas calles hasta llegar a la base del cerro donde los guerreros jaguar habían buscado refugio. Allí le esperaba Olid.

"Bien hecho, capitán Olid," dijo Cortés. "Confinen a los salvajes aquí hasta que podamos traer nuestras armas pesadas." Cortés procedió a las murallas de la ciudad y gritó a través de la barranca a Alvarado, que todavía estaba en el campamento español. "Reconstruyan el puente," exclamó Cortés. "Traigan nuestros cañones más grandes para sujetar la ciudadela."

Varios equipos de soldados colocaron sogas a través del abismo y armaron tablones para utilizarlos como plataforma. Más tarde, los artilleros empujaron sus cañones sobre el puente provisional. Avanzaron a través de las retorcidas calles hasta llegar a la ciudadela. Dispararon repetidamente a corta distancia. Las fortificaciones fueron pulverizadas, sepultando a los guerreros jaguar bajo los escombros.

Una vez que Quanahuac fue conquistado y saqueado, la marcha de Cortés entonces se volvió hacia el norte. El capitán-general estaba complacido por haber capturado dos grandes ciudades y aniquilado a una considerable fuerza enemiga. Su siguiente objetivo se turnó hacia la conquista de la gran y antigua ciudad de Xochimilco.

Sin embargo, la marcha a Xochimilco resultó más ardua de lo que Cortés había previsto. No había guías nativos y sus exploradores tenían dificultades para encontrar agua adecuada para los hombres y sus caballos. A pesar de que la primavera principiaba, el sol brillaba con gran intensidad en los cielos por encima. El calor y la falta de agua provocaban mucha sed en los soldados y animales. La columna española se adentraba en un paisaje estéril repleto de roca volcánica y espinosos cactus. Muchas horas más tarde, los jinetes en la vanguardia encontraron un campo de maíz recién brotado con un pozo de agua en el medio. Cortés ordenó un alto para permitir a los hombres y caballos recuperar sus fuerzas. Centinelas fueron estacionados alrededor del campo.

Mientras los jinetes españoles estaban ocupados sacando agua para los caballos, Cortés y sus oficiales escucharon el disparo de un arcabuz en la distancia.

"Capitán Alvarado," ordenó Cortés, "lleve algunos hombres y vayan a investigar la causa de esta perturbación."

Alvarado regresó unos momentos más tarde. "Hay muchos indios por delante, señor," dijo Alvarado, "escondiéndose detrás de las rocas y acechando en el bosque. Parece que están tratando de obstruir nuestro camino a Xochimilco."

"¿Cuántos guerreros son?" preguntó Cortés.

"Es difícil determinar precisamente," respondió Alvarado. "Varios miles, supongo."

"¿Dónde encuentran estos salvajes tantos reemplazos?" preguntó Cortés. "Los matamos a casi todos y, sin embargo, regresan a la lucha aún con más."

Ya era tarde. El capitán-general no quería correr riesgos enfrontándose a una fuerza enemiga en la oscuridad. Cortés decidió acampar allí por la noche y dispuso que los cañones se apostaron para cubrir todos los acercamientos al maizal. El sol se ocultó y la luna se levantó. El aire nocturno resonaba con gritos estridentes e insultos de los nativos, sin embargo, los guerreros aztecas no se atrevieron a acercarse al alcance de los cañones.

A primera hora, Cortés y sus oficiales montaron sus caballos. El capitán-general ordenó una carga de caballería para abrir paso al resto del ejército. Los guerreros nativos huyeron a las alturas, aterrorizados por las bestias con pezuñas de obsidiana. Una vez libre de sus asaltantes, la marcha de los españoles comenzó de nuevo. Más adelante, los soldados encontraron caminos bien mantenidos que les condujeron a través de tierras intensivamente cultivadas. El ejército llegó a Xochimilco alrededor del mediodía.

Xochimilco era una ciudad reconocida por sus chinampas, jardines flotantes que producían una abundancia de flores y verduras. Albergaba muchos teocallis altos y plazas amplias en Xochimilco. Canales y diques cruzaron las calles de la ciudad. Como otras ciudades en las orillas de los lagos interconectados del valle de México, Xochimilco había sido construido parcialmente sobre el agua. Los distritos en el lago estaban accesibles a las orillas por medio de calzadas elevadas.

Cortés y sus oficiales esperaron la llegada de la infantería en un campo de milpas cortas en las afueras de Xochimilco. "Capitán Alvarado," dijo el capitán-general, "usted y yo vamos a reconocer la ciudad mientras se reagrupan los soldados. Yo partiré con la mitad de los caballos hacia el oeste mientras usted explorará los confines orientales. No veo al enemigo desde aquí, pero quiero evitar una emboscada."

"Capitán Olid," continuó Cortés, "quédese aquí para reformar el ejército. Deje que los soldados descansen una hora. Después de esto, avancen a la ciudad con mucha precaución. Despliegue a los auxiliares en los flancos. Si se acercara una fuerza enemiga, dispare cañones para alertarnos a regresar al instante."

Pedro de Alvarado y sus hombres cabalgaron al otro lado de la ciudad, mientras el capitán-general y su compañía avanzaban por un camino que parecía conducir en dirección del lago. Ignorante del plan de la ciudad, Cortés se equivocó y condujo a sus hombres a una calzada. Las aguas vecinas estaban tapadas con canoas repletas de guerreros aztecas. El capitán-general jaló las riendas de su caballo, pero éste se resbaló, cayendo al pavimento. Al instante, varios guerreros se zambulleron al agua, intentando tomar prisionero al infame Malintzin. Los aztecas trataron de arrastrar al capitán-general al agua a pesar de sus frenéticas luchas. Los compañeros de Cortés utilizaron sus lanzas para repeler a los nativos. Algunos de los jinetes desmontaron a toda prisa y desenvainaron sus espadas para cortar a los guerreros cuyos manos estaban ya sobre la armadura de Cortés. Después de una breve lucha, los soldados sacaron a su comandante del conflicto y le ayudaron a levantarse.

Los gritos de guerra de los aztecas resonaron a través de las aguas y muchos de sus compañeros remaron rápidamente al lugar. De pronto, Cortés y sus hombres se encontraron completamente rodeados.

Pedro de Alvarado había investigado la parte de la ciudad que le había sido asignada sin confrontar resistencia. Mientras regresaba a la plaza central, el capitán pelirrojo y sus hombres escucharon los ruidos de combate que provenían de la orilla del lago. Los jinetes se apresuraron en esa dirección donde encontraron una escena desesperada. Cuatro soldados españoles habían caído en manos del enemigo. Ocho permanecían aún de pie, entre ellos Cortés. El caballo del capitán-general yacía en el pavimento, sangrando y pateando en agonía. Alvarado y sus hombres se metieron en medio del pleito, abriendo un camino de seguridad para Cortés y sus compañeros. Los indios, intimidados por la furia de los téotl, se retiraron a sus canoas.

"Gracias a Dios que llegaron en justo momento," dijo Cortés, todavía temblando por su cercano encuentro con la muerte. "Precisamos reunirnos con el ejército ahora mismo."

"Olid ya habría ocupado la plaza," dijo Alvarado. "Creo que este camino conduce al centro. No vimos ninguno de los salvajes cuando entramos por aquí hace poco."

En ese momento, los soldados escucharon el disparo de un cañón. Cortés montó un caballo que pertenecía a uno de los soldados muertos y todos galoparon hacia la plaza principal. Allí, contemplaron un completo caos. Sin recibir ninguna orden, los auxiliares texcocanos, tlaxcaltecas y chalcanos, ansiosos por obtener más botín, entraban a las casas como lo habían hecho en Quauhnahuac. En Xochimilco, sin embargo, había muchos guerreros aztecas hostiles en la vecindad, dispuestos a defender su territorio. Muchos auxiliares e incluso algunos soldados españoles, con brazos llenos de tesoros, fueron asaltados por los aztecas. Si los indios lograron capturarlos vivos, eran destinados para el sacrificio en Tenochtitlán.

Cortés ordenó al clarín tocar una llamada de retirada. Transcurrió algo de tiempo en poder reorganizar el ejército en la plaza principal de Xochimilco. Se tomó la lista de asistencia. Diez soldados españoles no contestaron. Además de estas bajas, cientos de auxiliares habían desaparecidos.

El capitán-general dictó órdenes al ejército para que acampasen en la plaza de Xochimilco con intenciones de retomar la marcha en la mañana. Cortés convocó a los jefes de los auxiliares a sus aposentos. Reprochó a los caciques por su falta de disciplina y de coordinación en sus movimientos. Los jefes de guerra se mostraron muy avergonzados y prometieron obediencia en el futuro. Cortés habló con particular dureza a Xicoténcatl, líder de los tlaxcaltecas. Xicoténcatl tenía suficiente tiempo con el ejército para entender la importancia de seguir órdenes y evitar interferir con las maniobras de las tropas españolas. Cortés había sospechado de Xicoténcatl desde hacía tiempo. Ixtlilxóchitl, tlatoani de Texcoco, por la otra parte, se comprobaba como valioso aliado. Acacitzin de Chalco también estaba aprendiendo el arte de guerra según los españoles, mostrándose como un elemento promisorio.

Cortés se levantó antes del amanecer, posicionando sus tropas a la salida de Xochimilco. La corneta sonaba y la marcha comenzó a un rápido ritmo. Repentinamente, grupos de guerreros aztecas blandiendo macuahuitl con dientes de obsidiana aparecieron en las oscuras calles. Los aztecas cayeron sobre los flancos de la columna, matando rápidamente a muchos auxiliares. Cortés desplegó a los piqueros y a unos espadachines para proteger los expuestos flancos del ejército.

La columna salió de Xochimilco por un ancho camino que conducía entre cultivos de maíz, jitomate y calabaza. Los aztecas persiguieron a los soldados, disparándoles por todos lados flechas y piedras. La marcha se transformó en una batalla continua. Los guerreros se precipitaron sobre los invasores y fueron ultimados con picas y espadas. Sin embargo, los indios parecían tener innumerables reservas y nuevos guerreros tomaron sus lugares.

Más tarde, la columna española llegó a Coyoacán. En cuanto el ejército se preparaba para entrar a la ciudad, Francisco Barba, capitán de los ballesteros, envió a un mensajero para reportar a Cortés que el suministro de flechas se había casi agotado. El sargento Cabrera de los arcabuceros también informaba que se estaba quedando sin pólvora.

"Capitán Alvarado," ordenó Cortés, "vamos a acampar en la plaza central de esta ciudad. Vaya por delante con todos los caballos y ocupen la plaza. Ponga centinelas en las cumbres de los teocallis y sitúe cañones para cubrir todos los accesos de la plaza." Alvarado le saludó y salió para formar la caballería y los artilleros.

Los españoles establecieron un campamento en el centro de Coyoacán. La ciudad había sido evacuada por los nativos, llevando todos sus alimentos con ellos. Los hambrientos soldados se tendieron en la amplia plaza mientras el sol se ocultaba detrás de las montañas al oeste de la ciudad.

Esa noche, Cortés se reunió con todos sus oficiales en su cuartel general. "Estoy preocupado que nuestra marcha de aquí en adelante resultaría desorganizada por falta de municiones," compartió Cortés. "Voy a insistirles que mantengan una estricta disciplina. Los soldados deben estar en buena formación en todo momento. Los ballesteros y los arcabuceros dispararán solamente con ordenes específicas. A la caballería le corresponderá la protección de la columna."

El ejército partió de Coyoacán con la primera luz del alba. Casi de inmediato, los españoles se encontraron bajo ataque. Sin embargo, los guerreros aztecas no lograron penetrar las defensas. Los españoles, por su parte, carecían de armas adecuadas para dominar a sus adversarios. Los caballos cargaron y maniobraron, pero les resultaba imposible defender a todo el ejército. Fueron los auxiliares en los flancos los que sufrieron de nuevo. Muchos cayeron, heridos por las flechas y hondas de los aztecas. La columna española entró a la ciudad de Tlacopan en buen estado a última hora de la tarde y continuó marchando sin parar. Poco a poco, el hostigamiento de los aztecas disminuyó hasta que sólo se dieron ataques ocasionales.

En aquel momento, el clima se volvió en contra de Cortés y su ejército. Un aguacero les cayó encima, empapando a todos. Los caminos se convirtieron en atolladeros fangosos bajo los pies en marcha. Destallaron rayos y cayeron ráfagas de granizo sobre los soldados. Cortés ordenó al ejército que buscara refugio en un pequeño pueblo localizado en una encrucijada de caminos.

Al día siguiente, el ejército reanudó su marcha. Siguieron la misma ruta que habían tomado después de ser expulsados de Tenochtitlán el año anterior. Los españoles avanzaron lentamente debido a que el camino se había vuelto casi intransitable con las lluvias constantes. El ejército duró más de una semana en marchar por los límites del lago de Zumpango.

Finalmente, los soldados llegaron a Acolman, una aldea bajo la jurisdicción de Texcoco. Gonzalo Sandoval, habiendo recibido notificación del acercamiento del ejército, estaba esperando allí para saludar a Cortés e informarle de varios acontecimientos recientes.

"Bienvenido, gobernador Cortés," dijo Sandoval, ayudando Cortés a desmontar.

"¿Gobernador?" preguntó Cortés. "¿Y eso?"

"La carta constitutiva de la colonia de la Nueva España ha sido concedida y Su Majestad le ha designado a usted como su gobernador," respondió Sandoval.

"Esta es una buena noticia de hecho," dijo Cortés, sonriendo a pesar de su cansancio. "¿Cómo se enteró de esta información?"

"Un barco de España llegó a nuestro puerto de Vera Cruz mientras usted estaba ausente," contestó Sandoval. "La corona envió la carta y su nombramiento con un tesorero real, Julián Alderete."

"¿Un tesorero real?" comentó Cortés, su sonrisa desvaneciéndose. "¿Dónde está este tesorero real?"

"Le espera en Texcoco," respondió Sandoval. "Lo tenemos alojado cómodamente en el palacio de Ixtlilxóchitl."

"Le veré en el momento apropiado," comentó Cortés. "Por ahora, me gustaría disfrutar de una buena comida y un baño caliente. ¿Alguna otra cosa?"

"La fama de su empresa aquí se ha extendido por todas las islas de las Indias," dijo Sandoval. "Varios grupos de aventureros han desembarcado en Vera Cruz durante las últimas semanas. Más de cien hombres, muchos de ellos con sus propios caballos, le esperan en Texcoco. Quieren unirse a la colonia y alistarse en el ejército."

"Estas sí son buenas nuevas," dijo Cortés. "¿Qué sabe de nuestro carpintero de ribera en Tlaxcala?"

"Precisamente ayer, Martín López envió notificación que la madera de los bergantines está casi toda cortada y formada, y pronto estará lista para ser trasladada a Texcoco," respondió el joven capitán.

"Usted se ha comportado muy bien, capitán Sandoval," dijo Cortés. "Le felicito por mantener la paz en estas regiones mientras yo estaba fuera. Vaya directamente a Tlaxcala mañana para supervisar el transporte de la madera para los bergantines. Tome tantos caballos e infantería como considere necesario para proteger a los cargadores."

Después de que Sandoval hubo partido, Cortés mandó su paje Orteguilla a traer a Ignacio Villanueva. "Sargento Villanueva," dijo el capitán-general, "tengo una asignación de suma importancia para usted."

"¿Cuál es su placer, señor?" preguntó Villanueva. "Estoy a su servicio como siempre."

"Le encargo el tesoro que confiscamos en nuestra marcha de circunvalación," dijo Cortés. "Lleve todo el oro y la plata a mi amigo y aliado en Zempoala, el cacique Cicomecóatl, para su custodia. Así que no se enterará este tesorero real de España de nuestras riquezas."

Villanueva sonrió con complicidad y se marchó, dejando al gobernador Cortés a finalizar sus planes para emprender la conquista del Imperio azteca.

Los Bergantines

Sandoval cabalgó a la ciudad de Tlaxcala al frente de un destacamento de caballería. Preguntó a los centinelas en las puertas por Martín López y fue dirigido a un inmenso taller al otro lado de la ciudad.

"Señor López," dijo Sandoval, desmontando su caballo, "Cortés mismo me ha enviado aquí para supervisar el transporte de sus barcos a Texcoco."

"Bienvenido, capitán Sandoval," dijo el carpintero de ribera. "Venga, permítame mostrar lo que hemos hecho."

Varios vigas y tablones yacían en el taller donde decenas de nativos trabajaban con serruchos y hachas. Para Sandoval, la madera estaba apilada sin ningún aparente orden, sin embargo, López sabía exactamente donde se encontraba cada pieza.

"Mire aquí," dijo López, "esta es la quilla, el componente más importante de la nave."

Sandoval consideraba el tamaño y curva de la madera. Reflexionó sobre el hecho de que los carpinteros habían dedicado muchas horas para darle forma con tanta precisión utilizando las pocas herramientas que se habían traído de Cuba. "¿Cuántas naves enviará usted a Cortés?" preguntó el joven capitán.

"Hemos formado trece quillas, aunque la primera no resultó exactamente como yo lo había planeado," respondió López.

"¡Trece!" exclamó Sandoval. "¿Dónde encontraron suficiente madera para armar tantos barcos?"

"Las colinas cercanas están repletas de pinos altos y rectos," respondió López. "Cortamos al menos doscientos pinos y varios robles. Talar los árboles fue una tarea relativamente sencilla. Sin embargo, llevar los troncos a un lugar donde pudiéramos trabajarlos nos representó muchas dificultades. No tenemos bueyes ni mulas y estos indios no tienen carros. Sólo conocen el uso de la fuerza bruta, aplicada directamente. Me gustaría enseñarles cómo hacer ruedas de carro, pero ahora no hay tiempo para eso. Desplazamos los troncos con rodillos y sogas, y cientos de indios empujando y jalando. Los tlaxcaltecas trabajan muy bien en equipo y todos son tipos robustos. Inteligentes, también. Con solo mostrar a uno de estos indios cómo quiero un corte de tabla, él es capaz de hacer muchos más con las mismas especificaciones. Todos son muy hábiles con el azuelo y el hacha. Aprenden rápido. Pero son muy primitivos. Arreglé algunas poleas con aparejos y demostré lo fácil que me era a mí solo levantar un gran tronco del suelo. ¡Me creyeron un mago!" López se rio.

"¿Cuándo piensa trasladar los trece barcos a Texcoco?" preguntó Sandoval.

"Creo que podemos estar listos para mañana o al día siguiente," respondió López. "Acompáñeme a visitar a los carpinteros que trabajan en los remos."

Sandoval empezaba a creer que López sí tenía algo de mago. Parecía increíble lo que había logrado en pocos meses. "Cortés estará muy contento con el progreso que ha logrado aquí," comentó Sandoval mientras caminaban. "Me han hablado del bergantín que construyó cuando eran invitados de Moctezuma. ¿Guardó los planos que había elaborado en Tenochtitlán?"

"¡Por Dios, no!" respondió López. "Dejé todo atrás. Mis planos, mis herramientas, e incluso mi parte del oro. Tuve suerte de escapar con vida. Uno de sus grandes guerreros me dio un golpe tan cruel con su mazo de guerra que pensé que los huesos de mi brazo habían roto. Cuento mis bendiciones al estar aquí hoy y no muerto en aquella calzada maldita. Tengo todo lo que necesito encerrado aquí," dijo, apuntando a su cabeza.

Sandoval y el constructor de barcos llegaron a una plaza de la ciudad donde los carpinteros indígenas estaban fabricando remos. "Hay suficientes remos para todos los barcos," dijo López. "Trece barcos con doce remos cada uno equivale a ciento cincuenta y seis remos. Sería bueno tener al menos un remo de reemplazo por cada barco. Tenemos la madera y estos indios son buenos talladores. Lo único que nos falta son unos cuantos cuchillos y cepillos."

López demostró cómo los remos fueron hechos de roble, ya que su madera era mucho más resistente que la de pino. También enseñó a Sandoval los timones y sus cañas, también fabricadas de roble. El carpintero de ribera entonces escoltó al joven capitán a otra parte de la ciudad donde estaban almacenados los largueros y mástiles. López contó todas las piezas y le dijo a Sandoval que la cantidad que tenían a mano era suficiente para integrar la marina de Cortés. A Sandoval le pareció como si el carpintero de ribera guardara de hecho toda la información pertinente a la flota en su memoria.

A continuación, entraron a un granero que López había convertido en un depósito para sus suministros náuticos. Sandoval vio que el almacén, a comparación al taller de carpintería, estaba perfectamente organizado. Amontonados en las esquinas estaban varios rollos de soga. La lona para las velas estaba doblada y colocada en estantes. La herrería para las abrazaderas y junturas de los bergantines estaba acomodada en cestas grandes. Sobre el piso, había trozos de cadena extendidos. Además, había cestas llenas de clavijas de roble para fijar los tablones a las costillas de los barcos. También se encontraban allí otros artículos cuidadosamente almacenados. Sandoval no sabía los usos o propósitos de todos los artículos, pero aparentemente López sí lo sabía.

"Estoy notando un fuerte olor," dijo Sandoval. "¿Qué será?"

"Venga aquí y eche un vistazo," respondió López, guiando a Sandoval a una habitación contigua. El suelo estaba completamente cubierto con ollas de barro llenas de savia de pino.

"Ya ve," dijo López, "usaremos toda esta goma para calafatear nuestras naves. Calentamos la goma y remojaremos algodón suelto en la savia fundida. Luego forzaremos las fibras de algodón en las costuras, dejando impermeables los cascos. Los barcos flotarán como corchos."

"Señor López, es usted sin duda un hombre muy ingenioso," comentó Sandoval. "¿Cómo recogieron tanta cantidad de goma?"

"Como mencioné," dijo López, "las colinas a nuestro alrededor están cubiertas de pinos como si fueran los pelos de un perro. Llevé un grupo de indios al bosque y les enseñé cómo cortar la corteza de los árboles y colocar cubos para recoger la savia. Es nuestra buena fortuna que es primavera y la savia fluye abundantemente por los troncos de los árboles. Todos los días mis indios van al bosque y regresan con grandes cantidades de goma. Parece que los tlaxcaltecas no tenían la menor idea de las valiosas propiedades de esta sustancia."

Sandoval y López se retiraron del almacén y visitaron el patio de una residencia cercana. Varias mujeres estaban trabajando en telares. López tomó a Sandoval por el brazo y sonrió como si tuviera alguna información especial que deseaba compartir. Apuntó a una de las banderas casi terminada. "¿Ve lo que ella está tejiendo?" preguntó.

Sandoval estudió la tela por un momento. "¡Por todos los santos!" exclamó. "¡Es la cruz de San Andrés! ¡Los bergantines enarbolarán los colores de España! Usted es una persona repleta de maravillas, Señor López."

La cara de López estaba radiante con una expresión de orgullo. "También tenemos pancartas con números," dijo. "Cada bergantín tendrá su propio número. Habrá un conjunto de banderas en mi nave de mando para coordinar nuestros movimientos."

"Le diré a Cortés que usted merece una promoción al oficio de almirante la próxima vez que le vea," dijo Sandoval.

"Gracias por sus palabras tan amables, Capitán Sandoval," dijo López. "Estoy ansioso por botar nuestra pequeña flota y zarpar a confrontar el enemigo. Todavía hay mucho que hacer y tendré que enseñar a las tripulaciones cómo posicionar las velas y manipular los timones. Todo eso requerirá de algún tiempo."

Juntos caminaron a los aposentos de López en la ciudad. "Acompáñeme a cenar, capitán," dijo López. "Hay algunos asuntos que me gustaría discutir con usted."

La actitud de López se volvió seria mientras comían. Finalmente dijo, "Tengo entendido que Xicoténcatl ya no vive."

Sandoval lo consideró y respondió, "Señor López, usted sabe más que yo. Vi a Xicoténcatl vivo en Acolman unos tres días atrás."

"Me han dicho que salió de Acolman con rumbo a Tlaxcala," dijo López, "y que entró el bosque y nunca salió. El capitán-general Cortés no lo tenía en gran estima."

"Eso sí es cierto," dijo Sandoval. "Cada vez que Xicoténcatl marchaba con nosotros, Cortés siempre asignaba a un oficial para vigilarlo. ¿Algún otro jefe de Tlaxcala asumirá su posición?"

"Chichimeclatecl está ansioso por demostrar su valor contra los aztecas," dijo López. "Su hermano fue tomado prisionero y sacrificado por los aztecas antes que nosotros viniéramos a estas tierras. Chichimeclatecl ya es de edad para asumir el liderazgo y se ha distinguido en batalla. Supongo que él será nombrado nuevo jefe de guerra de los tlaxcaltecas."

"Cortés tendrá algo que decir al respecto," dijo Sandoval. "Posiblemente ya se haya decidido. En cualquier caso, tenemos que marchar pronto. ¿Cuántos tamemes necesitará para llevar la madera?"

"Calculo que cuatro mil deberían ser suficientes para transportarlo todo," dijo López. "La procesión será muy larga y estaremos muy expuestos. No sé cómo podemos proteger a tantos tamemes. He oído que el nuevo Emperador en Tenochtitlán es muy beligerante y ha jurado matarnos a todos."

"Vamos a partir pasado mañana más tardar," dijo Sandoval. "Yo me aseguraré de que los cargadores tengan una protección adecuada."

La marcha comenzó exactamente como lo tenían planeado. Sandoval y la caballería avanzaron por el camino, dejando atrás a la ciudad de Tlaxcala. Miles de tamemes siguieron detrás con la madera, macetas de savia, paquetes de lona y cestas de herrería. Chichimeclatecl ya había reunido el número necesario de guerreros auxiliares para proteger la retaguardia.

La marcha del primer día transcurrió pacíficamente. Al día siguiente, sin embargo, mientras la larga procesión pasaba a través de un bosque oscuro, cientos de guerreros aztecas les atacaron repentinamente. Muchos tamemes tlaxcaltecas dejaron caer su madera y huyeron con precipitación.

Sandoval y sus soldados escucharon los gritos y galopearon atrás para socorrer a los cargadores. Antes de llegar a la escena del ataque, el joven capitán encontró que su camino había sido bloqueado por vigas descartadas en forma desordenada. Los soldados desmontaron y desenvainaron sus espadas. Sandoval condujo su patrulla por medio del bosque, acercándose al lugar donde los guerreros enemigos mataban a los tamemes desarmados. El joven capitán notó que un grupo de aztecas en pintura de guerra se encontraban sobre un rocoso pico. Uno de ellos llevaba un alto penacho de plumas verdes y parecía dirigir a los demás. Ninguno se había percatado de los soldados que sigilosamente rodeaban su posición. A señal de Sandoval, los soldados salieron del bosque gritando "¡Santiago!" Los españoles cargaron cuesta arriba y en un instante se apostaron entre los indios, cortando y tasajeando. Chichimeclatecl de Tlaxcala llegó con los auxiliares casi al mismo momento. Los asaltantes aztecas se vieron superados, resultando el encuentro en una matanza. Los pocos sobrevivientes aztecas huyeron al interior del bosque. Sandoval calmó a los asustados tamemes, que recuperaron su carga de madera y reanudaron la marcha.

Cuando la larga columna entró a la ciudad de Texcoco, miles de personas estaban presentes para presenciar el evento único. Cortés y todos sus soldados pararon en posición de firmes mientras Sandoval, López y Chichimeclatecl ingresaron a la ciudad, seguidos por miles de tamemes llevando tablones y vigas.

"Bienvenido, señor López," exclamó Cortés. "Por fin, vamos a lograr algún progreso contra nuestros enemigos en Xaltocan. Estos indios han sido muy obstinados."

"Sí, capitán-general," dijo López. "Nos pondremos a armar los barcos tan pronto me indique donde almacenaremos la madera."

"El capitán Sandoval arregló todos los detalles antes de irse a Tlaxcala," explicó Cortés. "Asumo que le dijo que las naves serán armadas dentro de los confines de la ciudad."

"Precisamente," dijo López. "Pero no me ha explicado cómo los barcos terminados serán transportados al lago. Serían demasiado pesados para ser cargados."

"¿Pueden llevarse sobre rodillos?" preguntó el capitán-general.

"Eso no sería prudente," respondió el carpintero de ribera. "Estoy casi seguro de que los tablones del casco se aflojarían y el calafateo se perdería."

Cortés consideró el problema por un momento. "Parece que tendremos que excavar un canal entre el lago y el astillero," dijo. "Capitán Sandoval, ¿está usted de acuerdo?"

"Es posible," respondió Sandoval. "No está tan lejos y la tierra cerca del lago es bastante blanda."

"¿Quiénes excavarán ese canal?" preguntó López.

"Los auxiliares tlaxcaltecas y los tamemes están ahora desocupados," dijo Cortés. "Esta sería una buena tarea para ellos, mientras los soldados preparen su ataque a Xaltocan."

A la mañana siguiente, Sandoval marcó la línea del canal y diez mil nativos comenzaron a excavar la tierra negra.

Mientras tanto, López y sus asistentes se apresuraron a armar los bergantines. Los sonidos de mazos golpeando madera y el olor de savia caliente inundaron el aire. En una semana, el primer bergantín estaba listo para su viaje inaugural. Los carpinteros amarraron sogas a la proa y jalaron la nave a través del canal recientemente construido hacia el lago de Texcoco. Los marineros subieron la embarcación. López emitió órdenes a los remeros para comenzar su palada. Cuando estuvieron suficientemente retirados de la orilla, se dispuso a desplegar la vela. Se llenó de viento y el bergantín aceleró a través de las aguas del lago. A partir de ese día, López pasó mucho menos tiempo en el astillero, dedicando su atención a instruir a los soldados a navegar.

Cortés deseaba poner los bergantines en acción inmediatamente. Tan pronto como el último de los barcos estuvo terminado, el capitán-general convocó a López y a otros doce hombres a una reunión en su cuartel general.

"Les he llamado aquí porque sé que todos ustedes se han comprobados valientes y capaces," dijo Cortés a los hombres. "Ahora estamos entrando en la fase final de la conquista de Xaltocan y ustedes participarán en la próxima batalla."

Cortés se detuvo y miró a sus escogidos. "Estoy confiando un bergantín a cada uno de ustedes. Serán capitanes de sus propios barcos," dijo.

"Prefiero luchar en tierra," contestó uno de los hombres. "Pierdo mi equilibrio en el agua."

"Me preocupa que no vayamos a recibir nuestra parte del botín," dijo otro. "La infantería llevará la mejor parte."

"No acepto ningún pretexto," respondió Cortés con severidad. "Han recibido sus asignaciones y desempeñarán sus deberes o sufrirán las consecuencias. Cada bergantín requiere remeros, arcabuceros, ballesteros y un cañón. Elijan sus propias tripulaciones. Cualquier hombre que se niegue a servir será ahorcado sumariamente." Nadie se atrevió a objetar.

"Martín López estará al mando de la flota," continuó Cortés. "Ustedes acatarán sus órdenes siempre y cuando estén sobre el agua. Presten mucha atención a sus instrucciones y sigan sus órdenes al pie de la letra. La victoria está cerca. Si ejecutan sus deberes con precisión y puntualidad, todos participaremos de ricas recompensas."

Al final del día siguiente, cada bergantín contaba con un complemento de doce remeros, quienes también se encararían de manipular las velas cuando el barco corriera con el viento. La mayoría de los capitanes seleccionaron ballesteros para proveer armamento, aunque algunos preferían arcabuceros. Cada barco llevaba un pequeño cañón con suministros de balas y pólvora.

Martin López entrenó con las tripulaciones, enseñándoles a maniobrar colaborando juntas para surtir un máximo efecto. Insistía que cada hombre conociera y entendiera bien sus responsabilidades y que fuera competente en su trabajo. Trató de enseñar a las tripulaciones a navegar en las aguas del lago de Texcoco por dos días enteras. El maestro de la flota se desanimó completamente con los resultados, sin embargo.

"Temo que por algún tiempo no podremos confiar en los bergantines para acometer ninguna acción decisiva," dijo López al capitán-general Cortés. "Estos hombres están demasiado verdes. Deben dedicar más tiempo a entrenar antes de participar en cualquier combate."

"No tenemos tiempo," respondió Cortés. "Necesitamos urgentemente el apoyo de los bergantines. ¡Hay que eliminar la amenaza de Xaltocan ya!"

"Permítame trabajar con las tripulaciones al menos unos quince días antes del ataque," suplicó López.

"De ninguna manera," contestó Cortés con severidad. "La flota navegará contra Xaltocan mañana por la mañana. Confío en que sus marineros aprenderán rápidamente al calor de batalla."

Con un viento favorable y tripulaciones entrenadas, los bergantines habrían navegado el pasaje desde Texcoco a Xaltocan en un máximo de dos o tres horas. Sin embargo, la pequeña flotilla tardó cinco horas en llegar a la isla. Los barcos vinieron uno a la vez, no en una formación apretada como López esperaba. Finalmente, el último de los bergantines llegó y López dio la señal de ataque. Unas canoas de guerra intentaron interceptar los bergantines, pero fueron repelidas por los ballesteros y arcabuceros.

Los barcos descargaron balas de cañón a la ciudad en la isla, destrozando las casas alrededor de los perímetros, pero dejando las porciones centrales relativamente intactas. Cuando el suministro de balas de cañón se hubo agotado, los barcos zarparon hacia Texcoco con un viento favorable. Pero la brisa cesó cuando a la flota todavía le faltaba mucho para arribar al puerto. López ordenó que los marineros utilizaran sus remos.

Era casi medianoche cuando los bergantines finalmente entraron al canal de Texcoco. Los remeros estaban fatigados y ampollados, murmurando maldiciones. Los marineros jalaron sus barcos de vuelta al astillero para su seguridad.

Cortés citó a Martín López a sus aposentos a la mañana siguiente para recibir su informe. López estaba deprimido. "No hubo coordinación en nuestros movimientos," dijo el maestro de la flotilla. "Cualquier daño que hayamos infligido al enemigo fue insignificante. Si los aztecas se hubieran preparado para nuestro ataque, nos habrían provocado muchas dificultades. El bergantín más pequeño es defectuoso. Sería mejor sacarlo de servicio antes de que su tripulación sufra alguna desgracia."

"Capitán López," dijo Cortés, "no tengo ninguna duda de que bajo su tutela pronto tendremos la mejor marina a flote. Pero esto no sucederá de un día a otro. No podemos esperar para entrenar adecuadamente a estos hombres, ellos tienen que aprender sus deberes rápidamente. Quiero que vuelvan a Xaltocan mañana. Sandoval atacará al mismo tiempo desde la orilla. Salió ayer con un gran contingente de soldados de infantería. Apóyenlo a él y a su tropa en todo lo posible."

"Sí, señor," dijo López con renuencia.

"Al respecto del bote defectuoso," continuó Cortés, "estoy de acuerdo en que podemos mantenerlo en reserva. Puede reasignar a sus tripulantes a otros barcos si lo desea."

El capitán-general se puso de pie. "Tengo plena fe en usted y en sus marineros," dijo, despidiendo al carpintero de ribera.

La flotilla de bergantines llegó a Xaltocan el día siguiente en menor tiempo y con mejor orden. López oyó el trueno de los cañones resonando a través del agua, lo que significaba que Sandoval ya estaba atacando la calzada. López se dio cuenta de que el Emperador azteca había enviado refuerzos a la isla, pues aparecieron canoas por todas partes. Una gran canoa de guerra cruzó directamente al frente del bergantín de López. El maestro de la flotilla gritó órdenes a su tripulación a remar con todas sus fuerzas. López mantuvo el timón firme y el bergantín aceleró hacia adelante. La proa del barco chocó con la canoa de guerra justo en el centro. La canoa se astilló en pedazos, catapultando los guerreros al agua. El arcabucero abordo el bergantín disparó a los indios, quienes nadaron desesperadamente fuera del alcance de su arma.

López vio que algunas de sus otras naves estaban sufriendo ataques al mismo tiempo. Canoas de guerra rodearon los bergantines. Flechas y lanzas volaron sobre los barcos. Sin embargo, gracias al superior armamento de los españoles, los indios fueron repelidos.

En cuanto los bergantines se separaron de sus atacantes, López indicó a los capitanes de los barcos apostarse en sus estaciones de combate. Las tripulaciones maniobraron sus naves a sus posiciones y se dirigieron hacia la orilla donde Sandoval y sus soldados de infantería luchaban por el control de la calzada. Guerreros con macuahuitl de madera y soldados españoles con espadas de acero se enfrentaron en un cerrado e intenso combate. Los arqueros y honderos indios llenaban el aire con proyectiles silbantes. Las tripulaciones de los bergantines dirigían flechas de ballesta y balas de arcabuz a los aztecas a corta distancia mientras estallaban los cañones. Los indios se encontraron atrapados en un mortal fuego cruzado. Muchos cayeron muertos al instante y los demás dieron vuelta para buscar refugio en la ciudad. Sandoval persiguió a los guerreros aztecas, alzando su espada. Los bergantines cubrieron a los soldados de infantería, remando a lo largo de la calzada, dirigiendo un torrente de balas y flechas a los nativos.

Tan pronto la calzada quedó despejada del enemigo, Sandoval y sus hombres entraron la ciudad. Los bergantines rodearon la isla y hundieron las canoas que intentaron huir. En el espacio de unas pocas horas, Xaltocan finalmente había sido conquistado. Las tripulaciones de los bergantines desembarcaron para ver si podían saquear algo de valor. Algunos hombres encontraron adornos de oro y piedras preciosas en casas abandonadas, pero la mayoría de los marineros regresaron a sus naves con las manos vacías.

Varias otras ciudades insulares del lago de Texcoco fueron sometidas de manera similar. López estaba muy satisfecho con el progreso de sus navegantes y la forma en que operaba la flotilla. Le era claro que los marineros españoles pronto se convirtieran en dueños indiscutibles de todas las aguas del lago.

Cortés llegó al astillero una noche poco después de que la flota había regresado de una redada a Xochimilco. López y sus asistentes estaban ocupados calafateando uno de los bergantines que había comenzado a llenarse de agua.

"¿Cuándo estará lista para navegar de nuevo?" preguntó el capitán-general.

"Mañana," respondió López. "¿Tiene una nueva asignación para nosotros?"

"Posiblemente," dijo Cortés. "¿Está la flota preparada para atacar la fuerza principal del enemigo?"

"Sin duda," dijo López. "Creo que, a estas alturas, mis hombres son capaces de lograr cualquier objetivo."

"Me agrada escuchar esto," dijo Cortés con una gran sonrisa. "Mantengan a los bergantines listos y a sus tripulaciones alertas. La campaña final comenzará en unos pocos días."

El capitán-general Cortés confiaba en que por fin tenía las fuerzas requeridas para superar a la resistencia de los aztecas. Envió al paje Orteguilla a citar a Gonzalo Sandoval a su sede.

"López nos ha dado una ventaja significativa con sus bergantines," dijo el capitán-general. "Es hora de llevar la lucha a los salvajes en su capital."

El joven capitán coincidió con entusiasmo. "¿Cuándo empezamos?" preguntó.

"Pronto," respondió Cortés. "Le asigno la responsabilidad de ocupar la ciudad de Iztapalapa y tomar el control de la terminal de la larga calzada."

"Los iztapalapanos nos provocaron muchos problemas la última vez que intentamos entrar a su ciudad," observó Sandoval.

"Creo que las fuerzas enemigas han sido suficientemente humilladas por nuestros logros recientes y no ofrecerán mucha resistencia," dijo el capitán-general. "Estoy designando una fuerza de cien soldados de infantería, veinte caballos y un pelotón de ballesteros para servir bajo su mando. Lleve a todos los auxiliares chalcanos. Esto bastará."

"¿Nos acompañará en esta campaña?" preguntó Sandoval.

"Supervisaré las operaciones del agua," contestó Cortés. "Nuestra flotilla de bergantines zapará a Iztapalapa en su apoyo. Voy con ellos."

Sandoval partió de Texcoco con sus soldados y llegó a Iztapalapa sin mucha dificultad. La mayoría de las inundaciones habían retrocedido y los exploradores encontraron caminos secos circundando las pocas áreas todavía pantanosas. Sandoval comenzó a enfrentar oposición cuando se acercó a las afueras de la ciudad. Se abrió camino con sus armas pesadas y ocupó el palacio que una vez perteneció a Cuitláhuac, hermano de Moctezuma, donde los soldados y auxiliares pasaron la noche.

Sandoval despertó a sus hombres al amanecer en preparación por un asalto a la calzada. Los soldados de caballo iniciaron el avance, cabalgando con gran precaución hacia la orilla del lago. Los jinetes procedieron lentamente, preparados para la batalla. Las torres y pirámides de Tenochtitlán eran visibles a lo lejos, a través de las aguas del lago. Los españoles no habían avanzado mucho cuando escucharon el sonido de las trompetas de caracol detrás de ellos. Sandoval ordenó un alto. En ese mismo instante, un gran número de enemigos cayeron encima de los auxiliares chalcanos que estaban en la retaguardia. Aparentemente, un grupo de guerreros aztecas estaba vigilando el avance de los téotl. Los jefes aztecas esperaron para atacar hasta que el ejército se encontró expuesto en la calzada, en su punto más vulnerable. Simultáneamente, una multitud de canoas apareció de la neblina de la mañana para asaltar a los soldados. Sandoval ordenó una retirada a la orilla. Él y sus jinetes se apresuraron para alcanzar la retaguardia, donde los auxiliares chalcanos luchaban contra una considerable fuerza azteca. Poco a poco, los españoles se abrieron camino a tierra firme a pesar de los innumerables guerreros aztecas rodeándoles. Sandoval empezaba a desesperar cuando los indios de repente cedieron en su ataque y se retiraron. Todas las canoas que estaban en el lago desaparecieron al mismo tiempo. En eso, Sandoval escuchó disparos de cañón en el lago y supo que López y sus bergantines habían llegado.

Aquella mañana, cuando Sandoval todavía estaba organizando sus tropas, los bergantines que estaban en la ciudad de Texcoco habían sido transportados a través del canal al lago. Cortés abordó el buque insignia de López y la flotilla zarpó hacía Iztapalapa.

Unas horas después, Cortés espió una vasta congregación de canoas en las aguas junto a la calzada. El capitán-general instruyó López que interceptase a los nativos. Los bergantines cambiaron de dirección y todas las canoas dieron vuelta para confrontar a los invasores al mismo momento.

Con golpes furiosos, los indios remaron hacía la flotilla. En respuesta, López reformó los barcos en una línea de batalla, los doce bergantines navegando lado al lado. Todos los arcabuceros y ballesteros prepararon sus armas para el conflicto. Los artilleros cargaron sus cañones y prendieron sus mechas.

En ese momento, el viento arreció. López vio que la brisa era favorable para sus intenciones y ordenó las velas extendidas. Los bergantines aceleraron hacía los indios y chocaron con las canoas con una fuerza tremenda y destrucción correspondiente. Las flechas, piedras, y balas volaron en todas direcciones. Los cañones tronaron. Los bergantines pasaron por en medio de la fuerza enemiga, dejando las aguas del lago llenas de canoas en astillas. Los bergantines se detuvieron antes de llegar a la calzada. Utilizando sus remos, las tripulaciones persiguieron las pocas canoas que permanecían intactas.

La victoria española fue completa. López dio la señal a los capitanes de los bergantines para que se reagruparan. La flota regresó a Texcoco mientras Sandoval y sus soldados eliminaban los últimos guerreros aztecas que quedaban en la ciudad de Iztapalapa. La triple puerta, con sus águilas de piedra, a la entrada de la larga calzada que conducía a Tenochtitlán había sido totalmente sujeta por fin.

La Caída de Tenochtitlán

Los invasores habían sido expulsados de Anáhuac, sin embargo, convulsiones aun sacudían el Imperio azteca. Muchas ciudades dependientes y altépetl remotos vacilaron en mantener su lealtad a la Triple Alianza. Algunas ciudades enviaron delegaciones puntualmente a la capital para prometer su apoyo al nuevo Emperador, pero otras permanecieron indecisas, dudando que los extranjeros se hubieron ido para siempre. Mas aún, ciertas provincias se negaron a responder, aprovechando la oportunidad para deshacerse del yugo de la servidumbre. Cuitláhuac les ofreció términos de amistad y reconciliación, prometiendo relajar la imposición del tributo a las provincias más inquietas. Pieza por pieza, Cuitláhuac estaba tratando de reensamblar el fragmentado imperio.

Poco después de la expulsión de los españoles, Cuitláhuac y sus sobrinos visitaron Texcoco, una de las ciudades principales de la Triple Alianza. Texcoco había estado en crisis desde que el tlatoani legítimo, Cacamatzin, había sido depuesto por Hernán Cortés y luego ejecutado por Pedro de Alvarado. El Emperador Cuitláhuac seleccionó a otro miembro de la familia real de Texcoco para servir como nuevo tlatoani. Se llamaba Coanaco y compartía el odio de Cuitláhuac hacia los téotl. Coanaco fue instalado en una ceremonia que se llevó a cabo en lo alto de un teocalli en el centro de la ciudad. Prometió con un juramento de sangre defender el Imperio azteca contra los extranjeros.

Mientras Cuitláhuac y sus sobrinos permanecían en Texcoco, un mensajero llegó con un amatl informando que un nube-barco grande había llegado al puerto de los téotl en el Mar del Este.

"Parece que Malintzin está recibiendo refuerzos y suministros de su tierra natal, dondequiera que esté," comentó Cuitláhuac. "Sospecho que pronto intentará regresar a Tenochtitlán."

"¿Cuántos téotl hay viviendo más allá del Mar del Este?" preguntó Cuauhtémoc. "¿Qué tendremos que hacer para convencerlos que nunca nos someteremos?"

"No lo sé," dijo el Emperador, arrojando el amatl a un brasero. "Lo único que sé es que, en cualquier caso, no nos queda otro remedio que seguir luchando."

Cuitláhuac y Cuauhtémoc regresaron a la capital para prepararse para el inminente conflicto. Bajo estas circunstancias tan difíciles, el Coatepec Teocalli fue dedicado de nuevo. Una cuadrilla de obreros civiles había cubierto toda la pirámide con yeso fresco. Construyeron nuevos templos de madera en la plataforma ceremonial para albergar las imágenes de Huitzilopochtli y Tláloc. Los ídolos habían sido fabricados de nuevo utilizando materiales y métodos tradicionales. Un tambor grande fue trasladado desde otro templo e instalado en el Coatepec Teocalli para anunciar la llamada a los dioses cuando los tlamacazquis les ofrecían corazones aun latiendo. Había muchos sacrificios ese día, pero no tantos como se habían ofrecido con la dedicación previa del Coatepec Teocalli unos treinta y tres años antes, cuando miles de víctimas fueron ofrecidas y la sangre fluyó como un río desde la cima de la pirámide, formando una laguna roja en la plaza abajo.

Varias trecenas más tarde, Cuitláhuac convocó a sus sobrinos Cuauhtémoc y Tetlepanquetzal al Salón de los Ancestros. "Malintzin está marchando a Tepeaca," dijo el Emperador. "Tiene la mitad de sus soldados consigo y ha dejado a los otros en Tlaxcala bajo la supervisión de Alvarado Tonatiuh."

"¿Que quieren los téotl en Tepeaca?" preguntó Cuauhtémoc.

"Creo que intentan separarnos de nuestros territorios orientales," respondió Cuitláhuac. "Ya han tomado Zempoala y desean consolidar su poder sobre todas las provincias costeras."

Unos días después del equinoccio otoñal del año Dos Pedernal, un mensajero llegó a la sede de Cuitláhuac en Tenochtitlan. "Téotl sitiando fortaleza de Tzinpantzinco," decía el amatl. "Muchos guerreros muriendo de peste." Debido a que este mensajero había estado expuesto al virus de la viruela, él, a su vez, transmitió la enfermedad a Cuitláhuac. Varios días más tarde, el Emperador empezó a mostrar los primeros síntomas. Sufría dolores de cabeza y tenía fiebre. Una sensación ardiente invadió su boca y nariz. Los tlamacazquis y curanderos se reunieron en el palacio para atenderlo. Cuitláhuac recibió infusiones de hierbas y polvos medicinales. Sus habitaciones se fumigaron con incienso de copal y otras fragancias. Los tlamacazquis ofrecieron oraciones y sacrificios para asegurar la buena salud del Emperador. Aun así, su condición empeoró.

Por varios días Cuitláhuac sufrió, revolcándose en agonía. El Emperador sabía que se acercaba su muerte. Llamó a su joven familiar Cuauhtémoc.

"Sobrino," dijo Cuitláhuac, "Me voy con nuestros antepasados. Te comisiono el destino del imperio. Recuerda lo que te he dicho."

El joven guerrero tomó la mano de su tío. Su piel se sentía caliente. La voz de Cuitláhuac era débil, y su respiración irregular. Sus ojos parecían estar enfocados en algún punto muy lejanos en la distancia. El Emperador apretó la muñeca de Cuauhtémoc por un momento. Suspiró profundamente y expiró, soltando la mano de su sobrino al encontrar su muerte.

El joven guerrero se levantó y sus ojos se inundaron de lágrimas. "No olvidaré lo que usted me enseñó, querido tío," dijo Cuauhtémoc. "Vengaré su muerte y la muerte de todos nuestros hermanos, lo juro."

Cuitláhuac fue una de las primeras víctimas de la viruela en Tenochtitlán. Poco después, la enfermedad azotó la ciudad en la isla con una virulencia sin precedentes. Las procesiones constantes transportaban los cuerpos de los difuntos a través de las calzadas hacía los cementerios en Tlacopan, Coyoacán, Xochimilco e Iztapalapa.

Cuauhtémoc fue instalado como Tlatoani Supremo de acuerdo con los últimos deseos de Cuitláhuac. La coronación ceremonial en el precinto sagrado fue un evento muy sombrío. Muchas personas estaban de luto.

Otros se encontraban demasiados enfermos para salir de sus hogares. Varios tlamacazquis habían perecidos a causa de la peste, también.

El nuevo Tlatoani Supremo regresó al palacio de Moctezuma con sus primos Tetlepanquetzal y Coanaco. "Es probable que Malintzin y sus demonios vuelvan," pronosticó Cuauhtémoc. "Tenemos que mantenernos preparados."

"Estos téotl son como una infestación de saltamontes en el maíz recién brotado," observó Tetlepanquetzal. "No importa cuantos matemos, siguen regresando. Cada vez hay más."

"No tiene sentido confrontarles en el campo de batalla," añadió Coanaco, tlatoani de Texcoco. "No pelean con honor. Sus armas son superiores a las nuestras."

"Tendremos que buscar otro medio de guerra para luchar contra estos demonios," dijo Cuauhtémoc. "No tengo intenciones de enviar guerreros a la muerte sin esperanzas de superar al enemigo. Instruiré a mis jefes de guerra a que prepararen emboscadas y luego caer encima de los téotl con furia. Tenemos que estar listos para la batalla en todo momento, pero hay que esperar circunstancias favorables antes de atacar. No quiero arriesgar nuestras fuerzas innecesariamente."

Cuauhtémoc era joven y fuerte, y había sido probado en la batalla. Visitaba con frecuencia a sus guerreros en el campo. Cada uno de ellos lo apoyaba incondicionalmente y seguiría sus órdenes hasta la muerte sin vacilar. La orden militar de la nación azteca, los Mexicas, había encontrado un líder fuerte después del caos de los últimos días de Moctezuma.

Más tarde, Cuauhtémoc se enteró de que Malintzin, jefe de los téotl, había instalado a Ixtlilxóchitl como tlatoani de Texcoco. "Mataré a ese traidor con mis propias manos," juró Cuauhtémoc en el Salón de los Ancestros. "Se arrepentirá del día en que sometió su pueblo a los extranjeros."

"Todavía tenemos control de Xaltocan," dijo Tetlepanquetzal. "Podemos utilizar la isla para montar incursiones contra los invasores."

Los aztecas acosaron a los téotl en Texcoco durante varios días, pero los españoles permanecieron detrás de sus empalizadas y los Mexicas no podían penetrar sus defensas.

Los téotl extendieron su control de la orilla del lago y parecía que pronto intentarían un ataque directo a la capital. Cuauhtémoc convocó a su primo Tetlepanquetzal para que inspeccionase los preparativos para la inevitable batalla. Los dos líderes salieron del palacio de Moctezuma para visitar el cuartel de los guerreros águila. Pasaron por la gran plaza donde se situaban los tepuzques de los téotl.

Cuauhtémoc contemplaba los palacios y templos alrededor de la plaza. El joven Emperador reflexionó sobre viajes de su niñez a Tenochtitlán para visitar a su tío Moctezuma, Supremo Tlatoani de la nación azteca y Emperador de la Triple Alianza. Recordó vívidamente la primera vez que ascendió por los escalones del Coatepec Teocalli, para su presentación a los ciudadanos como un miembro de la familia real y potencial gobernante. Cuauhtémoc visualizó escenas de calles concurridas y casas altas de la capital, y el vasto mercado de Tlatelolco. Todavía podía imaginar las chinampas que rodeaban la ciudad como verdes jardines. Hoy en día, Tenochtitlán se parecía más bien un cementerio. Los habitantes caminaban lentamente a través de la amplia plaza con ojos deprimidos. Las canoas vacías flotaban en las aguas cristalinas del lago. Flores frescas ya no llegaban al palacio imperial. Los artistas y artesanos habían desaparecido, dejando sus pinceles y herramientas atrás. Los instrumentos de los músicos habían enmudecido. Eran muy pocos los sirvientes que atendían los fuegos de las cocinas imperiales.

Cuauhtémoc y Tetlepanquetzal caminaron por las calles y avenidas hasta llegar al cuartel de los guerreros Mexicas responsables de la defensa de la capital. Cuauhtémoc habló con los guerreros, invocando los espíritus de sus antepasados y el ánimo de los dioses. Los dos líderes regresaron al palacio imperial a la última hora de la tarde, justo cuando un mensajero llegaba con la alarmante noticia de que Malintzin había partido de Texcoco y marchaba en dirección de la ciudad de Iztapalapa.

"Cuando Moctezuma todavía regía, los téotl entraron a Iztapalapa sin molestias," observó Cuauhtémoc. "En esta ocasión su pasaje no será tan fácil," prometió.

Cuauhtémoc se reunió con los tlatoques del ejército occidental para explicarles su plan de interceptar a los téotl y expulsarlos de Iztapalapa.

Al día siguiente, un mensajero trajo la noticia de que el jefe de los téotl Malintzin había sido casi muerto, pero las rocas que le habían lanzado rebotaron de su traje de metal. Otros mensajeros llegaron para informar que los téotl con sus bestias habían penetrado el centro de Iztapalapa. Los demonios ocuparon algunas casas frente a la gran plaza donde se encontraron rodeados por miles de guerreros.

Cuauhtémoc citó a Xipil, maestro del gremio de los obreros cívicos al palacio de Moctezuma. "Vamos a rechazar a los invasores," dijo. "¿Hay alguna manera de obstruir la retirada de los téotl?"

"Sería una tarea sencilla abrir brechas en los diques para admitir el agua del lago," respondió el maestro. "Por la mañana, todos los caminos de la zona quedaran inundados."

"Que así sea," dijo Cuauhtémoc. "Nuestros guerreros expulsarán a los extranjeros de Iztapalapa, forzándolos por rumbos sumergidos."

A primera hora de la mañana siguiente, los corredores comenzaron a llegar al palacio de Moctezuma con informes sobre la campaña contra los invasores, pero al último, un tlatoque reportó que, aunque muchos téotl habían perecido junto con cientos de tlaxcaltecas, el cuerpo principal de los extranjeros había logrado escapar a Texcoco.

Pocos días después, los téotl atacaron a Chalco. Cuauhtémoc esperaba que los chalcanos se resistiesen, pero quedó desilusionado al enterarse de que la ciudad se rindió sin lucha.

Los invasores extranjeros se marcharon más al sur, apoderándose de la ciudad de Oaxtepec después de algunos feroces combates. Después, Quanahuac en las montañas cayó también en manos de los invasores. No satisfecho con el botín de las ciudades conquistadas, Malintzin y sus téotl giraron hacia el norte, con destino de Xochimilco.

Los mensajeros llegaron uno tras otro al palacio imperial para informar de los movimientos del ejército téotl. Cuauhtémoc fue advertido sobre como el invencible Malintzin estaba casi capturado en una calzada de Xochimilco, pero logró escapar una vez más. También fue informado sobre como el ejército había ocupado Xochimilco. Se supo que algunos españoles descuidados habían sido tomados vivos cuando se aventuraron lejos de sus camaradas en busca de botín. Dichos prisioneros fueron transportados a Tenochtitlán para ser sacrificados.

Llegaron informes adicionales al palacio imperial, siguiendo la trayectoria de los téotl hacia el norte. Los guerreros aztecas mantuvieron su presión constante al ejército de los invasores, pero no alcanzaron a penetrar su formación defensiva. Mientras los españoles se mantenían en buen orden, su muro de escudos permanecía intacto. Los téotl circundaron el lago de Zumpango, marchando por los mismos caminos que habían recorrido un año antes cuando fueron expulsados de Tenochtitlán.

"Hemos rechazado a Malintzin y a sus demonios una vez más," anunció el joven Emperador en el Salón de los Ancestros. "Nuestra capital permanece segura por ahora."

"¿Volverán los invasores?" preguntó Tetlepanquetzal.

"Es lo más probable," reflexionó Cuauhtémoc. "Malintzin no estará satisfecho con su saqueo. Los téotl siempre van a querer más y más."

"Tenochtitlán sigue siendo fuerte," añadió Tetlepanquetzal. "Sería recomendable reunir a todos nuestros guerreros aquí y defender la ciudad hasta el final."

"Debemos aprovechar esta oportunidad para concentrar cantidades de flechas, lanzas, y piedras para los honderos," dijo Cuauhtémoc.

Un día, llegó al palacio imperial un amatl informando que miles de tamemes se estaban preparando para partir de la ciudad de Tlaxcala llevando con ellos muchas vigas talladas. La misiva indicaba que su marcha conducía en dirección del lago de Texcoco.

"¿Con que motivo estarán los tlaxcaltecas transportando madera de las montañas?" preguntó Coanaco, el tlatoani legítimo de Texcoco.

"Tal vez tienen planes de construir algunas nuevas armas para usarlas contra nosotros," respondió Cuauhtémoc.

"El camino que recorrerán es estrecho y sinuoso," observó Tetlepanquetzal. "Hay que detenerlos antes que lleguen a Anáhuac."

"Al menos deberíamos intentarlo," dijo Coanaco. "Permítame tomar un destacamento de Mexicas para interceptarlos."

Coanaco reunió sus fuerzas en Xaltocan y partió para destruir a los cargadores tlaxcaltecas. Ignoraba que la larga columna estaba custodiada por téotl en la vanguardia y que una tropa de guerreros tlaxcaltecas le seguía en la retaguardia. Más tarde ese mismo día, un amatl llegó a la capital informando al Emperador de la derrota y muerte de su pariente Coanaco.

Mientras Cuauhtémoc esperaba sombríamente su destino en Tenochtitlán, se enteró de que los téotl estaban construyendo pequeños nube-barcos en Texcoco con la madera que habían traído de las montañas. Al principio, los nube-barcos se limitaron a dar vueltas en las aguas del lago de Texcoco. La verdadera muestra del poder de la flota pudo verse en Xaltocan apenas unos días más tarde. Las canoas de guerra más grandes de los aztecas no podían alcanzar el paso de los nube-barcos portando tepuzques de bronce, lanzando fuego y truenos. Los téotl atacaron a Xaltocan simultáneamente desde la tierra y el agua. A pesar de los esfuerzos de los defensores aztecas, Xaltocan cayó en manos de los téotl.

Después de eso, los invasores se convirtieron en dueños indiscutibles de las aguas, navegando por doquier a su placer.

Muchas veces, los Mexicas intentaron destruir los nube-barcos, sin embargo, sus esfuerzos fueron en vano. Un día, prepararon una emboscada y atrajeron a dos de los barcos a entrar a un estrecho canal entre algunas islas. Las canoas que estaban escondidas detrás de los carrizos salieron repentinamente y rodearon los barcos, capturando una de ellas. Todos los téotl que se encontraron al bordo fueron masacrados. El segundo nube-barco logró escapar. Cuauhtémoc también ordenó colocar cientos de estacas de madera clavadas en el lecho del lago en un intento por impedir los movimientos de los nube-barcos. Sin embargo, los téotl evitaron los obstáculos y maniobraron libremente sobre las aguas abiertas.

La temporada de lluvias había llegado a Anáhuac. Los combates entre los téotl y los defensores Mexica explotaban continuamente. Todo el valle se había convertido en una tierra desgarrada por la guerra. Las ciudades estaban en ruinas. Granjas despilfarradas. Miles de tumbas recién excavadas en los campos para las víctimas de la pestilencia. Cadáveres y moribundos sin número yacían a los lados de los caminos. Gente hambrienta de todas edades se congregaron en las plazas de las ciudades, suplicando socorro. Las nubes de moscas zumbaban por todas partes. Buitres revoloteaban en el cielo sin cesar.

Poco después del solsticio de verano del año Tres Cali, Cuauhtémoc recibió la noticia que los téotl nuevamente estaban avanzando a Iztapalapa. Cuauhtémoc despachó todas sus canoas de guerra para apoyar la defensa de Iztapalapa. Las canoas fueron atacadas por los nube-barcos y dispersadas. Después de una corta lucha, Iztapalapa cayó en manos de los téotl.

El mismo día, un mensajero con un amatl urgente llegó al palacio imperial para anunciar que Alvarado Tonatiuh había tomado posesión de Tlacopan y que otra parte del ejército téotl había continuado hacía Coyoacán. Los Mexicas lucharon valientemente para defender Coyoacán, pero finalmente fueron obligados a retirarse a la isla de Xoloc. Tepeyacac, en la terminal de la larga calzada que conducía al norte de Tenochtitlán, también fue ocupada por los invasores. Al mismo tiempo, el acueducto de Chapultepec se secó. El acueducto había proporcionado una fuente confiable de agua potable a los ciudadanos de la capital por más de cincuenta años. Los téotl ahora habían destruido una parte del acueducto, cortando el flujo del agua.

Fue entonces cuando comenzaron las batallas por la posesión de las calzadas. Los téotl, apoyados por sus nube-barcos, avanzaban de día y los Mexicas recuperaron las calzadas por la noche. Sin embargo, cada vez los téotl avanzaban un poco más y los Mexicas recuperaban un poco menos. Después de varios días, los téotl tomaron la fortaleza de la isla de Xoloc y se negaron a soltarla. Hubo actos de valor y muchas bajas en ambos lados, pero Xoloc permaneció firmemente en manos de los invasores extranjeros.

"Hay que hacerles luchar por cada paso que emprendan," dijo Cuauhtémoc a Tetlepanquetzal. "Alvarado Tonatiuh sigue al mando de los demonios en Tlacopan. Es temerario e impulsivo. Tal vez podamos atraerlo a una trampa."

"¿Cómo?" preguntó Tetlepanquetzal.

"La calzada entre Tlacopan y Tenochtitlán todavía sigue inaccesible para los nube-barcos," explicó Cuauhtémoc. "Nuestros obreros civiles abrieron canales en la calzada para evitar que los téotl entraran en la capital. Podemos permitir que Alvarado crea que ya hemos dejado de defender la calzada, retirando nuestros guerreros a los confines de la ciudad. Los téotl probablemente construirán puentes para cruzar los canales. Cuando Alvarado y sus demonios pasen y se acerquen al poblado, nuestros guerreros podrían encerrarlos y negarles la posibilidad de regresar a la orilla."

Los vigías aztecas mantuvieron informado al Emperador de las actividades de los téotl. Le avisaron cuando el asalto de Alvarado Tonatiuh parecía inminente. Cuauhtémoc y Tetlepanquetzal salieron del palacio de Moctezuma para observar la emboscada que habían preparado desde un lugar escondido en una de las chinampas. Los dos observaron a los españoles colocando un puente provisional sobre el primer canal en la calzada. Este canal estaba situado en el lugar exacto donde muchos téotl, junto con sus caballos y mujeres, habían perecido cuando fueron expulsados de Tenochtitlán el año anterior.

Alvarado y sus soldados colocaban tablones a través del segundo canal también. Mientras tanto, guerreros en canoas comenzaron a desmantelar el puente del primer canal.

Los invasores por fin cruzaron el canal que estaba más cerca de la ciudad de Tenochtitlán. A Alvarado le pareció que el camino estaba abierto y cargó adelante con la espada desenvainada. Los téotl avanzaron, ignorantes del hecho de que su única ruta de escape estaba siendo cortada. Los soldados españoles, ansiosos por el botín, se dirigieron hacia el mercado de Tlatelolco y comenzaron a saquear los puestos. De repente, una multitud de guerreros azteca les cayeron encima con gritos feroces. Los soldados desprevenidos fueron asaltados con torrentes de piedras y flechas. Muchos murieron directamente y algunos fueron tomados prisioneros, para ser arrastrados al Coatepec Teocalli.

Cuando Alvarado se dio cuenta del peligro, gritó frenéticamente a sus hombres para que se retiraran. Los téotl huyeron precipitadamente hasta llegar al canal donde los aztecas habían retirado su puente. Igual que la noche de su desastrosa retirada, no les quedó otro remedio a los extranjeros que saltar al agua y nadar hacia el otro lado. Muchos téotl se ahogaron en el intento, hundidos por el peso de su armadura. Los extranjeros que sobrevivieron regresaron a su campamento para recuperarse.

Una trecena más tarde, los téotl intentaron forzar todas las calzadas a la vez. Los Mexicas lograron mantener control de la calzada de Tlacopan en una feroz lucha. La calzada de Xoloc era más difícil de defender, sin embargo, debido a la presencia de los nube-barcos. Los téotl avanzaron a pie por la calzada mientras los barcos de destrucción hostigaron los defensores aztecas con sus tepuzques.

En esa ocasión, Malintzin recibió una herida en la pierna provocado por un dardo de atlatl. Un guerrero valiente se acercó en una canoa que de alguna manera había evadido a los nube-barcos. El guerrero vio su oportunidad y disparó su lanza. El dardo penetró el muslo de Malintzin, arrojándolo al suelo. Cuando los soldados españoles vieron a su líder caído, vacilaron en su determinación y comenzaron a retroceder, acarreando a su comandante a un lugar seguro.

Después de eso, los extranjeros no se atrevieron salir de sus fortificaciones. Iztapalapa, Coyoacán y Tlacopan se habían convertido en campamentos españoles donde los téotl vivían rodeados de suciedad. Los trabajadores nocturnos de los indígenas ya no barrían las calles. La basura y los residuos humanos se acumulaban en las zanjas y callejones. Los téotl ni si quiera se percataban de ello. Permanecían sentados alrededor de sus fogatas, tomando y riendo. Las ciudades que antes habían sido prístinas se encontraron ahora envueltas en una neblina de sucio humo con aroma fétido.

Los extranjeros intentaron a dejar los habitantes de Tenochtitlán perecer de hambre para no arriesgar otra batalla. Los nube-barcos navegaban continuamente en el lago, patrullando día y noche para interceptar canoas que transportaban alimentos a la ciudad. Los suministros en la capital pronto se agotaron. Algunos puestos en el mercado de Tlatelolco todavía vendían productos de las chinampas, pero itzcuintli, patos y pavos ya no eran disponibles. Los pescados del lago eran comprados tan pronto como los pescadores descargaron sus canoas.

Era terrible de contemplar el hambre en la ciudad. Las mujeres y los niños yacían en sus casas, demasiado débiles para moverse. Las madres ya no tenían leche para amamantar a sus bebés. Incluso el agua para beber estaba sucia y salobre, pues había sido extraída de pozos recientemente excavados en los patios situados entre las casas. En estas deplorables condiciones, la pestilencia se propagó. No había lugar para enterrar a los difuntos en la ciudad ni madera para quemarlos. Cuerpos permanecían donde habían caído, en las calles y dentro de las casas. Los canales estaban tapados con cadáveres hinchados. El hedor de la muerte penetraba en toda la ciudad.

Los españoles acechaban las ciudades en la orilla del lago hasta que sospecharon que Tenochtitlán finalmente estaba al punto de caer. En una calurosa mañana de verano, los extranjeros organizaron ataques a las calzadas de Tlacopan, Xoloc y Tepeyacac, todos al mismo tiempo. Los téotl se precipitaron a la ciudad con sus gritos de guerra, barriendo a los guerreros hambrientos que encontraban. Los invasores forzaron su entrada a través de los baluartes y corrieron hasta la gran plaza en la intersección de las avenidas que bisecaban la ciudad. Los téotl se manifestaron con un gran grito, felicitándose por haber alcanzado su meta. Se dirigieron al recinto sagrado con la intención de profanar de nuevo el Coatepec Teocalli. Los Mexicas encontraron nueva energía ante este insulto. Los defensores aztecas se armaron con la poca fuerza que les quedaba y lucharon con rabia furiosa. De repente, los españoles se encontraron bajo ataque por todos lados. Los Mexicas les obligaron a retirarse del recinto sagrado, dejando los cuerpos de sus compañeros tirados en el ensangrentado pavimento. En los otros barrios, los guerreros se conjuntaron y confrontaron a sus atacantes, forzando a los téotl fuera de la ciudad.

Los téotl continuaron presionando sus ataques en los días siguientes. Comenzaron a demoler sistemáticamente las casas en las afueras de la ciudad, utilizando los escombros para llenar los canales. Los Mexicas ya no tenían ni la fuerza ni los recursos para montar contraataques. Lo único que podían hacer era posponer lo inevitable con acciones limitadas. Los españoles se apoderaron de barrios enteros y expulsaron a los habitantes. Los cuerpos que quedaron atrás fueron arrojados a los canales junto con los escombros de las casas demolidas. Los téotl invadieron el recinto sagrado de nuevo. Esta vez, lograron a destruir las imágenes de Huitzilopochtli y Tláloc, y empujaron las piedras del altar por los escalones de la alta pirámide. Los extranjeros saquearon y prendieron fuego a todos los templos y palacios de alrededor.

Cuauhtémoc y Tetlepanquetzal se resguardaron en el barrio de Atzacoalco, junto al lago. Algunos guerreros águila de los Mexicas los acompañaron. A pesar de su hambre, de su debilidad, enfermedad y lesiones, los guerreros aztecas hicieron todo lo posible para defender a su Emperador.

Los españoles descubrieron que la resistencia en ese barrio se había endurecido. Los invasores tenían que luchar mano a mano, casa por casa. Los téotl entraron a las habitaciones y fueron confrontados por demacrados guerreros que luchaban como lobos arrinconados. Los extranjeros mataron a todos sin piedad.

Durante los intensos combates, Cuauhtémoc y Tetlepanquetzal buscaron refugio en la planta superior de un edificio en la parte central del barrio de Atzacoalco.

"Los demonios se están acercando," observó Tetlepanquetzal cuando un disparo de arcabuz se escuchó en una casa vecina.

Cuauhtémoc se levantó y fue a un balcón donde podía ver las ruinas de Tenochtitlán. Las columnas de humo se elevaron donde los téotl habían prendido fuego a las casas. Gritos resonaban en las calles y canales. Cuauhtémoc regresó a la habitación. "Los téotl están trayendo sus tepuzques," le dijo a su primo. "La muerte viene enseguida. Prepárate."

Los cañones comenzaron a disparar con un bombardeo constante. Las balas atravesaron las paredes provocando nubes de polvo cuando las maderas se astillaban y el yeso se desmoronaba. El olor punzante de humo de pólvora impregnó el aire. Algunos indios sobrevivientes lograron alejarse de las fuertes explosiones, retirándose a la parte central del vecindario. Muchos otros murieron en las ruinas. Algunos fallecieron a causa de sus heridas, otros por falta de alimentos, o por enfermedad. Algunos fenecieron de miedo y otros simplemente porque ya no podían soportar la vida. Los pocos que podían moverse y pensar claramente se reunieron con Cuauhtémoc y Tetlepanquetzal en su refugio.

"¡Tienes que irte, primo Cuauhtémoc!" exclamó Tetlepanquetzal. "Si mueres, la casa real de los aztecas muere contigo. El pueblo no tendrá a quién recurrir. Huye ahora lejos de aquí. Puedes luchar contra los téotl en otra ocasión, pero al menos la nación azteca continuará."

"No puedo abandonar a mi pueblo al antojo de estos demonios," respondió Cuauhtémoc. "Con gusto moriré con mi gente."

Tetlepanquetzal trató de asegurar a Cuauhtémoc que encontraría aliados y amigos fieles en otro lugar. El Emperador finalmente fue persuadido para evitar que el linaje de los aztecas se extinguiera para siempre. Varios guerreros águila escoltaron a Cuauhtémoc a una canoa que estaba escondida en un canal a poca distancia. La canoa salió del canal y entró a las aguas abiertas del lago de Texcoco. Los guerreros remaron con toda la fuerza que les quedaba en sus brazos. Casi habían logrado librarse cuando uno de los nube-barcos los detectó. El bergantín les siguió tras ellos, en cercana persecución. La canoa aceleró a través del agua, pero el nube-barco avanzó aún más rápidamente. La distancia entre los buques se redujo con cada momento. Los téotl gritaron a los guerreros que continuaban remando furiosamente. Los ballesteros dispararon a los remeros, matando a todos en un instante. La canoa se detuvo. Cuauhtémoc fue levantado a bordo del nube-barco, atado y arrojado a la cubierta.

El nube-barco navegó hacía Coyoacán, donde Malintzin tenía su cuartel general. Cuauhtémoc fue conducido a tierra a punto de espada y fue obligado a arrodillarse mientras esperaba la llegada del comandante de los extranjeros.

Cortés estaba al frente de una batalla que acontecía en otra sección de la ciudad cuando un corredor llegó con un mensaje importante. El gobernador dejó a uno de sus lugartenientes a cargo de los combates y regresó a Coyoacán a toda prisa. Cuauhtémoc fue desatado, parado y obligado a enfrentar a su conquistador.

"Bienvenido por fin, poderoso Emperador," dijo Cortés con una amplia sonrisa. "Hemos estado esperando su llegada desde hace algún tiempo."

Cuauhtémoc se negó a suplicar misericordia. Se acercó a Malintzin y tocó la daga a su lado. Cuauhtémoc abrió su túnica, indicando que Cortés debía clavarle la daga en el pecho.

"No, no morirás hoy," dijo Cortés, momentáneamente sorprendido por este gesto inesperado. "Nada te pasará. Serás nuestro huésped aquí en Coyoacán. Nos ayudarás a reconstruir Tenochtitlán y el pueblo azteca se convertirá en miembro colaborador de la provincia de la Nueva España."

Cuauhtémoc fue llevado a las habitaciones que anteriormente pertenecían a sus sirvientes. Una guardia de soldados españoles vigilaba las puertas día y noche.

Dos días después, los téotl arrastraron a otro prisionero a una habitación adyacente. El hombre estaba cubierto de polvo y sangre seca. Cuauhtémoc trajo una jarra de agua y unos trapos para limpiar al prisionero. El Emperador descubrió que era su primo Tetlepanquetzal.

"Parece que mis ojos me engañan," comentó Tetlepanquetzal débilmente al reconocer su familiar. "¿Eres tú, Supremo Tlatoani Cuauhtémoc? ¿Seguimos entre los vivos?"

"Sí, primo," respondió Cuauhtémoc. "Vivimos, pero somos prisioneros de Malintzin y los téotl. Estamos atrapados y muertos en vida. No me atrevo a imaginar como terminará esta pesadilla."

Honduras

La noticia de la captura de Cuauhtémoc se diseminó rápidamente. Los Mexicas vencidos soltaron sus armas. Los cañones españoles silenciaron. Los sobrevivientes aztecas del asedio salieron de los escombros de Tenochtitlán y buscaron refugio en las calzadas. Fueron guiados a la orilla y abandonados. Las ruinas negras de la ciudad pagana se reflejaron en las aguas del lago de Texcoco, repletas de basura y cadáveres.

Los españoles se reunieron en Coyoacán para celebrar su triunfo. "La victoria es suya, gobernador," dijo Pedro de Alvarado. "Usted ya ha derrotado a todos sus enemigos."

"La victoria sí," respondió Cortés, "pero el botín de guerra no. Hay que buscar en todos los palacios el oro que dejamos cuando nos vimos obligados a abandonar la ciudad el año pasado. Quiero guardias en todas las calzadas. Que nadie entre ni salga de la ciudad hasta que hayamos escudriñado cada rincón. Instruya a Martín López que establezca una cuarentena de la isla con sus bergantines."

Aunque los españoles registraron diligentemente toda la ciudad, jamás encontraron los tesoros perdidos. Incluso el oro que estaba antes escondido dentro de las paredes del palacio de Axayácatl había desaparecido.

En Coyoacán, Cortés se apropió un palacio para su residencia personal, utilizando una estructura contigua para su uso como cuartel general. Un edificio cercano se convirtió en el ayuntamiento, la sede del consejo municipal. Los rehenes aztecas, Cuauhtémoc y Tetlepanquetzal, fueron mantenidos en una casa pequeña a un lado, vigilados día y noche por guardias españoles.

El padre Olmedo vino a visitar Cortés a su casa una mañana al fin del verano. "¿No cree que deberíamos construir una nueva iglesia a nuestro

Señor en Coyoacán?" preguntó el sacerdote. "Parece que estaremos aquí por bastante tiempo. Los soldados merecen un lugar permanente de culto."

"¿Tiene planeado algo especifico, padre?" preguntó Cortés.

"Hay abundancia de piedra de los indios," respondió Olmedo. "Algunos de nuestros hombres deben ser hábiles constructores. Que edifiquen una auténtica iglesia."

"Tiene razón, por supuesto," dijo Cortés. "Asignaré a algunas personas a esta tarea de inmediato."

Cortés regresó al ayuntamiento y dictó órdenes para derribar el teocalli pagano de Coyoacán. Los españoles levantaron grúas con poleas y patines para desmantelar la pirámide. Una yunta de bueyes y algunas mulas que recientemente habían llegado de Cuba fueron utilizadas en el trabajo. Los esclavos indios también fueron puestos en arreos para mover las piedras más pequeñas. Los bloques fueron seleccionados y arreglados para la construcción de la nueva iglesia cristiana en el mismo sitio. El padre Olmedo nombró al templo San Juan Bautista.

Muchos soldados españoles tenían esperanzas de recibir grandes compensaciones de oro y plata al término de las hostilidades, tal y como Cortés les había prometido. Sin embargo, casi nada de valor se había recuperado de las ruinas de Tenochtitlán. Varias diputaciones de soldados llegaron al ayuntamiento pidiendo sus porciones del saqueo. Las peticiones se volvieron cada vez más estridentes, hasta que Cortés se preocupó por la posibilidad de que ocurriese un motín.

Julián Alderete, el tesorero real de España, estaba especialmente ansioso por reclamar la parte que correspondía al Rey. "Su Majestad requiere una contabilidad precisa de todo el oro incautado de los indios," dijo Alderete al gobernador Cortés. "Lo más seguro es que haya mucho todavía escondido."

"Las únicas personas que posiblemente tienen conocimiento del paradero del oro perdido serían los rehenes Cuauhtémoc y

Tetlepanquetzal," dijo Cortés a Alderete. "Dudo que alguno de ellos esté dispuesto a divulgar la ubicación del oro, si es que lo supiera."

"Hay maneras de forzarles a hablar," respondió Alderete. "Permítame persuadir a estos bárbaros a entregarnos su oro."

Cortés no estaba muy contento con las palabras de Alderete. Entre menos que supiera Alderete sobre el oro de los aztecas, sería mejor, opinaba el gobernador. Pero después de un momento de reflexión, dio permiso al tesorero real a que interrogase a los prisioneros. El gobernador Cortés consideró que al hacer esto, la atención de los amotinados enfocaría a Alderete, no a él.

Cuauhtémoc y Tetlepanquetzal fueron llevados al ayuntamiento para ser interrogados. Alderete era el inquisidor principal. Cuando Cuauhtémoc y Tetlepanquetzal comprendieron lo que les estaba preguntando, ambos negaron tener conocimiento del oro perdido. Insistieron que los españoles ya se habían llevado todas las riquezas de Tenochtitlán. Alderete se enojó y decidió recurrir a medidas más duras. Los prisioneros fueron llevados a un jacal en la parte trasera del ayuntamiento. Los asistentes de Alderete les quitaron la ropa. Amarraron a los dos nobles aztecas a estacas clavadas en el suelo. Los soldados españoles trajeron una olla de aceite hirviendo y la acomodaron entre los dos tlatoanis. Alderete les preguntó una vez más dónde habían escondido el oro. No pronunciaron respuesta. Alderete dio una señal a un soldado quien sumergió un cucharón en el aceite burbujeante. Dejó caer unas gotas sobre los pies de Cuauhtémoc. Cuauhtémoc gimió, pero ninguna palabra escapó de sus labios. El procedimiento se repitió con Tetlepanquetzal, quien también aguantó la tortura sin gritar. Alderete continuó preguntando por el oro, amenazándoles a ser quemados vivos si no respondían. Más aceite caliente se vertió sobre sus pies y piernas, sin embargo, los dos tlatoanis mantuvieron su silencio. Cuauhtémoc y Tetlepanquetzal quedaron quemados y ampollados de pie a muslo y aun así no dieron satisfacción a sus atormentadores. Alderete finalmente cedió y ordenó desatar los prisioneros. Encargó a unos soldados llevarlos de vuelta a sus celdas. Como no podían caminar, fueron cargados en camillas.

Sin el oro ni las riquezas prometidas, los conquistadores españoles comenzaron a dispersarse por el valle de México, buscando fortuna en otros lugares. Se organizaron expediciones militares para pacificar zonas que aún no habían reconocido su subordinación a la corona española. Algunos soldados se enlistaron a las incursiones para obtener el botín de otras ciudades indias, algunos con la esperanza de obtener esclavos y tierras fértiles de cultivo, y otros simplemente porque disfrutaban de los combates y las matanzas. Unos pocos españoles se alejaron solos, buscando depósitos de oro y plata. Algunos se volvieron fabulosamente ricos, pero la mayoría regresaron con las manos vacías.

Muchos colonos de las islas de las Indias emigraron a la Nueva España durante estos años, deseando mejores circunstancias para ellos y sus familias. Todos trataron de solicitar el favor del gobernador de la nueva provincia, Hernán Cortés, y estaban dispuestos a pagar por su consideración. Los terrenos eran vendidos, títulos dispensados y oficiales designados, todo al placer de Cortés. El nuevo gobernador se hizo rico con los ingresos y pudo amueblar lujosamente su residencia en Coyoacán.

Una noche después de la cena, Cortés, Pedro de Alvarado y el padre Olmedo se retiraron a un patio para discutir el futuro de la Nueva España.

"¿Qué será de la ciudad en ruinas en la isla?" preguntó Olmedo. "¿Continuará ociosa toda esa tierra?"

"No, no, padre," respondió Cortés. "Tengo la intención de construir una ciudad sobre las ruinas, una ciudad que algún día rivalizará con Sevilla."

"¡Sevilla!" exclamó Pedro de Alvarado. "¿Tendremos entonces nuestro propio rey?"

"Seguiremos siendo vasallos leales de su majestad Carlos V, Rey de España," dijo Cortés. "Pero el Rey estará muy lejos de aquí, a través del vasto océano. Confiará en nosotros para gobernar en su nombre."

"¿Cómo se llamará esta nueva ciudad?" preguntó el padre Olmedo.

"La capital de la Nueva España será conocida como la Ciudad de México," dijo Cortés. "La Ciudad de México se levantará como un ave fénix de las cenizas de Tenochtitlán."

"¿Tendrá una gran iglesia?" preguntó el padre Olmedo.

"Le construiré una catedral," respondió Cortés. "Más grande y bella que la catedral de Sevilla."

"¿Cuándo comenzará la construcción de la Ciudad de México?" preguntó Alvarado.

"Pronto, muy pronto," dijo Cortés. "Nuestra primera prioridad será derribar todos los templos paganos. No queremos que los indios piensen que pueden volver a sus antiguas costumbres. Hay que destruir todos los rastros de su falsa religión."

Las esculturas crípticas de los aztecas fueron tumbadas y quebradas en cientos de piezas. Las piedras de los altares manchadas con sangre fueron pulverizadas y grandes pirámides quedaron al ras, hasta sus cimientos. Al mismo tiempo, el acueducto de Chapultepec se reparó y el agua dulce nuevamente fluyo a México. Los colonos españoles comenzaron a mudarse a la ciudad, comprando parcelas para sus casas y negocios. Cortés permitió a las familias aztecas reasentarse en sus anteriores barrios de Tenochtitlán, siempre y cuando se bautizaran en la fe. La mayoría de sus casas habían sido destruidas, pero por lo general los residentes pudieron identificar los lugares donde alguna vez habitaron. Con la ayuda de alguaciles españoles, los indios se registraron como propietarios bajo sus nuevos nombres cristianos.

Cortés tenía muchas ideas grandiosas para la Ciudad de México, pero necesitaba ayuda para ejecutar sus planes. Recordó al capitán Eduardo García-Bravo, que había llegado a Vera Cruz en uno de los buques enviados por el gobernador de Jamaica, en la expedición infructuosa que se había terminado en un desastre a manos de los indios de Panuco. García-Bravo había comprobado sus capacidades para asumir la tarea de rediseñar y fortalecer el presidio de Villa Rica. Cortés lo citó a Coyoacán, para llevar a cabo el proyecto de edificar una magnífica capital para la Nueva España.

Entre las primeras tareas que Eduardo García-Bravo llevó a cabo era la construcción de un muelle a la orilla del lago para albergar los bergantines. Cortés quería mantenerse prevenido en caso de cualquier indicación de revuelta por parte de los indios. Los bergantines patrullaban periódicamente las aguas, presentando una demostración de fuerza. García-Bravo también construyó un gran arsenal, para almacenar los cañones y otros materiales de guerra.

García-Bravo y su asistente, Bernardino Vázquez de Tapia, con la cooperación de algunos de los obreros civiles aztecas que habían sobrevivido la destrucción de Tenochtitlán, deseñaron las calles de la nueva ciudad. Las principales avenidas mantuvieron los arreglos originales de los aztecas, conduciendo de norte a sur y de este a oeste. Se trazaron caminos laterales donde antes había canales.

"Deje espacio para la construcción de grandes plazas, una en cada barrio de la ciudad," ordenó Cortés a García-Bravo. "Quiero que la plaza principal que se ubique en el centro sea más grande que cualquier plaza de Europa."

Cortés reservó una parcela de tierra frente a la enorme plaza para su residencia personal en el sitio más prominente de la Ciudad de México, para impresionar a todos sus visitantes. La nueva residencia de Cortés estaba situada en el lugar que anteriormente ocupaba el palacio de Moctezuma.

También se inició la construcción de una catedral al otro lado de la plaza. El padre Olmedo y Cortés inspeccionaron el progreso de vez en cuando. "Esta iglesia será inmensa una vez que sea terminada," comentó Olmedo. "¿Cuándo será esto?"

"Probablemente dentro de algunos años," respondió Cortés. "Recuerde que las grandes catedrales de Europa duraron siglos enteros en su construcción."

"Espero que podamos celebrar misa en algún lugar cercano mientras tanto," comentó Olmedo. "Hay una gran necesidad de llevar la palabra del Señor a los nativos."

"Tenemos amplio espacio," observó Cortés. "Vamos a edificar una capilla provisional cerca de aquí. ¿Habrá sacerdotes para atenderla?"

"Todas las órdenes religiosas están enviando misioneros a la Nueva España," dijo Olmedo. "Están ansiosos por convertir a los paganos. Sin duda, encontraremos un sacerdote para la capilla."

"Me agrada saber eso," dijo Cortés. "Debemos enseñar los fundamentos del cristianismo a todos los indios, cuanto antes mejor."

Cortés, Eduardo García-Bravo y el padre Olmedo dividieron la nueva capital en parroquias, disponiendo que eventualmente cada una tuviera su propia iglesia. El resto de la ciudad se reservó para distritos comerciales y zonas residenciales. Las calzadas que conducían a la Ciudad de México sobre las aguas del lago fueron reconstruidas, haciéndolas más amplias para acomodar los vagones y coches de los colonos.

La Ciudad de México creció rápidamente. Las naves provenientes de España y las Indias descargaron en Vera Cruz a muchas personas humildes que estaban en busca de oportunidades que no existían en otros lugares. Todos caminaron hacía la nueva capital. Con los colonos, llegaron también artesanos, comerciantes, y más misioneros. Las iglesias, escuelas, almacenes, talleres y mercados surgieron en todo el valle de México.

Durante la primavera del año 1524, llegaron a la Ciudad de México reportes de una tierra donde yacían en el suelo pepitas de oro como si fuesen huevos de gallina, listas para ser recogidas. Según los relatos, hasta los pescadores más pobres usaban sumideros de oro en sus sedales. Cortés se interesó inmediatamente en un paraje con una abundancia de oro. Convocó a Pedro de Alvarado, Cristóbal de Olid y Gonzalo Sandoval a reunirse con él en el nuevo ayuntamiento de la Ciudad de México.

"¿Han escuchado ustedes las historias?" preguntó Cortés. "¿sobre una tierra con mucho oro en la costa más al sur de Cozumel?"

"Sí hemos, gobernador Cortés," respondió Alvarado. "Se llama Honduras. Han encontrado allí muchas pepitas grandes, según."

"Deseo reclamar esas tierras antes de que Velázquez de Cuba o Garay de Jamaica se enteren de su descubrimiento," dijo Cortés. "Tenemos que enviar una expedición de inmediato."

"¿Quién dirigirá dicha expedición?" preguntó Alvarado.

"Tengo la intención de hacerlo yo mismo," respondió Cortés.

"Debería usted permanecer aquí, gobernador," intervino Sandoval. "Sus servicios son esenciales en esta nueva colonia. ¡Quién sabe lo qué puede pasar en su ausencia!"

"Permítame dirigir la expedición," ofreció Olid. "Reclamaré la tierra en su nombre y le informaré de los resultados tan pronto sea posible."

Cristóbal de Olid había estado al lado de Cortés desde que habían salido de Cuba casi cinco años atrás. Se había probado como un oficial leal y capaz. El gobernador Cortés le tuvo plena confianza y consintió nombrarlo comandante de la fuerza expedicionaria con destino a Honduras.

Cortés y Olid se reunieron en el ayuntamiento de la Ciudad de México varias veces durante los días siguientes para planear la expedición con minucioso detalle. Olid no tuvo problemas para encontrar voluntarios y pronto amontó un ejército de cuatrocientos soldados, muchos de ellos con sus propios arcabuces y ballestas.

"No tenemos suficiente pólvora," informó Olid poco antes de la fecha fijada para la salida. "También necesitamos algunos cañones adicionales y unos buenos caballos de guerra."

"Enviaré a un agente a La Habana para abastecernos de caballos y armas," dijo Cortés. "Mientras tanto, reúna sus fuerzas en nuestro puerto de Vera Cruz. Le estoy asignando seis naves. Zarparán a La Habana, tome su carga y luego procedan directamente a Honduras. Con vientos favorables, el viaje durará no más de un mes."

Los seis barcos llegaron a La Habana unas semanas más tarde. Veintidós caballos fueron acomodados a bordo, junto con varios barriles de pólvora y algunos cañones. Sucedió entonces que el gobernador Velázquez se encontraba también en el puerto conduciendo negocios oficiales. Cuando se enteró de que barcos de México habían anclado en el puerto, decidió ir a los muelles para investigar. Allí se enteró de que Cristóbal de Olid estaba al mando de la flota. El gobernador encontró una lancha para transportarlo al buque insignia.

Cuando la lancha se acercaba, Velázquez saludó al barco. Se anunció a sí mismo y le dijo al centinela que deseaba hablar con Olid. Un momento después, Cristóbal de Olid apareció en la barandilla.

"Capitán Olid, me da un gran placer volver a verle después de una ausencia tan larga," dijo Velázquez. "¿Me permite subir a bordo?"

"¿Qué quiere, gobernador?" preguntó Olid.

"Deseo felicitarle por sus hazañas y conocer más sobre las tierras que han conquistado," dijo Velázquez. "¿Puedo subir?" repitió.

"Bajen la escalera," ordenó Olid a la tripulación. "Ayuden al gobernador a bordo."

Olid condujo a Velázquez a los aposentos del capitán en la popa del barco. "Tome asiento, gobernador," dijo. "Disculpe que no hay acomodaciones mejores."

Olid y Velázquez tuvieron una larga conversación en la pequeña cabina. Olid anticipaba que el gobernador pudiera sentirse amargado por la traición de Cortés, pero aparentemente Velázquez había adoptado una visión pragmática y buscaba oportunidades de comerciar con la nueva colonia. Olid se enteró de los acontecimientos recientes en Cuba y a su vez entretuvo al gobernador contándole historias de batallas contra hordas de guerreros aztecas.

"Usted ha progresado mucho," comentó Velázquez. "Se ha convertido ahora en un conquistador consumado. ¿Estará siempre satisfecho de vivir a la sombra de Cortés? Usted podría fácilmente hacer de sí mismo un gobernador por su propia cuenta. Lo único que requeriría es declarar a Honduras como una colonia independiente. Entonces usted podría solicitar una carta de España, como lo hizo Cortés." Velázquez concluyó su visita diciendo que estaba dispuesto a ayudar a Olid en estos asuntos y que además contaba con valiosos contactos en Sevilla para facilitar la oportuna autorización de la nueva colonia.

Olid de hecho estableció una colonia en Honduras y descubrió ricas minas de oro y plata. Luego declaró a Honduras como una colonia independiente de la autoridad de Cortés y de la Nueva España. Pronto se extendieron los reportes de una nueva colonia con mucho oro, diseminando por todas las islas del Caribe. La noticia también llegó a oídos de Hernán Cortés en la Ciudad de México.

Al principio, Cortés se negó a creer que su leal capitán y fiel amigo Cristóbal de Olid se hubiera rebelado contra él. Finalmente tuvo que a aceptar la realidad. Cortés enfureció. En su mente, conspiró mil formas macabras de dar muerte a Olid, quien pronto conocería el costo de su traición.

Cortés convocó a sus capitanes al ayuntamiento para informarles sobre su intención de salir con un ejército para llevar Olid a la justicia lo antes posible. "Quiero su cabeza en un palo," declaró Cortés. "Reúnan una tropa para la expedición punitiva. Llevaré mil hombres para perseguir a Olid. No habrá escape para él."

"Comisione a otra persona para cumplir con esta obra," insistió Gonzalo Sandoval. "Su presencia aquí en la capital todavía es esencial."

"¿Conocen ustedes a Francisco de Las Casas?" dijo Alvarado. "Las Casas actuó como general del ejército real de España antes de involucrarse en problemas con el gobierno. Llegó aquí hace un mes buscando una mejor fortuna. Enviémoslo a Honduras para acabar con Olid. Estaría encantado de recibir tal asignación."

Las Casas había llegado a la Nueva España recientemente, sin embargo, era un caballero de renombre, ansioso por probarse en batalla. Cortés decidió proporcionar a Las Casas otros cinco barcos para una segunda expedición a Honduras.

En pocas semanas, Las Casas estuvo listo para partir. Dejó Vera Cruz con instrucciones de proceder directamente a Honduras sin demora y tomar prisionero a Olid o, si eso no fuera posible, de matarlo de cualquier manera. Las Casas navegó al Caribe y luego se dirigió hacia el sur a lo largo de la costa desconocida.

En cuanto la flotilla se acercó a los cayos de Honduras, el tiempo se volvió muy malo. Un huracán se les aproximó rápidamente desde el este. A pesar de los valientes esfuerzos de las tripulaciones, los barcos fueron volcados por olas enormes y llevados a la costa arenosa donde todos se hundieron. Los soldados a bordo brincaron al agua y muchos de ellos se ahogaron allí. Los sobrevivientes nadaron entre las olas hacía unas palmeras en el interior. Los marineros se aferraron a los troncos de los árboles hasta que la tormenta por fin cedió.

El aviso de que una flota había naufragado en la costa llamó la atención de Olid. Reunió a un grupo de sus mejores espadachines y fue a investigar. Encontró a los sobrevivientes del huracán y les ofreció la opción de unirse a su nueva colonia de Honduras, o de perecer en los pantanos. Cada uno de ellos, incluyendo Las Casas, aceptó la oferta sin vacilación.

Cortés esperó en la Ciudad de México durante varios meses esperando recibir una comunicación de Las Casas, pero ésta nunca llegó. Con la paciencia agotada, Cortés planeó otra expedición. Organizó a un ejército nuevo compuesto en su mayoría por soldados que ya habían luchado bajo sus órdenes y que estaban ansiosos por acompañar al gobernador en otra aventura a tierras desconocidas con grandes riquezas.

El gobernador compró una nueva armadura y un casco decorado con incrustaciones de oro. Contrató algunos cocineros y médicos para el viaje. También invitó a varios sacerdotes y hombres letrados, e incluso algunos músicos para su entretenimiento.

Cortés seleccionó a Sandoval como segundo al mando de la expedición, mientras Pedro de Alvarado quedaría en la Ciudad de México fungiendo como su representante personal. Cortés y Sandoval se reunieron en el ayuntamiento la noche antes de la salida de la expedición. "¿Qué pasará con nuestros rehenes, los jefes de los aztecas?" preguntó el joven capitán, refiriéndose a Cuauhtémoc y a Tetlepanquetzal, que todavía permanecían detenidos en Coyoacán. "¿Vamos a dejarlos aquí?"

"Sería mejor que ellos nos acompañasen," contestó Cortés. "Si los nativos alguna vez tratan de rebelarse, naturalmente buscarán unirse a sus príncipes intentando reinstalarlos como soberanos. No permitiré que los paganos crean que de alguna manera podrán restablecer su imperio." Los líderes aztecas fueron sacados de sus celdas y vestidos para emprender la larga marcha.

Llegó el día de la partida y Cortés cabalgó en la vanguardia de la columna integrada por ciento cuarenta soldados de infantería y noventa caballos, acompañados por cornetas, flautas y tambores. Todos los habitantes de la Ciudad de México presenciaron el gran espectáculo.

La marcha se convirtió en una procesión triunfal cuando el ejército atravesaba Chalco, Cholula y varias otras ciudades que habían sido incorporadas bajo el gobierno de la Nueva España. Cortés entró a cada pueblo como un héroe conquistador. Muchos de los hombres que estaban en posiciones de poder habían recibido su nombramiento de Cortés, por lo tanto, estaban ansiosos por mostrarle sus respetos. El avance de la marcha era interrumpido constantemente, ya que Cortés invariablemente era invitado a cenar o a promulgar un discurso. En cada pueblo, soldados veteranos y jóvenes valientes suplicaron permiso para unirse a la expedición. Cortés sólo aceptaba hombres que ya poseían armas y que sabían usarlas. Poco a poco, el ejército aumentó en número.

La marcha de Cortés le condujo a la ciudad de Tlaxcala donde el ejército descansó por una semana. El gobernador reclutó mil auxiliares tlaxcaltecas y quinientos tamemes para acompañar en la expedición. Más tarde, Cortés pasó unos días en Tepeaca y se alegró al ver que ésa se había transformado en un pueblo español con una iglesia cristiana. Luego, Cortés se dirigió a Zempoala. El cacique gordo Cicomecóatl había muerto un año antes, pero su hijo Ximecatl le había sucedido. Ximecatl mostró a Cortés el mismo honor y afecto que había manifestado su padre. Desde Zempoala, los soldados marcharon por caminos comerciales, siguiendo la costa hacía el sur y luego al este. El ejército dejó las tierras que una vez habían delineado los límites más lejanos del Imperio azteca.

El ejército continuó avanzando sobre caminos arenosos, sombreados por palmeras y bordeados por arbustos florecidos. El clima en los trópicos era agradable para la marcha. La columna española llegó a la ciudad de Coatzacoalcos en buen estado. Coatzacoalcos se había convertido en un importante puerto para la colonia de Nueva España, con casi la misma importancia que Vera Cruz. Una población considerable de colonos españoles vivía en la ciudad. El ejército permaneció en Coatzacoalcos durante una quincena para reabastecerse en preparación para la marcha a Honduras. Casi todos los hombres sanos de Coatzacoalcos se alistaron en el ejército.

"¿Cómo piensa llegar a Honduras?" preguntó el alcalde de Coatzacoalcos una noche después de la cena. "¿Cuándo partirán?"

"Iremos por tierra," respondió Cortés. "Olid nunca sospechará nuestra llegada por esa dirección. Espero encontrarlo de improvisto. Calculo que debemos llegar en menos de un mes."

"Pero ningún español ha llegado a Honduras por tierra," protestó el alcalde. "El territorio entre Coatzacoalcos y Honduras es un vasto despoblado sin caminos. Es inexplorado, desconocido. Sería mejor utilizar barcos, para circundar la península de Yucatán y atacar a Olid desde el mar."

"No quiero perder el tiempo organizando una flota," respondió Cortés. "El ejército estará listo para partir en un día o dos."

La columna dejó Coatzacoalcos por un camino angosto que conducía hacia el sur en dirección de algunas montañas distantes. Los españoles marcharon a través de densos bosques donde no llegaba la brisa del mar. El aire era cálido y húmedo. Cantos melódicos de aves tropicales sonaban cada vez más fuerte a medida que el ejército penetraba la selva frondosa. Las mariposas de todos colores y destellos metálicos se deslizaron entre los árboles. Colibríes revoloteaban como joyas brillantes. Loros volaban chillando de rama en rama. De vez en cuando, se veía un quetzal verde brillante, huyendo de la conmoción creada por los hombres y caballos que atravesaban la selva. Los monos charlaban en el dosel de hojas. Los árboles se elevaban más y más altos en el interior. El bosque estaba dominado por cipreses, caobas y ceibas. Las ceibas crecían a tremendas alturas con gigantescos y torcidos troncos. Las orquídeas florecían en las ramas laterales, formando nubes color lavanda, blanco y rosa. El ejército pasó por enormes túneles de vegetación compuestos de lianas que colgaban de los árboles.

Después de marchar casi una semana, el ejército emergió del bosque tropical a una amplia llanura. Un río serpenteó a través de una pradera bordeada por inmensos pantanos. Las balsas de vegetación flotante cubrieron la superficie del agua. Miles de caimanes se congregaban en las riberas. La expedición estableció un campamento en una colina verde con vistas al río. Cortés envió exploradores para investigar el área.

Al día siguiente, Sandoval se reportó a la tienda del comandante para informarle de los hallazgos de los exploradores. "Señor gobernador, si continuamos siguiendo este río aguas arriba, nos conducirá hacía el sudoeste," dijo el joven capitán. "Creo que nuestro destino queda más hacia el este, ¿no es cierto?"

"En ese caso tendremos que cruzar el río," dijo Cortés. "¿Habrá alguna manera de llegar al otro lado?"

"No aquí en la llanura," contestó Sandoval, "pero el río es más angosto donde emerge de las montañas, más o menos un día de marcha de aquí. Hay un pueblo indio por allá."

El ejército llegó al pueblo por el anochecer. Los españoles señalaron a los nativos, que acudieron a ellos en sus canoas. Estos indios hablaban en un dialecto chontal. Cortés encontró un intérprete entre sus seguidores y comunicó a los indios que necesitaba todas las canoas de la zona para transportar a sus soldados y a sus suministros. De pronto muchas canoas estaban remando de un lado a otro del río. Los jinetes de la caballería juntaron sus monturas y les condujeron al agua. Los hombres nadaron a su lado para evitar que algún animal se separara de la manada. La corriente era lenta y los caballos tenían poca dificultad en llegar a la otra orilla.

Los soldados partieron del pueblo indio por un sendero que conducía a través de otro bosque frondoso. Entre más marchaban al este, el camino se volvía más oscuro y sombrío. Los árboles se cerraron para formar un dosel opaco. Muy pocas plantas crecían en el suelo del bosque, ya que la poca luz pasando por el dosel era demasiado débil para sostener la vida. El aire se sentía estancado, el calor era sofocante. La marcha continuó así por días interminables. No se encontraba nada comestible en esas regiones, ni siquiera forraje para los caballos. El ejército subsistía gracias a los suministros que llevaban en las espaldas los tamemes tlaxcaltecas.

Una noche, Cortés llamó a Sandoval a su tienda para discutir la situación. "¿Cuánto tiempo más podemos continuar con los alimentos que tenemos a mano?" preguntó el comandante.

"Tal vez una semana más con un racionamiento estricto," respondió el joven capitán, "pero el problema más urgente es el forraje para los caballos. No hay hierba en esta selva. Si los caballos no comen pronto, no tendrán fuerzas para continuar. Los animales morirán y nosotros tendremos que caminar a pie."

"Despache exploradores en todas direcciones," respondió Cortés. "Acamparemos aquí hasta que los exploradores encuentren algún tipo de abertura en el bosque donde haya pastura."

Uno de los exploradores regresó dos días más tarde, habiendo localizado un prado junto a un río con abundante forraje para los caballos. La noticia de un río cercano también fue bien recibida por los soldados, ya que habían encontrado muy poca agua potable en la marcha, tan sólo unos charcos cubiertos con verdín. Sus odres se estaban quedando vacías.

La expedición llegó al nuevo campamiento por la tarde. El ejército descansó allí mientras los caballos pastaban.

A la mañana del segundo día, Sandoval se reportó con Cortés en la tienda del comandante. "Los exploradores me dicen que hay un río mucho más grande por delante," dijo el joven capitán. "No hay pueblos cerca, ni canoas disponibles tampoco. El río es demasiado hondo para vadear."

"¿A qué distancia está este río?" preguntó el gobernador Cortés.

"No muy lejos," dijo Sandoval. "Unas pocas horas desde aquí."

"Vamos a ver," dijo Cortés, abrochándose su cinturón de espada. "Muéstrame el camino."

El gobernador contempló el río y declaró que se construiría un puente. La madera allí era abundante y pronto reverberaron a través del bosque los sonidos de hachas talando los altos árboles. Los soldados demoraron tres días en construir el puente. El ejército cruzó y continuó su jornada.

Entonces, el suministro de comida para los hombres se convirtió en un problema mayor. Los soldados habían comido frijoles y maíz por varios días hasta que todo se había agotado. No encontraron presas de caza. Tampoco hallaron fruta comestible en la selva oscura.

Después de una larga marcha, el bosque terminó abruptamente al borde de un inmenso pantano. Los exploradores no encontraron manera de circundar la ciénega. No era posible determinar la extensión del obstáculo. Habían notado un montículo cubierto con helechos y musgo en medio del agua a corta distancia. Cortés ordenó a sus soldados tirar bultos de ramas en el lodo para fabricar un puente provisional a la pequeña isla. Cuando los soldados finalmente llegaron a ésta, vieron que había bosque seco más allá de la otra parte del pantano. Talaron algunos cipreses para hacer una pasarela de troncos a través del atolladero. Los soldados cruzaron el puente en fila india. Sin embargo, algunos de los caballos se desviaron del camino y se sumergieron en el barro. Los soldados tenían que sacar los animales con sogas y eslingas. Era un trabajo agotador agravado por el calor y la humedad tropical. Por fin, los españoles alcanzaron tierra firme.

El ejército se reagrupó en el bosque oscuro. Los hombres se encontraron débiles y hambrientos, y a los caballos les faltaba nuevamente forraje. La marcha se reanudó, pero a un ritmo mucho más lento. Varios auxiliares tlaxcaltecas no podían ya mantener el paso y fueron abandonados para perecer en la selva. Uno de los músicos de Cortés enfermó repentinamente y murió. Su violín fue arrojado en un estanque. Un soldado español apuñaló a otro hasta la muerte en una pelea por un nido de ave que contenía apenas tres huevecillos.

Sandoval se reportó a la tienda del comandante esa noche. "La situación es pésima, señor," dijo el joven capitán. "No hay nada de comida para los soldados. Todos pereceremos aquí si no nos reabastecemos pronto."

"Hay demasiadas bocas para alimentar," dijo Cortés. "La marcha comenzará mañana a primera luz. Yo me quedaré atrás con veinte soldados y los rehenes aztecas. Alcanzaremos el ejército más tarde."

Después de que el ejército hubiera partido, Cortés sacó un rollo de soga de su tienda. Instruyó a uno de los soldados a que lanzara la cuerda sobre la rama de una ceiba cercana. Tetlepanquetzal y Cuauhtémoc fueron atados y conducidos al árbol.

A mirar la ahorca, Tetlepanquetzal se volvió hacia su primo Cuauhtémoc con lágrimas en los ojos. "Nos van a matar," dijo. "Estoy orgulloso de morir a tu lado, Supremo Tlatoani Cuauhtémoc, aquí en estas tierras tan lejos de nuestros hogares. Los Mexicas han tenido el honor de luchar bajo su estandarte. Adiós, hermano mío."

Los soldados apretaron la horca alrededor del cuello de Tetlepanquetzal y lo izaron al aire. Cuando sus luchas cesaron, los soldados le bajaron. Arrastraron su cuerpo aparte para que se pudriese en la selva.

Cuauhtémoc estaba próximo a ser ejecutado. Mientras le colocaban el lazo alrededor del cuello, el soberano de los aztecas dijo a Cortés, "Malintzin, ahora entiendo tus falsas promesas y el tipo de muerte que habías planeado para mí. Me estás matando injustamente. Que tu Dios también exija retribución de ti."

Cuauhtémoc fue izado arriba. Los soldados observaron mientras pateaba y golpeaba. Finalmente, su vida se desvaneció.

Una vez completada la tarea, Cortés reanudó su marcha a Honduras, dejando el cuerpo del último Emperador de la nación azteca colgando de una alta ceiba en lo más profundo del oscuro bosque.

Made in the USA
Las Vegas, NV
15 October 2023

79127412R00154